华南师范大学哲学社会科学优秀学术著作出版基金资助出版

鼓楼史学丛书·区域与社会研究系列

慕容鲜卑的汉化与五燕政权
——十六国少数民族发展史的个案研究

The Hanization of Murong Xianbei
and its Five Yans' Regime
A Case Study in the History of the Sixteen Minorities

李海叶 著

中国社会科学出版社

图书在版编目（CIP）数据

慕容鲜卑的汉化与五燕政权：十六国少数民族发展史的个案研究／
李海叶著.—北京：中国社会科学出版社，2015.11（2024.3 重印）
ISBN 978 - 7 - 5161 - 6794 - 6

Ⅰ.①慕…　Ⅱ.①李…　Ⅲ.①鲜卑—民族历史—研究—中国
②中国历史—研究—五胡十六国时代　Ⅳ.①K289；K238.07

中国版本图书馆 CIP 数据核字（2015）第 192172 号

出 版 人	赵剑英
责任编辑	宋燕鹏
责任校对	董晓月
责任印制	李寡寡

出　　版	中国社会科学出版社
社　　址	北京鼓楼西大街甲 158 号
邮　　编	100720
网　　址	http://www.csspw.cn
发 行 部	010 - 84083685
门 市 部	010 - 84029450
经　　销	新华书店及其他书店

印　　刷	北京明恒达印务有限公司
装　　订	廊坊市广阳区广增装订厂
版　　次	2015 年 11 月第 1 版
印　　次	2024 年 3 月第 4 次印刷

开　　本	710×1000　1/16
印　　张	13
插　　页	2
字　　数	225 千字
定　　价	45.00 元

目　　录

表格目录

前　言

选题与思路

魏晋南北朝是我国民族融合的重要时期，溯其渊源，肇始于"五胡乱华"。进入中原的少数民族先后建立赵、燕、秦、凉等几大政权，慕容鲜卑及诸燕在其中占有重要地位。前燕承前赵、后赵之后，民族矛盾进入相对缓和的时期，十六国历史由此步入一个新的阶段；作为十六国史的终结者，北魏又直接承自后燕。可以说，慕容氏及诸燕在十六国历史上充当了承上启下的角色，是十六国、魏晋南北朝民族融合进程中的重要一环，应当成为国史研究的重要课题。

虽然目前学术界对华夏族的形成及内容仍存有争议，但是至迟在春秋以后，"中国""华夏"的概念已经产生，此后历经秦汉三百余年的大一统，"华夷"的观念进一步得到深化。从这个意义上来讲，"五胡乱华"开启了中国历史上少数民族入主中原的传统。有的研究者指出，观宋及明人对满蒙之抵抗异常激烈，非晋及南朝人所及，以此认为当时的民族观尚处于蒙昧。那么，十六国时期的民族矛盾到底处于一种怎样的状态？中原民族怎样对待少数民族之建统？五胡又是怎样融入中原民族？本书作为个案研究，将有助于考察中国多民族统一国家思想形成的轨迹。

慕容氏及诸燕发展史在十六国中具有独特性。它先后建立五个政权，前后延绵近半个世纪、与十六国相始终；其间经历了亡而复兴的过程，这在五胡政权中是唯一的。在慕容氏之前的五胡政权前赵和后赵，皆不同程度上表现出激烈的民族矛盾，而慕容氏自昌黎时期就和中原士人建立了良好的合作关系，而且前燕是唯一取消大单于制的五胡国家①。那么，慕容鲜卑及诸燕政权是否走过了一条与其他的胡族国家不同的汉化道路？是否由此而形成了历史上汉化融合的一种独特的途径？本书将有助于深化对历史上胡汉民族融合的认识。

历史上的民族融合包括两个方面，即少数民族与汉民族的关系、少数民族与少数民族之间的关系。研究者多注重前者而忽视后者。作为十六国史的终结，并非意味着五胡民族各自简单划一地进入北魏及拓跋鲜卑之民族，在此之前，五胡民族及政权已进行过不同程度的融合及整合。那么，这些少数民族之间的融合及整合，又是通过什么样的方式进行的？本书对东部鲜卑（慕容、宇文、段部）融合过程的研究，对研究我国历史上少数民族之间的关系将有参考价值。

作为十六国史的终结者，北魏亦是一个由拓跋鲜卑建立的少数民族政权，同样走过了一条艰苦的、漫长的汉化道路。那么，进入北魏统治下的五胡，又处于怎样的位置？是否与拓跋鲜卑同步融入汉民族？魏晋南北朝作为一个大的民族融合时期，又分为不同的阶段，十六国、北魏等各作为其中的一环，是怎样完成与实现转换的？本书作为个案研究，将完整地显现这一过程。

少数民族的政权建制与其民族的发展汉化程度有重要关系。慕容氏先后建立五个政权，表现出鲜明的阶段性与不同特点。本书把着眼点主要放在政权上，通过考察五燕政权的变迁来把握慕容鲜卑的汉化轨迹，其中又是以对统治阶层、政治制度的考述来反映政权的变迁。因此，本书的研究视角主要是以政治变迁史来显现民族发展历程，这是需要说明的。

研究史的回顾

民族史本身就是国史研究中很冷僻的领域，尤其十六国又处于割据衰乱的时代，较少为人注意。20世纪初期，国史研究曾涌现过对边疆史地的研究热潮，但并未波及十六国史，更遑论慕容鲜卑及诸燕政权。新中国成立后，十六国史的研究专著陆续出版：蒋福亚《前秦史》、周伟洲《汉

---

① 史学界通常所说的"前燕"指慕容皝于337年建立燕国直至370年慕容暐为苻坚所灭，包括昌黎及邺城两个时期。为行文方便，本书之"前燕"特指352年慕容儁入主中原以后的邺城时期。

赵国史》《南凉与西秦》、齐陈骏《五凉史略》、洪涛《五凉史略》、祖桓《仇池国志》，覆盖面很广，几乎囊括了十六国的所有国家，但却缺乏关于慕容鲜卑及诸燕政权的研究专著。

20 世纪 90 年代以来，出现了两部对慕容鲜卑及诸燕政权进行专题研究的博士论文：郑小容《慕容鲜卑汉化问题初探》及金成淑《慕容鲜卑文化研究》。二文皆把关注的重点放在"文化"的视角上。郑文第一次全面系统地考察了慕容鲜卑及其政权的发展史，指出汉士族在其中发挥了重大作用，最后得出慕容鲜卑在意识形态领域已完全汉化的结论，其中不乏新颖的角度。金文则通过饮食居住、婚姻丧葬等物质文化的具体考察，描述了慕容氏渐进汉化的过程，使用了大量的考古材料，其研究方法颇值得借鉴。但同时也都存在许多问题。郑文大多只是材料的简单排比、缺乏深入分析、结论流于表面化。而金文则存在材料使用上的问题，考古方面可精确判断为诸燕政权及东部鲜卑的墓葬极少，金文未加甄别，许多犹疑为拓跋鲜卑的墓葬材料径作慕容氏的而加以使用，致使其结论难以信服。而且，二文皆未出版（郑文仅以提要的形式在《文献》1990 年第 2 期上发表），影响甚微。

在相关的研究中附及对慕容氏及诸燕进行综论的专著，最早的是马长寿的《乌桓与鲜卑》，对慕容鲜卑的起源、疆域、强盛的原因、诸燕之兴衰过程做了较全面的描述，可以说是开山之作。王仲荦《魏晋南北朝史》继之，在讲述十六国史时，对诸燕皆有论及。金毓黻《东北通史》是其后对慕容鲜卑的研究较深入的著作，主要集中在对慕容氏昌黎时期历史的描述。限于篇幅，上述诸作皆未展开进行深入论述，仍属概述性质。

对慕容氏各政权进行专题研究，邱富生《前燕初探》分析了慕容氏在昌黎时期兼并诸胡、走向强盛的原因；李森《南燕史考论》概述了南燕政权之兴衰；张金龙《北燕史四题》是其中较为深入的，分析了北燕统治集团的构成，注意到其鲜卑化倾向。

在鲜卑语言方面，我国受日本学者白鸟库吉的影响较大。继白鸟氏之后，中国学者方壮猷、缪钺亦仿其法对鲜卑语言进行研究。方壮猷《鲜卑语言考》基本重复白鸟氏的观点，无甚价值；缪钺《北朝之鲜卑语》（氏著《读史存稿》）纠正了白鸟氏在史料方面的错误，但对结论本身并没有推进。近年美籍华人朱学渊的《鲜卑民族及其语言》解读了不少新的鲜卑语词。聂鸿音《鲜卑语言解读述论》在概述前人研究成果的同时，亦解读了一些鲜卑语词，值得注意。

历史地理方面，关于南燕广固城李森有系列文章，揭示了古城风貌；张国庆《慕容皝迁都龙城的前因及目的》从地理及政治关系相结合的角度，指出扼龙城之辽西古道南下争夺中原是慕容皝迁都的重要原因，颇有新意。

政治制度方面，岑仲勉《佟寿墓志铭之试行分析》，考证了佟寿墓志铭中的官职授予时间，揭示了昌黎政权之慕容仁叛乱的重大政治背景，富于启发。姚宏杰《君位传承与前燕、后燕政治》揭示了部落制传统对此后诸燕政治的影响。何宁生《论后燕的法制》指出后燕退据龙城后，法制有严厉化的趋向。高敏《魏晋南北朝兵制研究》论及前燕、后燕军户制度。

考古学方面，朱泓《人种学上的匈奴、鲜卑与契丹》以考古学与人类学相结合的方法，指出东部鲜卑与拓跋鲜卑存在较大的遗传差距，这是一个重要结论，为我们考证二者的历史关系及民族融合提供了坚实的基础。

关于族源及民族的发展演变，金成淑《试论慕容鲜卑的形成》认为慕容鲜卑是由鲜卑与匈奴融合而成；王金铲《慕容鲜卑去向探考》认为慕容鲜卑主要分流为两支，慕容支及吐谷浑支，慕容支在诸燕灭亡后大多融入华北社会。余静《唐代慕容氏的发展》及姜波《豆卢氏世系及其汉化》引用了大量墓志材料，对慕容氏进入隋唐后的情况进行了较详细的论证。

民族关系方面，蒋福亚《刘渊的"汉"旗号与慕容廆的"晋"旗号》指出这种变化是二赵以后民族矛盾激剧化的表现。刘宇《论晋灭南燕之战》认为这是晋王朝丢失中原以后第一次消灭的非汉族的北方政权，强调南燕的民族性。

论述最多的是汉士族与慕容氏的汉化关系。邹礼洪、刘国石、要瑞芬、李交发等的文章皆认为汉士族对慕容氏发挥了重大影响，使其迅速走上汉化的道路并具有较高的汉化水平。罗新《五燕政权下的华北士族》在同类文章中别具一格，对入仕五燕政权的华北士族做了系统的整理，使用了大量的墓志材料，不仅在方法上值得借鉴，而且提出华北士族社会之成熟性与北魏宗主督护制的承接关系，极富启发性。唐长孺《北魏的青齐土民》深入考证了河北士族在南燕的培育下发展成为当地豪族的历史，是一篇经典之作。

国外的研究主要集中在韩国和日本。韩国池培善是专门从事慕容鲜卑研究的学者，已出版了两部专著：《中世东北亚史研究——慕容王国史》（1986 年）及《中世中国史研究——慕容燕与北燕史》（1998 年）①，惜未有中文译本。但得见二篇译文，《南燕与慕容德》概述了慕容德的成长经历及建立南燕的过程，认为慕容德从小就已受到很深的儒家文化教育；《就封裕上书论前燕慕容皝时期的经济政策》认为慕容皝吞并高句丽和宇文部后，政策重点转向国内，在经济、制度等各个方面全面推行汉制。总体来说，对史料的分析仍存在问题，很多观点值得商榷，如认为"从描写慕容皝的成长过程来看，甚至我们也怀疑他并不是游牧民族而是汉族的可能性"②，已完全脱离了史实。

相比之下，日本学者表现出较高的研究水平。白鸟库吉《东胡民族考》通过解读鲜卑语言的方式，揭示了东胡系民族的渊源关系，迄今仍是这个领域的经典之作。田村实造《ぼよぅ王国の成立と性格》论述了前燕从昌黎到中原完成了经济及官制由胡汉二元向一元体制的转型。小林聪《慕容政权の支配构造の特质》考察了不同时期慕容氏政权与东晋、东夷诸族的关系及内部统治集团的构成，考证十分细致。谷川道雄《慕容国家的君权和部族制》（《隋唐帝国形成史论》第 2 章）探讨了慕容国家的君权和部族制的关系，认为其国家的性质是渊源于部落体制下的军事封建制，同时，提出许多重要问题，虽限于篇幅、未做深入研究，但给予我们极大的启发。

从上文的概述可以看到，慕容氏及诸燕问题正逐渐引起学界的注意，探讨的范围和程度也逐步扩大和深入，已取得了一些成就，但总体来说，仍存在一些不容忽视的问题。

首先，多把着眼点放在昌黎至邺城时期、缺乏对诸燕整体的纵向考察。慕容氏是五胡中唯一在原根据地就已建立汉式政权、由此发展壮大入主中原的少数民族。边疆和中原的民族形势很不相同，慕容氏必然会调整统治政策适应这一新的形势。是否由此引起了政治格局的改变？以往的研

---

① 转引自韩国留学生金成淑的博士学位论文《慕容鲜卑文化研究》（国家图书馆博士论文文库，1999 年），第 3 页。

② 池培善：《南燕与慕容德》，《文史哲》1993 年第 3 期。

究多集中于前燕，缺少对此后诸燕政权的深入研究，因此未能揭示慕容氏及诸燕政权发展的脉络。

其次，慕容氏在昌黎时期吸纳了大批汉士族、给予极高的政治地位，这在十六国史上是一个很突出的现象，这是以往的研究论述最多的问题，但是，慕容氏虽偏处昌黎、没有介入中原激烈的民族纠纷，可历史上也与西晋发生过矛盾、对"华夷有别"的观念有清醒的认识，这注定双方的结合需要历经复杂的磨合。那么，慕容氏最初是以一种怎样的心态接纳中原士族？此后又是否真正地融合？双方的关系是否经过了一个变化的过程？以往的研究皆忽视了这一纵向考察，仅对双方的友好关系及慕容氏在汉士族的影响下迅速汉化的问题津津乐道、乐此不疲，使研究流于表面化。

再次，对其政治制度的研究很不够。胡汉分治是少数民族政权中极其重要的政治制度。前燕没有设立大单于制，这在五胡中是唯一的，是十六国史上非常独特的政治现象。但是，在淝水之战后的复国运动及后燕政权中却复现了，这种变化值得深思。后期的大单于制是对自身历史传统的因袭还是属于新的创制？昌黎时期又实施何种体制？这种内在制度的变化，必然涉及政权统治的重大问题。惜以往的研究多未涉及，或寥寥数语、附带论及，未能进行深入剖析，以揭示制度演变的政治背景，以更好地把握慕容氏及诸燕之发展史。

最后，慕容鲜卑最后怎样融入中原民族，这是我们研究的最终目的，也是魏晋南北朝史的重大课题。魏晋南北朝作为民族融合的一个大的时期，分成几个重要的阶段，慕容鲜卑在十六国结束后，去向哪里？最终通过怎样的方式融入中原民族？这是慕容鲜卑史研究者必须做出的回答。但以往的研究少有涉及，或只限定在某个时期，难以清晰地把握整个轨迹，也就难以作出恰当的结论。

此外，少数民族政权中本民族与其他胡族的关系也是一个重要的课题，二者的关系往往折射出其统治政策、政治体制，对研究此民族及政权与汉人的关系，以及汉化程度有重要参考价值。慕容氏在昌黎时期吞并了宇文、段氏这两个强大的鲜卑部族，把东部鲜卑囊为一体，那么，在此后的发展过程中，慕容氏和他们结成一种怎样的关系？他们在政权中处于什么地位？这将促进我们更好地把握慕容氏及诸燕政权的汉化发展之路，但迄今未见相关的研究。总之，目前的研究还不够深入，同时有许多空白，尚有继续开拓的余地。

本书所要探讨的主要问题

本书主要通过考察五燕的政治变迁史揭示慕容鲜卑民族的发展历程，为研究魏晋南北朝乃至中国历史上的民族融合提供个案参考。共分为五章，主要就以下问题进行探讨。

十六国初期，中原处于激剧的民族矛盾之中，而昌黎地区的慕容氏却大量吸收汉人参与政权建设，胡汉关系较为融洽，成为这个时期民族关系中十分引人注目的现象，为治史者所重。那么，双方是在怎样的背景下实现了合作？形成了一种怎样的政治形态？慕容氏、汉人及其他少数民族在政权结构中各处于什么地位？慕容氏的汉化是否如史籍所反映的那样达到了较高的程度？本书的第一章将对慕容氏进入中原前的昌黎政权进行深入研究，对以上问题逐一做出回答。

冉闵之乱后，慕容氏挺进中原建立前燕。从昌黎到中原，统治形势发生了较大变化。面临新的形势，慕容氏和汉人的关系是否发生改变？如果变化，将沿着怎样的轨迹行进？同时，慕容氏从一边疆少数民族政权成为统治中原的王朝，将怎样调整原有的制度及政策适应这种变化？其新的建制对十六国历史及民族融合进程有怎样的影响？本书第二章将对慕容氏进入中原后建立的前燕进行全面考察。

在对中原的统治巩固之后，怎样处理本民族的集权问题？这是任何一个入主中原的少数民族政权都必须解决的。那么，慕容氏怎样对待这一问题？是开创了新的途径，还是走上了与其他五胡政权相同的老路？对其统治造成了怎样的影响？本书第三章通过论述诸燕的宗王之乱，来揭示这一问题。

淝水之战后慕容氏的历史，与昌黎时期及前燕表现出很大的不同，涌现出一股鲜卑化的高潮，这是慕容氏的发展历程中很重要的现象。那么，它有哪些表现形式？是在怎样的背景下发生的？与昌黎及前燕的政局有何内在的联系及不同？本书第四章将对淝水之战后的慕容氏历史进行深入考察。

后燕灭亡后，慕容鲜卑的主体进入北魏。北魏的前期呈现出浓重的鲜卑色彩，那么，当本族统治结束再进入另一个鲜卑政权后，慕容氏处于怎样的位置？和拓跋鲜卑发生怎样的关系？走过了一条怎样的汉化道路？最后怎样融入中原民族？本书第五章将考察慕容氏进入北魏隋唐后的情况，展现慕容氏最后的融合之路。

　　以上是本书论述的主要内容。由于相关的史料及前人研究成果都不是很多，这使叙述不免显得单薄。因此，尽量对现有的史料进行深入发掘，以期弥补这一缺陷。但由于功力所限，做得很不够，这是今后努力的方向。

第 一 章

慕容氏的建国道路

关于慕容氏的建国，以往的研究均注意到永嘉之乱后慕容氏吸纳了大批中原流民而走向强盛，并因此把它作为五胡汉化的代表。这一结论虽然不错，但难免失于空泛、简单化。本书将在前人的研究成果上进行深入细致的考证，试图指出，永嘉之乱前昌黎地区激烈的民族形势是影响慕容氏建国道路的重要因素。慕容氏在段部、宇文鲜卑的包围下几不能生存，永嘉乱后大量拥入的汉族流民是把它从危亡形势下拯救出来并促其发展强盛的关键因素，因此决定了慕容氏的建国道路。慕容氏给予汉士族极高的政治权力，形成慕容—汉士族之政治联盟，共同对慕容氏之外的少数民族进行统治镇压，构成五胡历史上极为特殊的政治形态。但是，"华裔有别、正朔相承"的观念仍对慕容氏有深刻的影响，由此形成了昌黎政权的"侨旧政策"，并促使慕容氏在称帝过程中与中原侨族的矛盾不断激化。

第一节 永嘉之乱前辽西之局势

永嘉之乱前，东北地区活跃着三支重要的少数部族力量：宇文、段部、慕容，激烈地争夺着对这一地区的统治权，由此形成强烈的敌对关系，深刻地影响了慕容氏今后的建国道路。

下面，我们对慕容、宇文、段部的早期历史做一考证，以揭示这一背景。

（一）檀石槐中部大人"慕容"考

关于"慕容"的记载最早见于王沈《魏书》：

（东汉桓帝时，鲜卑檀石槐分其地为三部）从右北平以西至上谷为中部，十余邑，其大人曰柯最、阙居、慕容等，为大帅。①

《资治通鉴》胡注曰："是则慕容部之始也。"② 胡三省的说法得到了其他史家的认可。马长寿《乌桓与鲜卑》："中部大人中的慕容，《资治通鉴》胡注谓此为慕容氏之始。若然，则慕容原为大人之名，后世始演变为氏族之名。"③ 则马氏也同意胡三省的说法。

《晋书·慕容廆载记》记慕容部的起源与王沈《魏书》有所不同：

> 慕容廆，字弈落瓌，昌黎棘城鲜卑人也。其先有熊氏之苗裔，世居北夷，邑于紫蒙之野，号曰东胡。其后与匈奴并盛，控弦之士二十余万，风俗官号与匈奴略同。秦汉之际为匈奴所败，分保鲜卑山，因以为号。曾祖莫护跋，魏初率其诸部入居辽西，从宣帝伐公孙氏有功，拜率义王，始建国于棘城之北。时燕代多冠步摇冠，莫护跋见而好之，乃敛发袭冠，诸部因呼之为步摇，其后音讹，遂为慕容焉。④

《载记》本于十六国霸史⑤，难免有美化虚饰之成分，所谓"有熊氏之苗裔"云云实无历史根据，马长寿对此做了深刻的批判⑥，兹不详述。但是，透过神秘的面纱，我们仍然可以捕捉到这样几个真实的信息。一，

---

① 《三国志》卷30《乌丸鲜卑东夷传》，裴注引王沈《魏书》，第838页。
② 《资治通鉴》西晋武帝太康二年（281），中华书局1956年版，第2576页。
③ 马长寿：《乌桓与鲜卑》，上海人民出版社1962年版，第185页。
④ 《晋书》卷108《慕容廆载记》，第2803页。关于辽西郡的行政区划，汉代与魏晋有很大不同。汉代濡水（今滦河）以西及大凌河以东的地区基本皆属于辽西郡，包括魏晋时期的辽西郡及昌黎郡。史言慕容部"入居辽西"及后文之段部始祖日陆眷"诣辽西招诱亡叛"、宇文部"自阴山南徙，始居辽西"，皆使用汉代的地理概念。与魏晋时期的辽西郡不同，这是需要说明的一点。
⑤ 关尾史郎：《"五胡"时代的"霸史"及其佚文搜集工作》，中国魏晋南北朝史学会《魏晋南北朝史研究》，湖北人民出版社1996年版。此外，关于《晋书·载记》及崔鸿《十六国春秋》、诸国霸史之间的关系参考李之亮《〈晋书〉、〈十六国春秋〉对勘札记》（《郑州大学学报》1998年第3期，韩杰《北魏时期"十六国史"的撰述》（《史学史研究》1989年第3期）。
⑥ 马长寿：《乌桓与鲜卑》，第198页。

慕容氏为东胡之裔、鲜卑之种[①]；二，莫护跋是慕容部所推奉的直接祖先；三，曹魏初年入居昌黎棘城后，被呼为"慕容"。

综上所述，《载记》与王沈《魏书》关于"慕容"之记载存在较大差异。檀石槐是活动于东汉延熹至光和年间（156—180）的鲜卑大人，如中部大人"慕容"即五胡十六国慕容氏之始，那么慕容氏的历史就向前推进了半个多世纪，即使两者的记载没有显著的矛盾，也存在明显的断层。对于慕容氏做全面研究的具有代表意义的论著马长寿《乌桓与鲜卑》、郑小容《慕容鲜卑汉化问题初探》同时采纳了这两种说法[②]，但他们都没有对两者记载上的差异和时间上的断层做出说明，令人难以信服。慕容氏的起源和早期历史仍是一个谜团。

正如历史上大多数少数部族的起源问题模糊不清一样，由于史料缺乏，慕容氏的早期历史目前也无法澄清，在这里，笔者也只是在现有史料的基础上，力图对《载记》与王沈《魏书》记载上的差异和时间上的断层给出一个较合理的解答，从而揭示慕容部的早期历史。

首先，我们从部落的变迁来考察慕容部曾为檀石槐中部大人的史实。

汉晋之际，我国北方草原的民族形势经历了复杂的变化。南匈奴内迁、北匈奴西遁后，鲜卑檀石槐崛起，控制了匈奴故地，建立起一个地跨东西的草原部落大联盟。

> 乃分其地为东中西三部。从右北平以东至辽，东接夫余、濊貊为东部，二十余邑，其大人曰弥加、阙机、素利、槐头。从右北平以西至上谷为中部，十余邑，其大人曰柯最、阙居、慕容等，为大帅。从上谷以西至敦煌，西接乌孙为西部，二十余邑，其大人曰置鞬落罗、

---

① 白鸟库吉：《东胡民族考》（方壮猷译，商务印书馆1934年版，第58页；马长寿《乌桓与鲜卑》，第198页；金毓黻《东北通史》，第131页；白翠琴《魏晋南北朝民族史》（四川民族出版社1996年版）皆本此说。金成淑《试论慕容鲜卑的形成》（《辽宁大学学报》1998年第3期）从职官制度、社会习俗及考古学方面考证其受到匈奴文化的影响，从而推断慕容鲜卑在形成的过程中可能融入一部分匈奴人的血统，从我国少数民族相互融合的历程来看，这种情况是很有可能的，不过，这与它主体出于东胡民族的结论并不矛盾。孙进己《东北各民族文化交流史》（春风文艺出版社1992年版）则认为慕容鲜卑的早期墓葬中表现出匈奴文化的因素，是因为受到受到西北邻宇文部的影响，第81页。

② 马长寿《乌桓与鲜卑》肯定檀石槐中部大人"慕容"为十六国慕容氏之始说，而述慕容氏之早期历史，又引证《载记》，表明他对这两种说法都是接受的，第199页。郑小容《慕容鲜卑汉化问题初探》（国家图书馆博士论文文库，1989年）论证过程亦同，第30—31页。

日律推演、宴荔游等，皆为大帅，而制属檀石槐。①

这个草原大联盟内部的组织状况是怎样的呢？马长寿认为：

> 部落联盟的意义并不是把各个割据的邑落合而为一，也不能变更各邑落内部的组织，只是在"割地统御、各有分界"的基础上联合起来，对于若干跟共同利益有关的公共事业，特别是对外贸易、军事上的攻守等方面采取一致的行动罢了。②

在这样的组织状况下，各邑落大人长期保持着独立的部落，至檀石槐死，联盟瓦解，又重新陷入诸部林立的状况。

> 自高柳以东，濊貊以西，鲜卑数十部，比能、弥加、素利割地统御，各有分界。③

以上描述的是檀石槐联盟瓦解后东部和中部的情况。我们清楚地看到，延熹年间的东部大人素利、弥加在历经二十余年、联盟瓦解后依然保持着独立的势力。这是一种情况，历经整个联盟过程，部落大人一直没有变更。

有的研究者认为，檀石槐的西部大人推演就是拓跋部首领第二推寅献帝邻④，笔者认为这种说法是可靠的。那么，拓跋部亦在此时分立出来，拓跋邻二传至力微，"诸部大人，悉皆款服，控弦士马二十余万"⑤，发展成为北方草原的一强大部落。这是另一种情况，联盟瓦解后，部落大人已变更，但仍然是原部。

---

① 《三国志》卷30《乌丸鲜卑东夷传》，裴注引王沈《魏书》，第838页。
② 马长寿：《乌桓与鲜卑》，第186页。
③ 《三国志》卷26《田豫传》，第727页。
④ 马长寿《乌桓与鲜卑》首先提出了这一看法，第186页。陈连开《鲜卑史研究的一座丰碑》（《民族研究》1982年第6期）也认为檀石槐时的西部大人推演"不是北魏追谥的宣帝推寅，而是追谥的献帝邻，史学上称为第二推寅。邻是力微的祖父，其生活年代当在力微以前七十年左右，当东汉桓灵在位时，正是檀石槐号令各部的时期"。曹永年《拓跋鲜卑南迁匈奴故地时间契机考》（《内蒙古社会科学》1987年第4期）进一步做了深入的论述，令人信服。
⑤ 《魏书》卷1《序纪》，第3页。

因此，我们完全有可能做这样的设想：檀石槐时的中部大人"慕容"即十六国时期的慕容部的一位祖先，大概在联盟还没有瓦解的时候，就已经死去，后裔莫护跋率部东迁进入辽西棘城。

在檀石槐联盟瓦解后，慕容部和拓跋部几乎同时出现在历史的记载中。

《魏书·序纪》："（力微）四十二年，遣子文帝如魏，且观风土。魏景元二年也。"①

《晋书·慕容廆载记》："曾祖莫护跋，魏初率其诸部入居辽西，从宣帝伐公孙氏有功，拜率义王，始建国于棘城之北。"

《载记》所言"魏初"是大致时间，慕容部有准确纪年的历史是从西晋宣帝时开始。宣帝是西晋建立后所追谥，司马懿本人并没有做过晋帝，是魏元帝的大臣，伐公孙氏在景初二年（238）。综此，拓跋和慕容几乎同时出现在历史记载中，反映了檀石槐联盟瓦解后各部重新谋求自身发展的状况。

其次，慕容部曾为檀石槐联盟中部的事实，可以从同时代的拓跋氏对本族历史的记载中反映出来。

《魏书·官氏志》记"四方诸姓"曰："东方宇文、慕容，宣帝时东部，此二部最为强大，别自有传。"② 让我们先对这条材料做一考证。据《序纪》，献帝邻时始率部迁至匈奴故地，二传至力微征服诸部、发展成为草原一强大势力，而宣帝推寅距力微九世时，尚居于呼伦贝尔地区。"四方诸姓"是力微以后进入拓跋部者，故慕容、宇文作为"四方诸姓"不可能是宣帝时东部。而且从地理方位的角度来看也不相符，慕容东迁之前为檀石槐中部大人，在上谷至右北平一带，东迁后居于昌黎棘城，以宣帝时拓跋部所居之呼伦贝尔地区视之，无论如何也不能看作东部。综此，此处之"宣帝"必误。献帝邻亦名"推寅"，所以此处之宣帝应该指献帝邻即第二推寅。《官氏志》的这条材料反映的应当是大约第二推寅时期，慕容部与拓跋部共同参加檀石槐联盟、为其东部的情况。

最后，从姓氏的角度来看，慕容部应源于檀石槐时的中部大人"慕容"。

---

① 《魏书》卷1《序纪》，第4页。
② 《魏书》卷113《官氏志》，第3012页。

　　《载记》记莫护跋入居棘城后，被呼为慕容部的缘由有二：一是慕晋人而袭戴"步摇冠"、音讹为"慕容"；二是"慕二仪之德、继三光之容"说。我们暂抛开各种说法的正确性不论，发现在莫护跋时期，实际就已经产生了"慕容"的称呼。而且我们看到，"慕容"得名之两说，具有浓厚的修饰色彩。白鸟库吉从语音上考证了"慕容""步遥"相差较远，"则此种传说之构成，在音韵上之理由不能成立矣"①。宿白《东北、内蒙古地区的鲜卑遗迹》记辽宁北票房身村出土一种金花冠饰，认为很可能就是慕容部的"步摇冠"②。但同时出土的尚有大批指环、金钗、金镯等妇女用品，据此，郑小容《慕容鲜卑名称详解》认为这种冠饰是女子之物，而非"步摇冠"，因此，"莫护跋不可能冠'步摇冠'，慕容部亦不可能被人称为'步摇'"③。可见"步摇说"之荒诞，"德容说"也充满了附会之意④。那么，"慕容"本来的含义到底是什么呢？白鸟库吉认为原系译自鲜卑语，"富"之义，"欲以中国语解释之，势不得不陷于附会也"⑤。因此，我们可以得出这样的结论："慕容"之得名并不是莫护跋入居棘城以后才衍生出来的，而是他把这个名称带入辽西，源于檀石槐时的部落大人"慕容"。在少数民族的历史中，以大人的名字称呼本部的情况并不少见，青海吐谷浑之得名即缘于其部首领"吐谷浑"，即所谓的"以大人健者名字为姓"⑥。后来，慕容氏政权下的御用文人编造了种种动人的缘由，以美化慕容氏的早期历史。

　　可见，"慕容"之得名较早，由其大人名演变为整个部的姓氏。我们看到，慕容部的早期历史上出现的人物，很少有以慕容为姓，而慕容廆以后，这样的姓名大量出现于史籍记载中，这是因为慕容廆开创了与父祖完全不同的基业，仿效中原创建文物制度、以"慕容"为姓成为常制，但这并不代表此前以"慕容"大人名为部的姓氏的情况还没有出现，以慕容为氏并不始自慕容廆。《资治通鉴》太康六年："是岁，慕容删为其下

---

　　① 白鸟库吉：《东胡民族考》，第63页。

　　② 宿白：《东北、内蒙古地区的鲜卑遗迹》，《文物》1977年第5期。

　　③ 郑小容：《慕容鲜卑名称详解》，《北朝研究》1992年第2期。

　　④ 缪钺：《北朝之鲜卑语》亦认为："《晋书》所载'慕容'一语之两种意义均不可信也"，氏著《读史存稿》，生活·读书·新知三联书店1963年版，第68页。

　　⑤ 白鸟库吉：《东胡民族考》，第60页。虽然聂鸿音《鲜卑语言解读述论》（《民族研究》2001年第1期）认为译作"富"并无根据，但同样认为源于鲜卑语。

　　⑥ 《三国志》卷30《乌丸鲜卑东夷传》，裴注引王沈《魏书》，第832页。

所杀，部众复迎涉归子廆而立之。"① 这里，慕容廆叔父名"慕容删"，以"慕容"为氏。《晋书·慕容廆载记》的记载有所不同，作"涉归死，其弟耐篡位……"② 《资治通鉴考异》"慕容删篡立"条曰："载纪删作耐，今从燕书。"③ 可见范亨《燕书》原本是作"慕容删"的，《晋书》作者削改为"删"。有关的研究表明，鲜卑人名绝不可能仅由单字构成④。则《载记》或者削改误，或者是简写，《燕书》为确。再如《资治通鉴》太康三年："安北将军严询败慕容涉归于昌黎，斩获万计。"⑤ 在这条记载中，慕容廆父涉归亦名"慕容涉归"。故慕容廆即位之前、涉归时期部人已有以慕容为姓氏的。

《元和姓纂》及《氏族略》释"慕舆氏"曰："鲜卑慕容氏音讹为慕舆氏。"⑥ 陈连庆《中国古代少数民族姓氏研究》不同意这种看法，认为"或译慕容、或译慕舆，皆属有意制定，而非音讹；且故意使用音近汉字译写，说明两者具有某种关联，而非漠不相关。此种区别，大约是为辨别嫡庶，王室系为慕容氏，支庶系统为慕舆氏"⑦，实属拙见。联系前文所论，"慕容"之称渊源甚早，在一般的含义上，部人皆以慕容为氏。慕容廆创建霸业，仿效中原之文物制度，为区别皇族和一般的平民而有此姓氏之别。"慕舆"和"慕容"音极近，致有人释为"音讹"，暗示着"慕舆"本身脱胎于"慕容"的渊源关系。此后，我们在慕容部中唯见"慕容"和"慕舆"两姓，再无他姓，也可证最初部人皆以慕容为姓。

综上述三点，檀石槐时的中部大人"慕容"当为五胡十六国时期的慕容部之始。既然如此，《载记》为什么隐讳这段历史、编造新的起源说？曹永年《拓跋鲜卑南迁匈奴故地时间和契机考》为我们揭示这一问题提供了线索：

---

① 《资治通鉴》西晋武帝太康六年（285），第2590页。

② 《晋书》卷108《慕容廆载记》，第2804页。

③ 《资治通鉴考异》卷3《晋纪》西晋武帝太康四年"慕容删篡立"条。

④ 聂鸿音：《鲜卑语言解读述论》，《民族研究》2001年第1期。

⑤ 《资治通鉴》西晋武帝太康三年（282），第2580页。

⑥ 《元和姓纂》卷8"十一暮"下"慕舆氏"条，第196页，京都株式会社中文出版社1976年版。《通志》卷29《氏族略》"代北复姓"下"慕舆氏"条，第174页，中华书局1995年版。

⑦ 陈连庆：《中国古代少数民族姓氏研究》，吉林文史出版社1993年版，第61页。

檀石槐所建立鲜卑汗国，一度统治整个内外蒙草原，这是自匈奴冒顿单于以来最辉煌的成就。鲜卑成为显赫的、令人敬畏的称号。拓跋贵族自君临北中国以后，总是力图独占鲜卑这一光荣的名字。他们宣称只有自己才是正宗的鲜卑嫡裔。东部鲜卑传说，鲜卑为东胡一支，"别依鲜卑山，故因号焉"；拓跋贵族就声言"国有大鲜卑山，因以为号"，也制造出一个鲜卑山，且冠以"大"字，以示货真价实。他们甚至不承认在鲜卑发展史上起过重大作用的东部鲜卑慕容氏为鲜卑，而名之曰"徒河"。因为同样的原因，对于檀石槐和他的汗国，以及拓跋曾经归附檀石槐为其属部的历史，则一概予以抹杀，讳莫如深。

我们从拓跋氏对待檀石槐联盟的态度可以发现答案。虽然慕容氏在中原建立政权、修撰国史之时，拓跋鲜卑还未崛起，双方的情况不尽相同。但是，拥有光荣的历史、独立发展的历程、与其他的胡族政权竞争正统的心理是相同的，故慕容氏隐讳了曾为檀石槐属部的历史、编造了新的起源说。《载记》所记"慕容"得名两说充满了后人美化虚饰的成分也证明了这一点。

（二）段部系"招诱亡叛"还是"世袭大人"？

邱久荣《段部鲜卑世系考》考证段就六眷自公元 250 年迁入辽西①。主要依据《魏书·段就六眷传》：

> 徒河段就六眷，本出于辽西。其伯祖曰陆眷，因乱被卖为渔阳乌桓大人库辱家奴。诸大人会集幽州，皆持唾壶，唯库辱官独无，乃唾曰陆眷口中。曰陆眷因咽之，西向拜天曰"愿使君之智慧禄相尽移入我腹中"。其后渔阳大饥，库辱官以曰陆眷为健，使将之诣辽西逐食，招诱亡叛，遂至强盛。曰陆眷死，弟乞珍代立，乞珍死，子务目尘代立，即就六眷父也，据有辽西之地，而臣于晋。②

① 邱久荣：《段部鲜卑世系考》，《社会科学战线》1985 年第 4 期。
② 《魏书》卷 103《徒河段就六眷传》，第 2305 页。

务勿尘死于永嘉五年（311），每世以二十年计之，则日陆眷初入辽西大约在 250 年。但是，《资治通鉴》胡注有一段相关评论：

> 余按《晋书·王浚传》，段疾六眷，务勿尘之世子，段氏自务勿尘以来，强盛久矣，段疾六眷因乱被掠，容或有之；务勿尘，既能为部落帅，恐不待其子招诱而后能强也。①

对《魏书》所言段部系"招诱亡叛"的说法提出了尖锐的质疑。邱久荣及辛迪《段氏鲜卑研究》皆未对此做出回答②。那么，这到底是怎么回事？《魏书》的记载是否有误？邱久荣据此所做段部迁入辽西时间的考证是否可信？这一系列问题均需对胡注做出回答。

据《魏书·段就六眷传》，因乱被卖为渔阳乌桓大人库辱家奴的是务勿尘伯祖日陆眷，而非其子就六眷。《魏书》校勘记云：《魏书·段就六眷传》务勿尘之世子"就六眷"《晋书·段匹磾传》皆译作"疾陆眷"，《晋书》译作"就六眷"的恰相当于《魏书》中的"日陆眷"③。《魏书》务勿尘之世子与《晋书》务勿尘伯祖皆译作就六眷，故胡三省有此误注④。

综此，《魏书》与《晋书》对于段部起源的记载并不抵牾。虽然依靠世系的推断难免存在误差，不过，邱久荣据此所做的关于段部进入辽西的时间推测大致是可信的。下面，再补充一条材料。

《魏书·序纪》云：拓跋力微时有"乌桓王库贤亲近用事，受卫瓘

---

① 《资治通鉴》西晋武帝太康十年（289），第 2594 页。"务勿尘"即《魏书·段就六眷传》中的"务目尘"，是对同一人名的不同译法。

② 辛迪，北京大学历史系 2002 级博士生，这是她的未刊稿。申友良《中国北方民族及其政权研究》（中央民族大学出版社 1998 年版）认为段氏鲜卑"大概在东汉中叶由辽东西迁，分布在辽西一带，世为部落大人"，第 91 页，认为段部是世袭部落大人并无根据，只是沿袭了史书的说法。

③ 《魏书》卷 103 校勘记【二〇】，第 2317 页。

④ 朱学渊考证："就六眷""日陆眷"在现代蒙古语中是一个词 cheregh，即"健壮"之意，从而推断它在东胡—鲜卑语中也是这样，兼有"勇士""英雄"之意。《魏书》与《晋书》的误差可能与此有关。见氏著《鲜卑民族及其语言》，《满语研究》2000 年第 1 期，后收入氏著《中国北方诸族的渊源》，中华书局 2002 年版。

赂，欲沮动诸部"①，力微以是而卒，时为西晋武帝咸宁三年（277）。辛迪《关于库傉官氏的族属》考证此乌桓王库贤即《段就六眷传》中的渔阳乌桓大人库傉官②。理由有二：一是《官氏志》曰库傉官氏，后改为库氏。则库贤本为库傉官贤，与"渔阳乌桓大人库傉官"姓名相合。二是《资治通鉴》在库贤事后记曰："初，幽并二州皆与鲜卑接，东有务桓，西有力微，多为边患，卫瓘密以计间之，务桓降而力微死。"此"务桓"当为"乌桓"，指上文之"乌桓王库贤"，活动在幽州，与"渔阳乌桓大人库傉官"地理位置相合。较为可信。再补充一点。据邱久荣考证，段氏在250年左右进入辽西，而力微卒于277年，与其同时的乌桓王库贤的时间可暂定为277年，日陆眷在此之前被派往辽西逐食，完全可能是250年，在时间上亦相符。

马长寿《乌桓与鲜卑》认为"段氏鲜卑可能是在东汉中叶迁入辽西的"③。理由如下。檀石槐的东部鲜卑指右北平以东辽西、辽东二郡塞内外的鲜卑，综《北史·段就六眷传》称其出于辽西、《晋书·段匹磾传》曰为东部鲜卑，则段部系出于辽西的东部鲜卑。据《后汉书·鲜卑传》，永元九年（97）辽东鲜卑寇肥如县，肥如县属辽西郡置，则"此时之辽东鲜卑已经进入辽西郡内无疑。因此，我们推测段氏鲜卑之入辽西当在东汉的中叶"④。其实，《北史·段就六眷传》所言出于辽西、《晋书·段匹磾传》曰为东部鲜卑，皆本于日陆眷诣辽西招诱亡叛形成段部鲜卑、被后人视为东部鲜卑的历史结局而言⑤，故马先生的推断存在明显的逻辑上的错误，结论并不可信。

综上所述，段部系日陆眷250年进入辽西、招诱亡叛而形成，并非"世袭大人"。

---

① 《魏书》卷5《序纪》，第5页。

② 辛迪：《关于库傉官氏的族属》，《内蒙古师范大学学报》2001年第4期。关于"库傉"的写法，《魏书·段就六眷传》作"库辱"，第2305页。《魏书·官氏志》作"库傉"，第3014页。

③ 马长寿：《乌桓与鲜卑》，第201页。

④ 同上书，第202页。

⑤ 罗新：《跋北齐〈可朱浑孝裕墓志〉》（北京大学历史系编：《北大史学》第8辑，北大出版社2000年版）探讨"辽东鲜卑"的名称，认为"当源于（慕容）涉归之迁辽东，而此一名号之确立，或在拓跋鲜卑兴盛于代北之后，也许是拓跋部的观点"。可见作者也认为"东部鲜卑"等的称呼都是本着其迁徙后的结局而言，这种看法应当是正确的。因为"辽东鲜卑"主要是一个地域的观念，所以当慕容东迁到达辽东后，就应当被视作辽东鲜卑了。

（三）宇文东迁时间考

关于宇文氏的族属问题，史学界争议颇多，基本上都是围绕着宇文氏是鲜卑还是匈奴族展开的[①]。杨翠微曰：

> 就宇文氏的姓氏渊源来讲，乃匈奴的姓氏，原系南匈奴的一支，但东迁至辽西后，与当地鲜卑杂处，逐渐地鲜卑化，并在血缘上也融入了鲜卑姓氏[②]。

融和了诸家说法，可以说是一种比较合理的解释。《周书·文帝纪》曰宇文大人莫那"自阴山南徙，始居辽西"[③]。阴山为匈奴故地，与宇文氏为南单于远属相合，那么，宇文氏何时东迁至辽西而为鲜卑？马长寿据《周书·文帝纪》，宇文部在莫那时东迁，至豆归九世而亡，时为公元 344 年，按每世二十多年计，莫那东迁当在二百多年前，即公元 2 世纪以前[④]。王希恩《宇文部东迁时间及隶属檀石槐鲜卑问题略辨》已证马长寿之错误，实则是葛乌菟至豆归九世而亡，宇文东迁当公元 3 世纪中后期[⑤]，较为可信。

与马长寿同主宇文氏公元 2 世纪前东迁说的是姚薇元《北朝胡姓考》：宇文氏参加了檀石槐大联盟、东部大人"槐头"即宇文部的莫槐[⑥]。王希恩已证此说之误，莫槐死于 293 年，与一百多年前的槐头绝不可能为一人，甚明。现补充一条。《北史》《魏书》等皆言宇文氏为"南单于之裔"，而王沈《魏书》所记匈奴"余种十余万落，诣辽东杂处，皆自号鲜

---

①　认为宇文为鲜卑的有金毓黻（《东北通史》，第 105—106 页）、王仲荦（《魏晋南北朝史》，上海人民出版社 1979 年版，第 197、571 页）。持宇文为匈奴种这一观点的，首推周一良（《论宇文周之种族》，氏著《魏晋南北朝史论集》，北京大学出版社 1997 年版），另外林干（《匈奴历史年表》，中华书局 1997 年版，第 239 页）、姚薇元（《北朝胡姓考》，中华书局 1962 年版，第 166 页）也持这一观点。与两种观点都不同的有吕思勉（《中国民族史》，东方出版社 1996 年版，第 105—106 页），他认为宇文氏为匈奴和鲜卑的混合种。

②　杨翠微：《北周宇文氏族属世系考释》，《中国史研究》1999 年第 1 期。

③　《周书》卷 1《文帝纪》，第 1 页。

④　马长寿：《乌桓与鲜卑》，第 204 页。

⑤　王希恩：《宇文部东迁时间及隶属檀石槐鲜卑问题略辨》，《中国史研究》1986 年第 4 期。

⑥　姚薇元：《北朝胡姓考》，第 167—168 页。

卑兵"指的是北匈奴余种的情况①。此前建武二十六年（50），东汉诏南单于入居云中，数月后，复南徙居于西河美稷，南匈奴部众则被布于云中、定襄等缘边十郡，皆居塞内、为汉守边，与北匈奴余种"诣辽东杂处，皆自号鲜卑兵"的情况完全不同。这是匈奴分裂、南北匈奴形成初期的情况，宇文氏既为南匈奴之裔，在此时必然还只是其中的一部分、与同进止，不可能往诣辽东为鲜卑、成为后世檀石槐联盟的东部大人。

宇文虽非檀石槐东部大人，但正如王希恩所言"檀石槐盛时'南抄汉边，北拒丁零，东却夫余，西击乌孙，尽据匈奴故地'，一直在匈奴故地活动的宇文部不为檀石槐所属又似不可能"。那么，双方是否发生过关系？现就这一问题试做回答，以期勾画宇文氏的早期历史。

东汉末年，王朝衰落，对边疆少数民族的控制力减弱，亡叛出塞的事件时有发生：

> 桓帝延熹元年（157），十二月，"南单于诸部并叛，遂与乌桓、鲜卑寇缘边九郡"②。
> 延熹六年（163），鲜卑闻张奂去，招结南匈奴及乌桓同叛。六月，南匈奴、乌桓、鲜卑数道入塞，寇掠缘边九郡③。
> 延熹九年（166）夏，乌桓复与鲜卑及南匈奴寇缘边九郡，俱反，张奂讨之，皆出塞去。④

宇文氏可能即于此时叛乱出境，而塞外此时正值檀石槐大联盟，得以参加。可于诸史实中得到印证。第一，诸史言宇文氏为南匈奴之裔，但却自阴山东迁入居辽西，宇文氏既为南匈奴之裔、早已内徙，只有曾亡叛出塞，才可能再从阴山东迁。第二，《周书·文帝纪》曰："其先出自炎帝神农氏，为黄帝所灭，子孙遁居朔野，有葛乌菟者，雄武多算略，鲜卑慕之，奉以为主，遂总十二部落，世为大人。"⑤ 马长寿谓此段记载有误："但居阴山者为匈奴，斯匈奴奉葛乌菟为主，遂统帅匈奴十二部落，而不

---

① 《三国志》卷30《乌丸鲜卑东夷传》，裴注引王沈《魏书》，第837页。
② 《后汉书》卷89《南匈奴列传》，第2963页。
③ 《资治通鉴》东汉桓帝延熹九年（166），第1787页。
④ 《后汉书》卷90《乌桓鲜卑传》，第2983页。
⑤ 《周书》卷1《文帝纪》，第1页。

能称此十二部落为鲜卑。"① 但是，和我们前文的论证相联系，宇文氏很可能在此时参加了檀石槐大联盟，与鲜卑种众杂处通婚，自可视为"鲜卑十二部"。第三，《魏书·官氏志》曰"东方宇文、慕容，宣帝时东部"，此处宣帝当指第二推寅（考证详于前文）。拓跋部首领邻（第二推寅）—力微时代参加了檀石槐联盟，《官氏志》的记载可视作拓跋氏对这段历史的反映，其中就包含宇文部。虽然宇文部此时尚居阴山，在方位的记述上有失准确，或许是拓跋氏以后世宇文氏的方位记述当时的历史，无关宏旨。

综上所述，宇文部并没有在北匈奴瓦解后"诣辽东杂处、自号鲜卑"，而是留在阴山地区、参加了檀石槐联盟，那么，宇文氏东迁的契机是什么呢？曹永年对拓跋部历史的考察为我们提供了一个重要线索：拓跋力微卒后，原附属于拓跋部的匈奴诸部纷纷叛去，宇文氏适值此际东迁，可能"与力微死后的大动乱有关"②。如果这样，那么，宇文氏在檀石槐联盟瓦解后，又参加了力微的联盟。

第二节　永嘉之乱与慕容氏的崛起

综上所述，我们发现，慕容、宇文、段部尽管有不同的起源和种族成分，但他们都曾与檀石槐—力微联盟有一定的关联，而且东迁的时间大致都在公元 3 世纪以后，与两次联盟的瓦解有直接关系，是他们在大乱的形势下开辟新的生存区域的举措③。

三部东迁的地点皆集中于辽西地区。慕容部为檀石槐中部大人，则初在上谷至右北平一带，魏初"入居辽西"；段部始祖日陆眷曾为渔阳乌桓大人库傉官家奴，"诣辽西招诱亡叛"形成段部；宇文部更是远"自阴山南徙，始居辽西"④。这是因为辽西是当时的"真空地带"。第一，据

---

① 马长寿：《乌桓与鲜卑》，第 204 页。

② 曹永年：《拓跋力微卒后"诸部叛离、国内纷扰"考》，《内蒙古师大学报》1988 年第 2 期。

③ 张敏：《自然环境变迁与十六国政权割据局面的出现》（《史学月刊》2003 年第 5 期）指出，东汉末年以来，由于全球性寒冷干燥期的出现，我国北方沙漠面积不断扩展，引起了游牧民族的南迁。不知段部、宇文、慕容的迁徙是否与此有关。

④ 引文中的"辽西"不是指"辽西郡"，而是指大辽河以西的地区，包括昌黎、辽西郡。

《魏书·序纪》，拓跋禄官时分国为三部，"上谷之北，濡源之西"为东部①，此前的拓跋诸主争夺君位时常常往诣其地避难，所以拓跋部可能很早就已控制了濡源以西的地区。第二，辽西乌桓蹋顿曾为东北最强大的乌桓势力，207 年柳城之役，被曹操一举歼灭，余部被迁往中原，辽西乌桓势力所余殆尽，由此腾出了较大的空间，这应该是一个很重要的因素。

慕容部始居于棘城，段部最初建牙于阳乐，宇文部则在柳城②，皆集中于辽西之地，尤其棘城和柳城，相距不过数十里，故慕容、宇文两部争夺尤剧。慕容廆父涉归一度东迁，马长寿先生认为出于晋的侵逼，其说如下："唯《晋书·武帝纪》记太康二年（281）涉归叛晋，寇昌黎、辽西二郡，平州刺史鲜于婴讨破之。翌年，安北将军严询破鲜卑于昌黎，杀伤数万人。涉归东迁可能与此战事有关。"另在注文中说："涉归迁辽东北的年代，《资治通鉴》系之于太康二年，寇辽东亦在同年十月，二者有无联系，史籍无明文可考。"③ 考《资治通鉴》太康二年曰："莫护跋生木延、木延生涉归，迁于辽东之北，世附中国，数从征讨有功，拜大单于。冬，十月，涉归始寇昌黎。"④ 玩味字意，涉归北迁在寇略昌黎之前，显然不是由于晋的侵逼而北徙。涉归在迁邑于辽东北以后，亦"附中国"；涉归卒，慕容廆嗣立，"初，涉归有憾于宇文鲜卑，廆将修先君之怨，表请讨之"，可见慕容氏一直与西晋保持着友好的关系。冯家昇《慕容氏建国始末》认为，涉归北迁殆出于宇文氏的侵逼，包括涉归之死亦与宇文氏有关，故慕容廆嗣立后立即请求西晋的援助攻打宇文氏⑤，较为可信。

涉归死后，慕容廆又率部迁回辽西，可能是由于辽东自然条件的恶劣⑥。初居于徒河之青山，数年即北徙棘城，时为元康四年（294）。而《资治通鉴》建兴四年（313）载："廆遣慕容翰攻段氏，取徒河、新城……翰因留镇徒河，壁青山。"⑦ 可见自 294 年慕容廆迁出，徒河为段氏所据。至此再为慕容廆夺回。从双方激烈争夺的情况来看，当时慕容廆之迁出，可能是出于段氏的侵逼。再联系当时"宇文氏、段氏方强，数侵

---

① 《魏书》卷 1《序纪》，第 5 页。
② 马长寿：《乌桓与鲜卑》，第 202、205 页。
③ 同上书，第 199—200 页。
④ 《资治通鉴》西晋武帝太康二年（281），第 2577 页。
⑤ 冯家昇：《慕容氏建国始末》，氏著《冯家昇论著辑粹》，中华书局 1987 年版。
⑥ 《资治通鉴》西晋武帝太康十年曰："廆以辽东僻远，徙至徒河之青山"，第 2594 页。
⑦ 《资治通鉴》西晋愍帝建兴元年（313），第 2797 页。

略廆，廆卑辞厚币以事之"的情况，慕容廆此举必出于躲避段氏之扩张。《载记》所言"廆以大棘城即帝颛顼之墟也，元康四年乃移居之"的理由，充满了后世史家的虚饰之词，实不可信。

《慕容廆载记》曰：

> 时东胡宇文鲜卑段部以廆威德日广，惧有并吞之计，因为寇掠，往来不绝。廆卑辞厚币以抚之①。

《资治通鉴》曰：

> 时鲜卑宇文氏、段氏方强，数侵略廆，廆卑辞厚币以抚之。②

据上引文，关于三方的关系，《晋书》和《资治通鉴》有截然不同的记载：《晋书》言"廆威德日广"，宇文、段部"惧有并吞之计"，其言慕容强甚明；《资治通鉴》则直言"时宇文、段氏方强"。那么，当时真实的情况是怎样的？

《晋书·吐谷浑传》言涉归分部落与二子慕容廆及吐谷浑立国，吐谷浑分得"一千七百户"③，可以想见涉归时期部落人口是比较少的，慕容廆所得也不会太多。

再看宇文部和段部的情况。宇文部为匈奴和鲜卑混血而成之部族。在阴山时即统"鲜卑十二部落"，其中包括匈奴和鲜卑两种族源，故种众繁炽。与慕容部战，"率众十万围棘城，（慕容部）众咸惧，人无距志"④。据《资治通鉴》，此"十万之众"仅仅是宇文帅战败之余、怒而复发之兵，并不包括此前投入战斗的军队。再如，当段部、宇文等合兵欲灭慕容分其国，"宇文士卒数十万，连营四十里"，宇文帅大言曰"吾当独兼其国"⑤。可见宇文部众之盛、战斗力之强。

---

① 《晋书》卷108《慕容廆载记》，第2804页。
② 《资治通鉴》西晋武帝太康十年（289），第2593页。
③ 《晋书》卷97《四夷传·西戎传附吐谷浑传》，第2537页。《魏书·吐谷浑传》曰"七百户"，第2233页。《资治通鉴》东晋元帝建武元年亦曰"一千七百户"，第2852页。今从《晋书》及《资治通鉴》。
④ 《晋书》卷108《慕容廆载记》，第2805页。
⑤ 《资治通鉴》东晋元帝太兴二年（319），第2872页。

段部为日陆眷在辽西召集亡叛而形成。辛迪《段部鲜卑研究》谓段部是"段氏家族召集多种少数部族形成的地域集团",此说值得商榷。段部虽包含了多种部族成分,但很可能已融合形成了一个新的"部"的实体,具有很强的凝聚力和战斗力,时人曰"鲜卑之种,段氏最为勇悍"可以说明这一点①。段部既是"招诱亡叛"形成,本部人口可能也不是很多,但势力很强。史曰:

> 段部自务勿尘以来,日益强盛,其地西接渔阳,东界辽水,所统胡晋三万余户,控弦四五万骑。②

务勿尘是段氏入辽西后的第三代部酋,可见势力很早就发展起来了。永嘉之乱后,幽州沦陷,蓟城以西的部分尽皆入于段氏。所言疆域"西接渔阳"虽有夸大之处③,但确实已囊括了辽西、右北平二郡及燕国之大部分,是三部中唯一控制郡县实土的。其国力之强盛和部族发育之成熟是宇文、慕容无法比拟的④。

从三部与晋室的关系亦可看出三部之强弱。因段部、宇文强大,晋室及东北的地方势力皆与之结好,而不重视慕容氏。《晋书·王浚传》:"寻徙宁朔将军、都督幽州诸军事。于时朝廷昏乱,盗贼蜂起,浚为自安计,结好夷狄,以女妻鲜卑务勿尘,又以一女妻苏恕延。"⑤ 按《资治通鉴》太安元年有宇文国别帅素怒延。是则王浚以女妻段部鲜卑务勿尘、宇文鲜卑素怒延,唯不及慕容氏。

三部之中,慕容东迁最早,在曹魏初年,而段部、宇文之入辽西却在公元3世纪中叶以后。但慕容部在二部的压迫下,一直没有发展起来。宇

---

① 《资治通鉴》西晋怀帝永嘉六年(312),第2787页。柔然民族的形成与段部相似,最终融合成了一个新的民族,参考曹永年《柔然源于杂胡考》(《历史研究》1981年第2期),可见谓段氏鲜卑是"地域集团"并不准确。

② 《资治通鉴》东晋明帝太宁三年(325),第2939页。

③ 参考马长寿《乌桓与鲜卑》对于段部疆域的论述,第207页。

④ 参考孙进己《东北各民族文化交流史》:"段部所居之地在今辽宁省及河北部接壤处,最易接受汉文化,因此段部很快就汉化了,它应该是东北鲜卑诸部中汉化最早的",第80页。

⑤ 《晋书》卷39《王沈传附子浚传》,第1146页。《资治通鉴》西晋惠帝太安二年(303)所记略同,其中"苏恕延"作"素怒延",同音别译,胡注曰:"宇文国有别帅曰素怒延",第2692页。

文部据有辽西塞外西拉木伦河及老哈河流域的游牧区，段部则控制着塞内辽西等缘边诸郡。慕容部则被压迫在昌黎棘城之一角。慕容部为了夺取生存空间，也曾与二部做过艰难的斗争。涉归时远迁辽东，慕容廆早期被赶出徒河，反映了在这种艰苦的斗争中失败的历程。

永嘉之乱前夕，诸部对辽西地区的瓜分已完成。宇文部和段部各据有自己的势力范围，唯慕容部还在为生存空间斗争，他的任何扩张举动都会侵害二部的利益。慕容廆是一位有雄才大略的领袖人物，嗣位后，实行了一系列振兴本部的措施，永嘉之乱后，颇有建立霸业之志。他的扩张之势，引起了段部和宇文部的恐慌，二者结成联盟共同对付慕容氏。

平州刺史崔毖与宇文、段部相结，"谋灭廆分其地"[①]。此为一例。

慕容皝初嗣位，母弟慕容仁于辽东发动政变，"宇文归、段辽及鲜卑诸部并为之援"[②]。宇文、段部并非真正援助慕容仁，而是趁机发难、瓦解慕容部，"段兰拥众数万屯于曲水亭，将攻柳城，宇文归入寇安晋，为兰声援"[③]。此为第二例。此时，慕容皝的政治理想是建立霸业，扩张之势直接指向辽西郡县，与段氏的冲突最为激烈，所以，在段部、宇文之结盟中，段氏攻势尤剧，《资治通鉴》：

> 段辽遣兵袭徒河，不克；复遣其弟兰与慕容翰公攻柳城，柳城都尉石琮、城大慕舆泥并力据守，兰等不克而退。辽怒，切责兰等，必令拔之。休息二旬，复益兵来攻。士皆重袍蒙楯，作飞梯，四面俱进，昼夜不息。[④]

其势必欲灭慕容。

综上所述，慕容、宇文、段部为控制辽西的生存区域激烈地斗争着，其中，宇文、段部为保住既得利益结成同盟、共同对付慕容氏，使慕容氏的处境尤为险恶。

长期以来，慕容氏一直与宇文、段部处于激烈的对峙中，向西发展之势遭到遏制，于是试图向东扩张。《载记》记慕容廆率众东伐夫余，"驱

①　《晋书》卷108《慕容廆载记》，第2806页。
②　《晋书》卷109《慕容皝载记》，第2816页。
③　同上书，第2817页。
④　《资治通鉴》东晋成帝咸和九年（334），第2993页。

万余人而归"①；同时，汉族官员封裕的上疏表明，都城棘城之中还居住着掳掠来的高句丽、百济族众②，都说明了这一点。但是，慕容氏向东方的扩张有很大的局限性，慕容氏攻灭高句丽丸都城，汉族官员韩寿曰：

> "高句丽之地，不可戍守。今其主亡民散，潜伏山谷；大军既去，必复鸠聚，收其余烬，犹足为患。请载其父尸，囚其生母而归，俟其束身自归，然后返之，抚以恩信，策之上也。"皝从之。发钊父乙弗利之墓，载其尸，收其府库累世之资，虏男女五万余口，烧其宫室，毁丸都城而还。③

按《三国志》《魏书》等的《东夷传》，高句丽、夫余生活区域乃多山地带④，慕容氏以一东胡民族，长期游牧于平阔的草原地带，很难适应对这种地形的统治、实现军事征服。故慕容氏对东方部族的一贯政策是掳掠人口而不实行领土占有。285 年初灭夫余，"夷其国城，驱万余人而归"⑤；346 年再灭夫余，"虏其王及部众五万余口以还"⑥。

这种掠夺性的扩张同样造成了双方严重的敌对，平州刺史崔毖发动灭慕容部之战，除宇文、段部之外，高句丽也是主要的参与者⑦。同时，王小甫指出高句丽立国荒陬，中原王朝的边疆是其最合适的发展方向，历代王朝皆奉行向外政策，永嘉之乱同时也为其提供了这种机遇，从更广阔的视野揭示了双方对立的政治背景⑧。慕容欲发动灭宇文之役，以"高句丽

---

① 《晋书》卷 108《慕容廆载记》，第 2804 页。
② 《晋书》卷 109《慕容皝载记》，第 2824 页。
③ 《资治通鉴》东晋成帝咸康八年（342），第 3051 页。
④ 张博泉：《东北古代民族考古与疆域》（吉林大学出版社 1998 年版）通过实地勘查，进一步证实了这一观点："高句丽以山城为主，夫余以栅城为主"，第 126 页。
⑤ 《晋书》卷 108《慕容廆载记》，第 2804 页。
⑥ 《晋书》卷 109《慕容皝载记》，第 2826 页。
⑦ 《晋书》卷 108《慕容廆载记》曰"（崔毖）乃阴结高句丽及宇文、段国等，谋灭廆以分其地"，第 2806 页，可见高句丽也是主要的参与者。
⑧ 王小甫：《隋初与高句丽及东北诸族关系试探》，北京大学中国传统文化研究中心《国学研究》第 4 卷，袁行霈主编，北京大学出版社 1997 年版，后收入氏著《盛唐时代与东北亚政局》，上海辞书出版社 2003 年版；祝立业《论南北朝时期高句丽王国的内外政策》也认为：辽东是东北地区汉文明较为发达的地区，是高句丽长期以来西向扩张的目标所在，载《中国东北边疆研究》，马大正主编，中国社会科学出版社 2003 年版。

去国密迩，常有窥觎之计……此心腹之患也，宜先除之"①，可见双方的矛盾已非一般性的边境冲突②。为屏御高句丽，慕容氏的辽东镇将之选极为严格，史言"自慕容翰、慕容仁之后，诸将无能继者"③，故立国于昌黎的整个时期，辽东镇将唯慕容翰、慕容仁、慕容恪三人，不仅血统族属必为慕容皇族，而且武略才能亦为宗室翘楚。

综上所述，慕容氏在昌黎时期实处于孤立无援的境地。本部人口又少，要想生存发展，必须寻求外来的合作力量。慕容廆早期曾一度与西晋发生冲突，深刻自我反省曰："吾先公以来世奉中国，且华裔理殊，岂能与晋竞乎？"④ 为对付段氏鲜卑，"称藩于石季龙，请师讨（段）辽"⑤。皆反映了慕容氏向外寻求合作力量的迫切愿望。

永嘉之乱成为慕容氏崛起之重大转折。大量的中原汉人避难拥向平州，构成了一支重要的政治势力。东北地区的各种胡晋势力展开了激烈的争夺。幽州刺史王浚辟召广平大族游畅，游畅谓弟游邃曰："今手书殷勤，我稽留不往，将累及卿。且乱世宗族宜分，以冀遗种"⑥，可见王浚的召辟带有强制性。在这种争夺中，慕容氏明显处于劣势。论晋室正统不如王浚、崔毖；论势力强弱，不如宇文、段部。在这种情况下，慕容廆树起"拥晋"旗号，晋元帝登基前即"遣其长史王济浮海劝进"⑦；晋元帝即位后，被封为龙骧将军、大单于、昌黎公，日本学者小林聪认为从此慕容氏政权成为晋朝统下的州镇⑧。考古发现证实了小林聪的这一结论。锦州前燕李庑墓表曰"永昌三年"⑨。永昌为晋元帝年号，"永昌三年"实不存在，东晋元帝永昌元年后，已改元为"太宁"年号，所言"永昌三年"当为"太宁二年"，即公元324年，正是慕容廆时期。墓葬清理者认

---

① 《资治通鉴》东晋成帝咸康八年（342），第3050页。
② ［日］小林聪《慕容政权の支配构造の特质》（《九州岛大学东洋史论集》1988年第16号）探讨当时慕容氏与周边少数民族的关系，认为高句丽已成为慕容氏的最主要敌人，似有夸大之处，我认为相比之下，宇文、段部的威胁仍是更直接的。
③ 《资治通鉴》东晋成帝咸康七年（341），第3046页。
④ 《晋书》卷108《慕容廆载记》，第2804页。
⑤ 《晋书》卷109《慕容皝载记》，第2818页。
⑥ 《资治通鉴》西晋愍帝建兴元年（313），第2798页。
⑦ 《晋书》卷108《慕容廆载记》，第2806页。
⑧ ［日］小林聪《慕容政权の支配构造の特质》："辺境とはいえ多数の汉人を抱えた慕容政权も晋朝の州镇としての一面を备えていたといえるが"。
⑨ 辛发、鲁宝林、吴鹏：《锦州前燕李庑墓清理简报》，《文物》1995年第6期。

为"这种误记现象产生的原因，应是前燕与东晋在信息传递方面障碍所致"，但却"如实地反映了前燕的社会性质和状况，即慕容鲜卑所建立的地方政权，名义上仍属晋"。

虽不能过分夸大"勤王"旗帜的作用，但对于亡国流离的中原流民而言，无疑具有强烈的号召力。《王浚传》：

> 浚……谋将僭号。胡矩谏浚，盛陈其不可。浚怒之，出矩为魏郡太守。前渤海太守刘亮、从子北海太守博、司空掾高柔并切谏，浚怒，诛之。……时燕国霍原，北海名贤，浚以僭位事示之，原不答，浚遂害之。由是士人愤怨，内外无亲。①

可见王浚的僭逆行为是他失败的关键因素。而忠于晋室的段氏匹磾部很快被石勒所灭，段末柸部则"专心归附（石勒）"②，幽平之拥晋势力唯余慕容氏。《太平御览》引范亨《燕书》："高翊说高祖（廆）曰'自王公政错，士人失望，襁负归公者动有万数。'"③ 封裕上疏谈及这个问题时亦曰："中国（之民）慕义而至。"④ 韩国人李椿浩认为"勤王"之举是慕容氏胜利的关键性举措⑤，应该说是一个妥当的结论。这一切反映了慕容氏为获取流民势力进行的艰苦努力。

大量的中原流民拥入慕容部，改变了慕容氏的孤弱处境。关于其人数，慕容皝时汉族官员封裕在上疏中谈到这个问题说"流人之多旧土十倍有余"⑥。由于史籍缺乏，无法考证旧土人口。分国时吐谷浑得一千七百户，慕容廆所得不会少于此数，我们以此为基准，则"多旧土十倍有余"的中原流人的数目大致在二万户，成为昌黎政权中一支举足轻重的

---

① 《晋书》卷 39《王沈传附子浚传》，第 1149 页。

② 《晋书》卷 104《石勒载记》，第 2719 页。

③ 范亨：《燕书》，《太平御览》卷 462，中华书局影印本 1960 年版，第 2123 页。

④ 《晋书》卷 109《慕容皝载记》，第 2824 页。

⑤ ［韩］李椿浩：《十六国时期的"勤王"及其政治功能》，《晋阳学刊》2001 年第 1 期。庄钊《十六国时期的北方士族》（国家图书馆博士论文文库，1994 年，第 72 页）持不同看法，认为"当时在东北地区的另外几大势力名义上也属于晋政权，然而这些流亡士族都先后离开他们而投奔慕容氏，可见他们之投奔慕容氏是另有原因"，主要是因为慕容廆行政修明。但是庄钊忽视了，流民被慕容廆清明的政治所吸引的大的前提是慕容氏的拥晋立场。

⑥ 《晋书》卷 109《慕容皝载记》，第 2823 页。

力量。

大多数汉族流民成为慕容氏控制下的编户农民，是税收的主要承担者。《载记》保存了封裕的上疏，全面记载了慕容氏在昌黎时期的农业政策，是研究魏晋经济史的重要文献①。疏曰："魏晋虽道消之世，犹削百姓不至于七八"②，这是针对慕容氏对流民之政策而言，可见剥削很重。高敏《魏晋南北朝兵制研究》则认为所实施的是军屯制③。不论怎样，这些数目庞大的汉族流民的劳动成果无疑是昌黎政权最重要的经济来源，为其政治军事的发展奠定了物质基础④。

而流民领袖则表现出杰出的政治军事才能，为慕容部的发展做出了重大贡献，前人多有论述⑤，这里做一简要分析。太兴二年（319），击败平州刺史崔毖与宇文、段部的联合进攻，获取辽东之地；咸和八年（333）平定慕容仁的叛乱，确保政权内部的稳定；咸康四年（338）打破后赵对棘城的围剿，使政权得以延续并为开拓中原奠定了基础，是慕容氏在昌黎时期具有战略意义的重大举措。通过史籍对这些过程的记述，可以看到汉士族在其中发挥着核心作用。

319 年获取辽东郡后，辽东当地的大族又纳入慕容氏统治下，进一步加强了昌黎政权中汉人的势力。在这种情况下，慕容氏给予汉士族极高的地位，造成了不同于一般胡族的政权结构。与周边少数民族的对立是造成慕容氏与汉士族结盟的重要原因。谷川道雄指出：慕容氏国家的建立是从与敌国的抗争开始的⑥，非常敏锐地注意到慕容氏的建国背景。

---

① 高敏：《魏晋南北朝经济史》（上海人民出版社 1996 年版，第 1093 页）、郑欣《魏晋南北朝史探索》（山东大学出版社 1989 年版，第 414 页）、韩国磐《北朝经济试探》（上海人民出版社 1958 年版，第 30—31 页）、韩国磐《魏晋南北朝史纲》（人民出版社 1983 年版，第 599 页）皆征引了这一上疏。

② 《晋书》卷 109《慕容皝载记》，第 2823 页。

③ 高敏：《魏晋南北朝兵制研究》，大象出版社 1998 年版，第 196 页。

④ 具体论述参考柯友根《试论十六国时期社会经济的缓慢发展》（《中国社会经济史研究》1984 年第 3 期），认为十六国经济整体上受到严重的破坏，慕容氏吸收大量流民，其统治下的辽东地区表现出较大的发展，为进据中原创造了条件。

⑤ 马长寿：《乌桓与鲜卑》、王仲荦《魏晋南北朝史》、郑小容《慕容鲜卑汉化问题初探》，及其他相关论文：刘国石《鲜卑慕容氏与赵魏士族》（《吉林大学社会科学学报》1997 年第 5 期）、邹洪礼《论中原士大夫对前燕慕容氏封建化的影响》（《新疆师大学报》1985 年第 1 期）。

⑥ ［日］谷川道雄著，李济沧译《隋唐帝国形成史论》（上海古籍出版社，2004 年版）："慕容部国家的成长，就是在同这些敌手的对抗中开始的"，第 52 页。

第三节 昌黎政权的"胡汉自治"

——慕容氏—汉士族政治联盟的形成

胡汉分治是五胡政权最普遍、最重要的政治形态，从陈寅恪开始直至当今史学界，凡涉及十六国史的研究，都给予很大的关注①，研究者从原因、影响、形式等多方面论述了它在民族融合进程中的作用。但是，关于慕容氏的昌黎政权体制，关注者甚少②。通过深入考证，我们发现，昌黎政权不仅实行胡汉分治，而且创建了十六国历史上最彻底的胡汉分治——即"胡汉自治"。它包括两方面的含义，一，胡汉分别组成自官吏至部众的两大互不错杂的系统；二，此处的"胡"专指慕容氏，其他少数民族被摒弃于外。在此基础上，形成了慕容氏—汉士族的政治联盟。试论之。

永康四年（300），慕容廆率部落入居棘城。永嘉之乱后，大量的中原流民投靠慕容廆，"廆乃立郡以统流人，冀州人为冀阳郡，豫州人为成周郡，青州人为营丘郡，并州人为唐国郡"③。关于侨郡县的具体位置已无法考证，但通过现有史料记载可知这些侨郡县在地理上与棘城是相隔的。咸康四年（338）赵石虎率中军围攻棘城，同时"遣使四出，招诱民夷，燕成周内史崔焘……等皆应之，凡得三十六城。冀阳流寓之士共杀太守宋烛，营丘内史鲜于屈亦遣使降赵，武宁令广平孙兴晓喻吏民，数其罪而杀之，闭城拒守"④。武宁为营丘郡下的侨县。可见成周、冀阳、营丘及武宁这些侨郡县皆独立为城，与棘城相隔，故一方面，石虎"率中军攻围棘城"；另一方面，"遣使四出，招诱诸城"。关于侨郡县

---

① 参考陈寅恪《魏晋南北朝史讲演录》（万绳楠整理，黄山书社1987年版，第106页）、唐长孺《魏晋南北朝史论丛》（河北教育出版社2002年版，第154页）、王仲荦《魏晋南北朝史》（上海人民出版社1979年版，第238、245、266页）、黄惠贤《中国政治制度通史·魏晋南北朝卷》（人民出版社1991年版，第72—80页）、李椿浩《十六国政权政治体制研究》（第113—136页）、王延武《后赵政权胡汉分治政策再认识》（《中国史研究》1988年第2期）、冯君实《十六国官制初探》（《东北师大学报》1984年第4期）。

② 高敏先生认为慕容氏在昌黎时期保持着鲜卑部落组织，见氏著《魏晋南北朝兵制研究》，第172、173、175页。

③ 《晋书》卷108《慕容廆载记》，第2806页。

④ 《资治通鉴》东晋成帝咸康四年（338），第3019页。

的位置，《资治通鉴》胡注曰："以五代志考之，乐浪、冀阳、营丘郡、朝鲜、武宁等县，当尽在隋辽西郡柳城县界。"① 隋尽并原昌黎郡诸县为柳城县，是则诸侨郡县当在昌黎县界。石虎退兵以后，燕王皝分兵讨诸叛城。

　　　　崔焘、常霸奔邺，封抽、宋晃、游泓奔高句丽。②

　　这条材料为我们考察侨郡县的位置提供了一条线索。太兴二年（319），慕容廆击溃平州刺史崔毖，领土从昌黎扩至辽东全境，并承袭了辽东原有的郡县体制。东夷校尉、护军皆驻于辽东襄平，居就为辽东属县，位于棘城之东，毗邻高句丽，故封抽、宋晃、游泓奔高句丽；成周、武原为慕容氏侨置之郡县，当位于棘城之西，与石赵统治区相接，故崔焘、常霸奔邺。这样，在慕容氏的统治区域内形成了西部之侨置郡县、中部棘城之鲜卑部落、东部之辽东郡县的胡汉在空间上分居的格局。

　　此后，慕容氏的势力逐渐发展起来，兼并了许多其他的少数民族部落。

　　永嘉五年（311），击辽东附塞鲜卑素喜连、木丸津，二部悉降，"徙之棘城"③。

　　咸康四年（338），段辽降燕，慕容恪"拥段辽及其部众"以归④。

　　咸康八年（342），灭高句丽，"掠男女五万余口"而归⑤。

　　建兴二年（344），灭宇文部，"徙其部人五万余落于昌黎"⑥。

　　上引史料永嘉五年条明确指出慕容氏将兼并之辽东鲜卑迁于棘城，与本部杂居。建兴二年条言迁宇文部于昌黎，究竟为昌黎何地不明。其余二条更是语焉不详。那么，慕容氏到底将兼并之少数部族迁于何地？慕容皝

---

　　① 《资治通鉴》东晋成帝咸康四年（338），第3019页。
　　② 同上书，第3021页。
　　③ 《晋书》卷108《慕容廆载记》，第2805页。
　　④ 《晋书》卷109《慕容皝载记》，第2818页。
　　⑤ 同上书，第2822页。
　　⑥ 同上书，第2822页。

时，封裕在上疏中谈及此问题，说：

> 句丽、百济及宇文、段部之人，皆兵势所徙，咸有思归之心。今户垂十万，狭凑都城，恐方将为国家深害，宜分其兄弟宗属，徙于西境诸城，使不得散在居人，知国之虚实。①

时慕容氏都于龙城，封裕之疏反映的是诸部聚集龙城的情况。素喜连、木丸津及段部鲜卑之灭，皆在迁都龙城之前，至此却居于龙城，可见他们是随慕容部从棘城迁徙而来。宇文部被灭在 344 年，从原居住地直接徙于龙城，与来自棘城的慕容本部、段部等杂居，即所谓"狭凑都城"。可见，无论慕容氏都于何地，所兼并的其他少数民族部落皆与慕容本部同居于都城，与诸侨郡县的汉民分而居之。

通过上文的分析，我们看到，昌黎时期慕容鲜卑依然保持着原有的胡族部落。这一点也可以从官制系统中反映出来。日本学者田村实造从慕容氏的最高统治者兼有"大单于"及"将军"等胡汉双重官号认为昌黎时期仍实行胡汉二元体制②。我们还可以进一步补充。除其最高统治者兼大单于号外，单于之下设左贤王，也是自匈奴以来的胡族职官③，一般皆以世子担任。慕容廆为辽东公，"以世子皝为冠军将军、左贤王"④；慕容皝称燕王，"以世子儁为安北将军、左贤王、东夷校尉"⑤；慕容儁即燕王位，其时诸子幼弱，"以弟交为左贤王"⑥。关于其基层部落组织结构，史料缺乏，不能详细说明，但仍可窥其大致轮廓。永和六年（350），慕容儁南下中原首先攻占蓟城，"以中部俟釐慕舆句留统治事"⑦。《资治通鉴》胡注曰："俟釐，盖鲜卑部帅之称。"由"中部"可推知慕容鲜卑部落逐级构成。

综上所述，昌黎时期慕容鲜卑保持着完整的部落组织、与汉人郡县系统分治、实行胡汉分治可为定论。

---

① 《晋书》卷 109《慕容皝载记》，第 2824 页。
② 田村实造：《ほよう王国の成立と性格》，《东洋史研究》11 卷 2 号，1951 年。
③ 韩狄：《十六国时期的"单于"制度》，《内蒙古大学学报》2001 年第 5 期。
④ 《晋书》卷 109《慕容皝载记》，第 2815 页。
⑤ 《晋书》卷 110《慕容儁载记》，第 2831 页。
⑥ 《资治通鉴》东晋穆帝永和四年（348），第 3085 页。
⑦ 《资治通鉴》东晋穆帝永和六年（350），第 3104 页。

十六国时期，最早在中原建立统治的胡族国家是前、后赵。这两个政权的胡汉分治制度较典型，为十六国胡汉分治的滥觞。我们以其制为例，来比较说明昌黎政权胡汉分治的特点。关于二赵政权的胡汉分治，前人已有详论，兹不赘述①。下面，我们重点考察其"汉"系统的官吏构成。

永兴元年（304），刘元海即汉王位，"置百官，以刘宣为丞相，崔游为御史大夫，刘宏为太尉，其余拜授各有差"②。据《资治通鉴》补，还有"范隆为大鸿胪，朱纪为太常，上党崔懿之、后部人陈元达皆为黄门郎，族子刘曜为建武将军"③。

石勒之赵国，以刁膺为右长史④，后黜为将军，擢张宾为右长史；同时，以桃豹、石虎为魏郡太守、镇邺⑤。

试对上述史料中的人物族属进行分析。前赵中，刘宣、刘宏、陈元达为匈奴人，据《载记》刘宣为左贤王⑥，《资治通鉴》记"左于陆王弘"，而陈元达为"后部人"，三人皆为匈奴无疑。刘渊曾"师事上党崔游"，则崔游、崔懿之为上党汉人。再看后赵，张宾为汉族，石虎族属自无须赘言，桃豹、刁膺为羯胡之族⑦。

以上所举仅为较典型的二例。周伟洲曾对前赵汉式职官系统的任职做过较详细的列表⑧，其中含有大量胡人。可见前后二赵的汉官系统中（包括中央政府及地方郡县）有大量的胡人任职。汉主刘渊以"刘聪为大司马、大单于、并录尚书事"⑨，以刘曜为"征讨大都督、领单于左辅"，以廷尉乔智明领单于右辅⑩。后赵主石弘以石虎为"丞相、大单于，

①　参考邱久荣《论十六国时期的胡汉分治》（《中央民族学院学报》1987年第3期）及周伟洲《汉赵国史》（山西人民出版社1986年版，第190—193页）、申友良《中国北方民族及其政权研究》（第98页）。

②　《晋书》卷101《刘元海载记》，第2650页。

③　《资治通鉴》西晋惠帝永兴元年（304），第2702页。

④　《资治通鉴》西晋怀帝永嘉六年（312），第2777页。

⑤　《资治通鉴》西晋愍帝建兴元年（313），第2794页。

⑥　《晋书》卷101《刘元海载记》，第2647页。

⑦　陈连庆：《中国古代少数民族姓氏研究》，第384页。

⑧　周伟洲：《汉赵国史》，第155—185页。

⑨　《晋书》卷101《刘元海载记》，第2652页。

⑩　《资治通鉴》西晋怀帝永嘉四年（310），第2749页。

总摄百揆"①。这两条史料更是清楚地表明，二赵政权的"国人"除统治胡族部落外，还进入汉官系统，担任枢要之职，对汉人进行严密的控制。

这样，二赵胡汉分治体制中的"汉"系统，仅是指被统治对象为汉人、管理形式也因循汉式政府，但是官吏既有汉人也有胡人，而且以胡人任枢要。总之，胡人和汉人确实被"分治"，但却是"以胡统汉"。

再看慕容氏的昌黎政权。

昌黎政权下的汉人系统分为两个部分：一是慕容氏为永嘉之乱后归附的中原流民设置的侨郡县，已如上文所述；二是太兴二年兼并平州刺史崔毖所获之辽东郡县。这两部分构成慕容氏统治下的汉人部分。那么，慕容氏怎样管理这些汉人呢？

永嘉之乱后，慕容氏确立"拥晋"方针，浮海劝进，东晋元帝封慕容廆为"龙骧将军、大单于、昌黎公"，此后慕容氏成为东晋统下的地方政权。

表 1-1　　　　　　　　　　　昌黎政权慕容氏诸主封爵

	时间	官爵				
慕容廆	太兴元年	都督辽左杂夷流民诸军事		龙骧将军	大单于	昌黎公
	太兴三年		平州刺史	安北将军		
	太兴四年	都督幽平二州、东夷诸军事	平州牧	车骑将军	大单于	辽东公
慕容皝	咸和八年		平州刺史	镇东大将军	大单于	辽东公
	咸康四年		幽州牧领平州刺史	征北大将军		
	咸康七年	都督河北诸军事	幽州牧	大将军	大单于	燕王
慕容儁	永和五年	大都督、督河北诸军事	幽平二州牧	大将军	大单于	燕王

---

① 《晋书》卷105《石勒载记下附子弘载记》，第2754页。

我们看到，东晋对慕容氏的封授包括两个部分：一是胡官"大单于"；二是汉官部分，包括地方官号及爵号，这也说明了慕容氏实行胡汉分治，其最高统治者兼有双重身份。按魏晋以来的通例，地方官兼有都督、将军、刺史三种称号①、两种官府（州官、府官）；再加之自慕容廆以来即僭置王国官，这样，慕容氏的昌黎政府由三个系统构成：府官、州官、王国官。

表1-2　　　　　　　　昌黎政府职官

时期	府官及郡望		州郡官		王国官	
慕容廆	龙骧长史	游邃（广平）裴嶷（河东）				
	龙骧主簿	刘翔（平原）				
	龙骧参军	鞠彭（东莱）				
	车骑长史	裴嶷（河东）游邃（广平）裴开（河东）	平州别驾	韩寿（辽东）庞鉴（辽东）		
	车骑司马	裴开（河东）				
	车骑主簿	崔焘（清河）				
	车骑参军	黄泓（庐江）郑林（北海）韩恒（安平）				
	军咨祭酒	阳耽（北平）			郎中令	高翊（辽东）
	平北长史	阳骛（北平）王诞（昌黎）王济（渤海）刘斌（昌黎）	平州别驾	皇甫真（安定）		
	平北司马	佟寿（辽东）封奕（渤海）韩矫（太原）高翊（辽东）李洪（渤海）	功曹	刘翔（平原）		
			司马	韩寿（辽东）	国相	封奕（渤海）

① 严耕望：《中国地方行政制度史·魏晋南北朝卷》，台北"中研院"历史语言研究所专刊之45，1963年，第88页。

续表

时期	府官及郡望		州郡官	王国官	
慕容皝	平北主簿	皇甫真（安定）		奉常	裴开（河东）
	军咨祭酒	裴开（河东）封奕（渤海）		司隶	阳骛（北平）
	帐下督	张英（不详）		太仆	王寓（新兴）
	镇东长史	封奕（渤海）		大理	李洪（渤海）
	从事中郎	黄泓（庐江）		纳言令	杜群（平原）
	记事监	封裕（渤海）		常伯	宋该（平原） 刘睦（不详） 石琮（乐陵）
				冗骑 常侍	皇甫真（安定） 阳协（北平）
	督护	王寓（新兴）		将军	宋晃（西河） 平熙（燕国） 张泓（不详）
	都尉	赵磐（不详）		郎中令	阳景（辽西） 阳裕（北平）
	征北长史	刘翔（平原）		内史	高翊（辽东）
	征北司马	李洪（渤海）		中尉	郑林（北海） 宋活（平原）
	征东参军	鞠运（东莱）		典书令	李洪（渤海）
				大夫	刘明（不详）
	大将军长史	刘翔（平原）韩寿（辽东） 王寓（新兴）宋该（平原） 阳骛（北平）			
	大将军司马	阳裕（北平）李洪（渤海）			
	大将军参军	王献（不详）			
	军咨祭酒	郑林（北海）			
	记事	封裕（渤海）			
	大将军长史	阳骛（北平）申钟（魏郡）		国相	封裕（渤海）
	大将军司马	皇甫真（安定）		郎中令	阳骛（北平）
	从事中郎	黄泓（庐江）		中尉	宋活（西河） 侯龛（上谷）

续表

时期	府官及郡望	州郡官	王国官	
慕容儁			内史	刘斌（昌黎） 李洪（渤海）
			大司农	刘斌（昌黎）
			典书令	皇甫真(安定) 张怖（清河）

据表1-2，王献、刘明郡望不详，据汉族官员封裕之上疏："王献、刘明，忠臣也，愿宥忤鳞之愆，收其药石之效。"① 从文化面貌来看，二人必为汉人。张英、赵磐族属不明，但从其姓名来看，似为汉人。余皆为中原及辽东汉人，郡望清晰，不容置疑②。

再看地方郡县之任职。慕容氏所统郡县包括两个部分：侨郡县和辽东诸郡县。

表1-3　　　　　　　　　　昌黎时期郡县守令

侨置郡县			辽东诸郡县		
郡县	守令	年代[1]	郡县	守令	年代
乐浪郡（太守）	张统 鞠彭	建兴元年（313） 咸康四年（338）	辽东郡	裴嶷 阳鹜 韩矫 杜群	太宁三年（325） 咸和八年（333） 咸和八年（333）[2] 咸和八年（333）
冀阳郡	宋烛	咸康四年（338）			
唐国（内史）	阳裕	咸康七年（341）			
成周郡	崔焘	咸康四年（338）	玄菟郡	高翊 刘佩 乙逸	咸和八年（333） 咸康四年（338） 永和八年（352）
营丘郡	鲜于屈 韩恒	咸康四年（338） 不明			
武原县（县令）	常霸	咸康四年（338）	带方郡	王诞	咸和八年（333）

---

① 《晋书》卷109《慕容皝载记》，第2825页。
② 李椿浩《十六国政权政治体制研究》曰："《资治通鉴》晋成帝咸康四年有'朝鲜令昌黎孙泳'，据此，疑孙希、兄泳为鲜卑族"，第60页，孙泳为昌黎郡汉人，被任命为侨县朝鲜的县令，甚明，不知李椿浩如何推出其为鲜卑族的结论。

续表

侨置郡县			辽东诸郡县		
郡县	守令	年代	郡县	守令	年代
武宁县	孙兴	咸康四年（338）	新昌县	韩恒	咸和六年（331）
朝鲜县	孙泳	咸康四年（338）	居就县	游泓	咸康四年（338）

注：[1] 鉴于无法考证其具体任官年代，一律以首次出现于《资治通鉴》的年代为准，以备查找。见于《晋书》而《资治通鉴》失载的，无法确定年代，则注明在《晋书》中的出处。以下表格亦然。

[2] 此年阳鹜卸任，韩矫继任，故于《资治通鉴》中同年出现。以下表格出现此种情况亦然。

上表所列郡县守令除鲜于屈外，皆为汉族土人。据姚薇元《北朝胡姓考》鲜于氏条：“鲜于氏，出自春秋狄国鲜虞之后，以国为氏，高车族也。”[1] 春秋后期鲜虞国为晋国所灭，其国人多融入汉人之中，征之史传，鲜于氏自汉以来，代有闻人。此鲜于屈被委任为汉人郡县守令，必为汉化已久的高车种人。

表1-2及表1-3显示，昌黎汉官系统之中央及地方皆由汉人任职。

那么，慕容氏贵族在这个政权中处于怎样的地位呢？为了说明问题，我们把见于史籍的昌黎政权的征战、镇戍情况逐年列表如下。

表1-4   昌黎时期领军将领

年代	将军	征战情况	备注
永嘉五年（311）	鹰扬将军慕容翰	击辽东鲜卑	
建兴元年（313）	鹰扬将军慕容翰	攻段氏、留镇徒河	
建兴五年（317）	*征虏将军鲁昌		
太兴二年（319）	冠军将军慕容翰	击宇文部	前锋：长史裴嶷
	征虏将军慕容仁	出镇平郭	
	*建威将军张统	击高句丽	
	鹰扬将军慕容翰、征虏将军慕容仁	击高句丽	
太兴四年（321）	鹰扬将军慕容翰	徙镇襄平	

①   姚薇元：《北朝胡姓考》，第312页。

续表

年代	将军	征战情况	备注
永昌元年（322）	冠军将军慕容皝	袭段部	
太宁三年（325）	冠军将军慕容皝	击宇文氏	辽东相裴嶷为右翼，征虏将军慕容仁为左翼
咸和八年（333）	*广武将军高翊、建威将军慕容幼、慕容稚、广威将军慕容军、宁远将军慕容汗	击叛军慕容仁	
咸和九年（334）	宁远将军慕容汗	击段辽	司马封奕帅骑共击之
咸康元年（335）	军师将军慕容评	击辽东	
咸康二年（336）	燕王皝	亲击段辽	司马封奕为伏兵
咸康三年（337）	折冲将军兰勃	戍好城	
	*以宋晃、平熙、游泓为将军		
	*扬烈将军宋回		
咸康四年（338）	慕容恪	追击赵兵	
咸康五年（339）	军师将军慕容评、广威将军慕容军、折冲将军慕舆根、慕舆泥	袭赵辽西	
	慕容恪、慕容霸	击宇文部	
咸康七年（341）	度辽将军慕容恪	出镇平郭	
咸康八年（342）	燕王皝、度辽将军慕容翰、慕容霸	击高句丽	长史王寓为偏军
建元元年（343）	建威将军慕容翰	击宇文部	
	安北将军慕容僎、军师将军慕容评	击拓跋什翼犍	
建元二年（344）	慕容霸、建威将军慕容翰、广威将军慕容军、度辽将军慕容恪、折冲将军慕舆根	击宇文部	刘佩为副将
永和元年（345）	平狄将军慕容霸	出镇徒河	

年代	将军	征战情况	备注
永和二年（346）	安北将军慕容儁、广威将军慕容军、度辽将军慕容恪、折冲将军慕舆根	击夫余	
永和五年（349）	*五材将军封奕、辅国将军慕容恪、辅弼将军慕容评、辅义将军阳骛		
永和六年（350）	燕王儁、平狄将军慕容霸、轻车将军慕舆泥	伐后赵	

注：标 * 号者除宋回族属不明，余为汉人将领。

据表 1 - 4，从永嘉五年（311）至永和六年（350），见于史载的战争记录共二十四次，参与战争的主要将领共四十人次，虽有汉人为偏师辅助者，但其将帅皆为鲜卑贵族。可以这样断言：昌黎时期慕容氏贵族皆带将军号率兵征战或为地方镇将。

陈寅恪先生曰：耕、战之分工实为胡汉分工①。黄惠贤《中国政治制度通史·魏晋南北朝卷》曰："兵民分治与胡汉分治是一致的，所谓胡人当兵、汉人种田是北朝多数少数族王国的基本、共同特征。"② 这个规律同样适用于昌黎政权。永嘉之乱后，大量的中原流民投靠慕容部，成为农业劳动的主要承担者，慕容氏采用"魏晋旧法"进行剥削，这在汉族官员封裕的上疏中有清晰的反映。上述战役的将领皆由鲜卑贵族担任也正是这个原因。那么，可以想见，鲜卑贵族平时担任各级部酋（如"中部俟釐"之类），战争时被冠以各种将军号、率领部落兵作战。

综上所述，昌黎政权的胡汉分治，不仅是鲜卑部落和汉人郡县的分治，而且是汉官系统与胡官系统的分治。所有的汉式职官皆委以汉人，而鲜卑贵族则任部酋，战时率领部落兵出征，最后总统于慕容氏的最高统治者。在这里，没有出现二赵政权中胡人渗入汉官系统的现象。汉人被委以很高的自治权治理汉人。这是汉人在昌黎政权中具有高度政治地位的表

---

① 陈寅恪：《魏晋南北朝史讲演录》，第110页。
② 黄惠贤：《中国政治制度通史·魏晋南北朝卷》，人民出版社1991年版，第80页。

现。或许有人说，慕容氏不进入汉职系统是因为受文化水平的限制。这并不符合历史事实。虽然慕容氏偏居昌黎一隅，可是从第一代君主慕容廆开始就已接触汉文化[1]，至永嘉之乱后吸收中原士族，建立官学，"其世子皝率国胄束修受业焉。廆览政之暇，亲临听之"[2]。所以，昌黎政权胡汉职官系统分治的原因，归根结底是汉人自治权的问题。永嘉之乱初期，东莱鞠彭"帅乡里千余家"投奔慕容部，338年棘城之战时任乐浪太守，微弱难以坚持，乃"选乡里壮士二百余人共还棘城"。可见流民领袖仍保留了原来的部众。

以上是一个方面，说明昌黎政权中的汉人完全实现了自治。同时，我们注意到，胡官系统皆由慕容氏担任领军及镇戍将领，而无段氏、宇文氏之类的其他胡族。这也与此前建立政权的十六国国家——前、后赵的胡官系统有很大不同。试论之。

陈寅恪先生曰：十六国的大单于台即本族（即国人）力量之所在[3]，史界多持这一看法[4]。这里，需要指出的是，本族之外的"六夷"也被编入二赵的大单于系统下[5]。刘渊置单于台于平阳西，后石勒进攻靳准于平阳，"巴帅及诸羌羯降者十余万落"[6]，其中有巴及羌羯，可见"夷"部落是与"国人"共同编制在大单于台系统下。虽然大单于系统的核心职位如大单于、单于左右辅由"国人"担任[7]，但是，其下的部酋却包括各种"夷"人。刘曜置单于台于渭城，"置左右贤王已下，皆以胡、羯、鲜卑、氐、羌豪桀为之"[8]。可见，"夷"酋与"国人"贵族共同构成大单于系统——前赵的核心统治阶层。

由此"夷"成为"国人"之下的最重要的辅助力量。后赵太子石弘

---

① 见《晋书》卷108《慕容廆载记》慕容廆谒见东夷校尉何龛事，第2804页。

② 《晋书》卷108《慕容廆载记》，第1806页。

③ 陈寅恪：《魏晋南北朝史讲演录》，第110页。

④ 参考邱久荣《论十六国时期的胡汉分治》。

⑤ 汉主刘聪设"单于左右辅，各主六夷十万落，万落置一都尉"，此六夷或认为是"匈奴、羯、鲜卑、氐、羌"，或认为有乌丸而无巴蛮，但无论哪种说法，都包括了匈奴本部及其他少数民族，参考申友良《中国北方民族及其政权研究》，第98页。

⑥ 《晋书》卷104《石勒载记》，第2728页。

⑦ 刘聪时以"单于左右辅，各主六夷十万落"，任职者有刘曜、乔智明，皆为匈奴贵族，可见"夷"上层仍归属"国人"领导。

⑧ 《晋书》卷103《刘曜载记》，第2698页。

懦弱，石勒深恐石虎夺位，乃以"王阳专统六夷以辅之"①。此前王阳"领门臣祭酒，专明胡人辞讼"②。据陈连庆《中国古代少数民族姓氏研究》，王阳为西域羯胡③。王阳所统"六夷"，必包括"国人"之外的"夷"，此点毋庸置疑。其为国家重要的政治军事力量，故石勒用以加强石弘的势力。后赵冉闵之乱，"闵躬率赵人诛诸胡羯"④，"国人"是冉闵对付的主要对象，除此之外，"六夷敢称兵仗者斩"，"夷"虽不是主要敌人，但是"国人"的重要辅佐力量，故有此禁令。前赵刘渊立氏酋单征女为后，生子刘乂，后被立为皇太弟，领大单于、大司徒。这也源于氏羌是前赵重要辅佐力量的政治背景。这是第一点。

第二，"六夷"在二赵政权中不仅是大单于之胡官系统的重要组成部分，而且渗入汉官系统。前赵中的氏羌官员见于史载的有长水校尉尹车、解虎、河南太守尹平、洛阳镇将尹安⑤。另有游子远其人，被赵主刘曜骂为"大荔奴"⑥，胡注曰"大荔"为西戎（氏羌前身）种落，则游子远之族属亦为氏羌，故被派遣讨伐氏羌之叛，当是利用他的身份之便，后官至大司徒、录尚书事，成为政权的中枢人物。

总之，二赵政权重用"夷"来补充本族统治力量的不足、共同镇压统治广大的汉人。在这样的情况下，二赵形成了这样一种政治体制。吕一飞《匈奴汉国的政治与氏羌》认为：

> 刘渊的民族政策简而言之，有三个层面：倚重南匈奴五部之众，作为核心力量；团结其他胡族，作为准核心力量；同时广泛吸引和团结晋人（汉族），争取他们支持汉国政权。⑦

① 《晋书》卷105《石勒载记下》，第2743页。
② 同上书，第2735页。
③ 陈连庆：《中国古代少数民族姓氏研究》，第381页。
④ 《晋书》卷107《石季龙载记下附子鉴载记》，第2792页。
⑤ 《资治通鉴》东晋元帝太兴三年（320）长水校尉尹车、解虎谋反被诛，"四山氐、羌、巴、羯应之者三十余万，关中大乱，城门昼闭"，游子远认为"应前日坐虎、车等事，其家老弱没入奚官者，皆纵遣之，使之自相招引，听其复业。彼既得生路，何为不降"，第2879页。尹车、解虎为氏羌甚明。疑尹平、尹安亦皆为氏羌之族。
⑥ 《资治通鉴》东晋元帝太兴三年（320），第2879页。
⑦ 吕一飞：《匈奴汉国的政治与氏羌》，《历史研究》2001年第2期。

此段文字中"广泛吸引和团结晋人"云云，从大道理上来讲是不错的，任何一个统治者都想获得最广泛的支持与认可，但是，从根本上来说，在十六国初期民族矛盾较激烈的情况下，广大汉人是被统治、被镇压的对象，《资治通鉴》穆帝永和二年（346）："沙门吴进言于季龙曰：'胡运将衰，晋当复兴，宜苦役晋人以厌其气。'"① 清楚地表明胡族政权以汉人为敌的态度，"国人"之外的"夷"之所以成为"准核心"力量，就是为这一目标服务的。

综上所述，前、后二赵政权形成了以"国人"和"六夷"构成的统治核心。那么，为什么昌黎政权却没有"六夷"的参与呢？慕容氏所兼并的宇文、段氏等强大的鲜卑势力哪里去了呢？汉族官员封裕之上疏曰：

> 句丽、百济及宇文、段部之人，皆兵势所徙，非如中国慕义而至，咸有思归之心。今户垂十万，狭凑都城，恐方将为国家深害，宜分其兄弟宗属，徙于西境诸城。②

谷川道雄认为慕容氏对所征服的少数民族采用了强制徙民的政策，但双方究竟结成了怎样的关系并不明了③，而据封裕上疏，不仅伴随着强制徙民，而且双方仍处于尖锐的对立中④，这是他们长期敌对关系的必然结局。也是慕容氏摒弃诸胡不用，与汉人构成政权核心的原因，在这里，慕容氏之外的"六夷"反而成为被统治、被镇压的对象。小林聪认为被征服少数民族的一部分被慕容氏吸收进入政权中核，显然并不符合实际⑤。

在十六国的胡族政权中，不仅前、后二赵重用"六夷"补充"国人"

---

① 《晋书》卷107《石季龙载记下》，第2782页。

② 《晋书》卷109《慕容皝载记》，第2824页。

③ ［日］谷川道雄《隋唐帝国形成史论》："慕容部的征服战争几乎毫无例外地伴随着被征服部族的强制迁徙或是徙民"，第58页。

④ 关尾史郎认为十六国的徙民可分为四种形式，一是为保证劳动力的经济目的的徙民；二是打败敌对势力后、把其主要部分徙于国都附近进行统制管理的徙民；三是镇压国内的反叛势力后把其迁离根据地的徙民；四是出于政治目的对政权的主体力量及追随者的徙民，转引自三崎良章《五胡十六国》（东京东方书店2002年版），第192页，慕容氏对宇文、段部的徙民应当属于第二种，其敌对关系是必然的。

⑤ ［日］小林聪《慕容政权の支配构造の特质》："各民族集团の一定部分が政权の中心部に取り込まれていき"。

力量统治广大汉人，慕容氏之后的各政权也是同样①，总之，慕容氏的昌黎政权摒弃诸胡与汉人共同组成统治核心的做法，创建了五胡十六国史上较独特的政治形态②，这对于研究十六国的民族融合进程具有重要意义。

第四节　侨旧政策

如前文所论，汉士族是慕容氏之外的最重要的统治力量，为昌黎政权的发展强大做出了重要贡献。但是，这支政治势力的代表主要是中原流民。慕容氏的统治者对中原侨族和辽东当地的旧有势力采取了不同的政策③。

曹文柱对两晋之际的流民问题做了整体的考察，认为这一时期的流民迁徙通常是以群体方式进行的④。永嘉之乱后投靠慕容氏的中原流民多是举族而来。宋该、杜群、刘翔"帅诸流寓归于廆"⑤。鞠彭"与乡里千余家"⑥、高瞻"与乡里数千家"⑦，避难平州、辗转投入慕容部。"游邃、逢羡、宋奭，皆尝为昌黎太守，与黄泓俱避地于蓟，后归廆"⑧，未言其宗族情况；不过，当幽州刺史王浚辟召游畅时，游畅对弟游邃说"今手书殷勤，我稽留不往，将累及卿。且乱世宗族宜分，以冀遗种"，可见广平游氏亦是率宗族而来。据《西晋以下地方北方宦族地望表》，我们看到，这些进入慕容部的中原流民领袖多是自西晋以来的地方望族⑨。唐长

---

① 详见拙作《十六国的"国人"政治体制》（未刊稿）。

② ［日］三崎良章《五胡十六国》认为，与前赵、后赵不同，慕容氏在统一辽东、辽西地区的时候，就已吸纳了大批的流亡汉士族，第202页，虽未深入论述，也觉察到慕容氏建国道路的独特性。

③ 这里的辽东地区包括辽东郡、玄菟郡、带方郡，大致在大辽河以东，是慕容氏直接控制的实土郡县。朴汉济《"侨旧体制"的展开与东晋南朝史》（《北朝研究》1995年第4期）用"侨旧"概念来分析东晋南朝的侨民和本土势力的关系，这里，我们也引用这个概念来分析慕容氏统治下的中原流民与辽东本土势力的关系。

④ 曹文柱：《两晋之际流民问题的综合考察》，《历史研究》1991年第2期。

⑤ 《资治通鉴》西晋愍帝建兴元年（313），第2798页。

⑥ 《资治通鉴》东晋元帝太兴二年（319），第2875页。

⑦ 《晋书》卷108《慕容廆载记附高瞻传》，第2812页。

⑧ 《资治通鉴》西晋愍帝建兴元年（313），第2798页。

⑨ 贺次君：《西晋以下地方北方宦族地望表》，《禹贡》第3卷第5期。

孺曰："流民既由当地大族率领，所以士族士大夫就受到重视。"① 揭示了中原士大夫之政治背景。他们被委任为各种官员，成为昌黎政权中一支重要的政治势力，本书称为中原侨族。

昌黎政权中与中原侨族对立的另一政治集团就是辽东当地的旧有势力。太元二年（319），慕容廆攻灭西晋平州刺史崔毖，据有辽东、玄菟二郡，从此，辽东旧有势力亦纳入慕容氏的统治下。西晋之东北地区分属于二州（幽、平）十二郡，永嘉之乱后，尽沦于少数民族的统治下。东北郡县为段氏、慕容氏瓜分。段氏鲜卑"其地西尽幽州，东界辽水"②，统治着幽州的渔阳、右北平、辽西郡，与慕容氏以辽水为界。石虎灭段氏，段氏旧土尽入于后赵。所以，终昌黎时期，慕容氏再无法向西扩张，辽东诸郡是慕容氏控制的唯一的实土郡县。因此，辽东旧有势力是与中原侨族并峙的另一支重要的政治势力。

但是，辽东当地势力与中原侨族的地位并不对等。中原侨族的地位极高。

第一，慕容氏设侨郡县保障侨姓大族的特殊利益。《晋书·慕容廆载记》："廆乃立郡以统流人，冀州人为冀阳郡，豫州人为成周郡，青州人为营丘郡，并州人为唐国郡。"③ 皆以流民领袖为侨郡县的守令。

据表1-3，侨置郡县的守令，除鲜于屈、常霸郡望不明外，皆为中原侨族。据姚薇元《北朝胡姓考》，鲜于屈为汉化已久的高车种人，兹不赘述。魏晋时期渔阳鲜于氏多见于史载，此鲜于屈可能亦出于渔阳郡望，而非辽东人。宋烛为平原郡望，隶属于冀州，故以其为冀阳郡守，慕容氏以侨统侨之意甚明。

永和二年（347），慕容氏罢成周、冀阳、营丘等侨郡，"以渤海人为兴集县，河间人为宁集县，广平、魏郡为兴平县，东莱、北海人为育黎县"④，直接由燕国的辽东内史管理。

高敏《魏晋南北朝兵制研究》认为：罢郡是因为原来的侨郡流民转

① 唐长孺：《晋代北境各族"变乱"的性质及五胡政权在中国的统治》，氏著《魏晋南北朝史论丛》，河北教育出版社2002年版，第154页。
② 《晋书》卷63《段匹磾传》，第1712页。
③ 《晋书》卷108《慕容廆载记》，第2806页。
④ 《晋书》卷109《慕容皝载记》，第2826页。

化为军户，故另设军府管理，侨郡也就失去了存在价值①。从军制的角度加以说明，可备一说。永嘉之乱后，侨置郡县安置流民亦见于东晋及河西张氏政权，是这个时期的通常做法。关于侨郡县的作用，前人已论，不仅出于管理的便利，更是为了保障侨姓大族的利益②。慕容皝卒于348年，永和二年（346）已是昌黎政权的后期，经慕容廆、慕容皝二代君主的努力，已完成了对昌黎地区的统一，慕容氏的昌黎政权已完全稳定巩固下来。在这种情况下，为了夺回给予侨姓大族的特殊利益、进一步加强国家的力量，故有此废除侨郡县之举。高敏所言由侨郡县民转化为军户，不再减免赋税，本身就是对侨姓大族特殊权益的剥夺。

第二，我们再来看昌黎政权中侨旧之任官。据表1-2，在昌黎政权的三代君主、87人次的任官中，唯高翊、韩寿、庞鉴、佟寿、阳景为辽东郡望，余皆为中原侨族③，辽东人所占比例极少。

严耕望《魏晋南北朝地方行政制度》认为府官职权甚重④。从表1-2可见，昌黎政权的中央政府由三套职官系统组成：将军（都督）府官、州牧官、王国官。在这三套职官系统中，府官职权最重。慕容皝嗣立，"以平北将军行平州刺史"⑤，任命佐官，"皝以带方太守王诞为左长史，诞以辽东太守阳骛为才而让之，皝从之，以诞为右长史"⑥。长史为最切要之职，又以左为上，故慕容皝初即位，即选任此官。其他府官也较州官切要。慕容皝初嗣位，用法严酷，国人不安，"主簿皇甫真切谏，不听"，终于酿成慕容仁的辽东叛变，乃遣军咨祭酒封奕抚慰辽东，遣军司马佟寿率军征讨⑦。不仅州官如此，王国官也不如府官切要。慕容皝称燕王，以封奕为国相，阳骛为左长史，慕容皝临终前嘱咐慕容儁："阳士秋（阳骛

① 高敏：《魏晋南北朝兵制研究》，第196页。
② ［日］三崎良章《五胡十六国》曰："僑州郡縣の設置にせよ、坞集団の活用にせよ、五胡諸国は漢族を政権内に取りこんで経済基盘構筑に活用し、ぁるいは政治機構確立に利用したのでぁる"，第192页，也认为侨郡县的设立，是五胡十六国吸引汉人势力进入政权机构的一种做法。
③ 这里的辽东诸郡特指慕容氏直接控制的大辽水以东郡县，大辽水以西的幽州诸郡在段氏鲜卑之后隶属于后赵，此地的士族往往亦为逃避石氏统治而入于慕容氏者，故亦列入中原侨族之列。
④ 严耕望：《中国地方行政制度·魏晋南北朝卷》，第153页。
⑤ 《晋书》卷109《慕容皝载记》，第2815页。
⑥ 《资治通鉴》东晋成帝咸和八年（333），第2985页。
⑦ 同上书，第2990页。

字士秋）忠干贞固，可托付大事，汝善待之。"① 352 年，慕容儁在蓟称帝，"以国相封奕为太尉，左长史阳鹜为尚书令"②，与尚书令相比，太尉唯名位，并无实权，国相与左长史的关系类此。昌黎政权的长史、司马之职除佟寿、韩寿外，余皆为中原侨族。慕容皝称燕王，以渤海封奕为国相；慕容氏初入中原，建立帝制，"以封奕为太尉……阳鹜为尚书令，皇甫真为尚书左仆射，张希为尚书右仆射"③，皆为昌黎时期就已入仕慕容氏的中原侨族。

慕容氏利用中原侨族统治辽东当地势力。对于中原侨民，慕容氏实行"以侨统侨"的政策，但对于辽东本地势力，却采用"以侨统旧"之法。

表 1-5　　　　　　　　　　　辽东地方官员

官职	任职年代	人名	郡望
辽东太守	325	裴嶷	河东
	333	阳鹜	北平
	333	韩矫	太原
	334	杜群	平原
东夷校尉	331	封抽	渤海
辽东护军	333	乙逸	平原
	338	宋晃	广平
	341	刘翔	平原
居就令	338	游泓	广平
新昌令	332	韩恒	安平
新昌督护	334	王寓	新兴

综上所述，慕容氏"以侨统旧""重侨轻旧"的政策严重损害了辽东本地人的政治利益，终激起辽东势力集团之变乱。慕容皝即位，其母弟辽东镇将慕容仁叛，辽东当地势力广泛地参与了这次叛乱。

---

① 《晋书》卷 111《慕容皝载记附阳鹜传》，第 2860 页。
② 《资治通鉴》东晋穆帝永和八年（352），第 3131 页。
③ 《晋书》卷 110《慕容儁载记》，第 2834 页。《资治通鉴》作"张佈"。

◇辽东佟氏

《十六国春秋·北燕录》：“辽东佟万以文章知名。”[1] 是以辽东有佟氏。慕容仁叛于辽东，慕容皝遣其司马佟寿等讨之，“寿尝为仁司马，遂降于仁。”[2]。慕容皝败，佟寿奔高句丽。高句丽已发现佟寿墓，墓碑题曰“使持节都督诸军事、平东将军、护抚夷校尉、乐浪……太守”[3]，宿白先生认为这是来自高句丽方面的任官，岑仲勉不同意这一看法，认为是“慕容仁所任命，后人这样题写，只替它表示他是个‘不忘故主的忠臣’，他避居外地，仍然心怀故国，他始终拥护慕容仁而反抗慕容皝的”[4]，证据充分，十分可信，可见辽东佟氏与慕容皝的矛盾之激烈。

◇辽东王氏

慕容皝讨慕容仁于辽东，至襄平，“辽东人王岌密信请降”[5]。慕容皝克平郭后，“丁衡、游毅、孙机等，皆仁素所信用，皝执而斩之；王冰自杀”[6]。可见辽东王氏较多参与了辽东之叛。辽东被平定后，慕容皝“分徙辽东大姓于棘城”[7]。赵石虎围棘城，“朝鲜令孙泳帅众拒赵，大姓王清等密谋应赵，泳收斩之；同谋数百人惶怖请罪，泳皆释之，与同拒守”[8]。疑此王氏即平定辽东叛乱后迁于棘城、再分置于周边侨郡县的辽东王氏。

◇辽东庞氏

慕容仁叛于辽东，“以前平州别驾庞鉴领辽东相”[9]。《资治通鉴》胡注曰：“前指西晋王官。”疑非指西晋王官，而指代慕容氏。要之，庞鉴当为辽东郡望。州牧郡守征辟本地大族为府佐，为汉晋之通例。故庞鉴得为平州别驾，慕容仁又用为辽东相，利用其在当地势力以助叛乱。慕容仁败，庞鉴被杀。

① （清）王仁俊：《玉函山房辑佚书续编三种》，上海古籍出版社1989年版，第288页。
② 《资治通鉴》东晋成帝咸和八年（333），第2991页。
③ 宿白：《朝鲜安岳所发现的冬寿墓》，《文物参考资料》1952年第1期。
④ 岑仲勉：《冬寿墓铭之试行分析》，氏著《金石论丛》，上海古籍出版社1981年版。
⑤ 《资治通鉴》东晋成帝咸和九年（334），第2999页。
⑥ 《资治通鉴》东晋成帝咸康二年（336），第3005页。
⑦ 《晋书》卷109《慕容皝载记》，第2816页。
⑧ 《资治通鉴》东晋成帝咸康四年（338），第3019页。
⑨ 《资治通鉴》东晋成帝咸和九年（334），第2993页。

◇辽东孙氏

慕容仁叛，"前大农孙机等举辽东城以应仁"。《资治通鉴》胡注曰："孙机，盖王官之避地辽东者"，似亦认为孙机为西晋王官，疑"前"亦指代慕容氏。孙机当亦为辽东郡人，在当地有一定势力，故得举辽东城以应慕容仁之叛。

综上所述，无论确为辽东大姓，还是久已移居辽东、在当地形成一定势力者，皆属广义之辽东势力集团[①]，较多地参与了慕容仁的辽东叛乱，反对棘城政权。慕容皝平定叛乱后，对辽东旧有势力采取了严厉的政策，"分徙辽东大姓于棘城"。

《十六国春秋·前燕录》："辽东内史宋该举侍郎韩偏为孝廉。慕容皝令曰：'夫孝廉者，道德沉敏，贡之王庭。偏往助叛乱，迷固之罪至王威临讨，凭城丑詈，此则悖之甚，奈何举之剖符，臣朝所取信。该下吏可正四岁刑。偏行财祈进，亏乱王典，可免官禁锢终身。'"[②] 可见辽东大族的仕进之途亦受限制。

慕容部最初游牧于辽东北，和辽东人发生关系较早，"鲜卑慕容涉归卒。弟删篡立，将杀涉归子廆，廆亡匿于辽东徐郁家"[③]。慕容氏立国于昌黎棘城后，辽东郡是其屏藩高句丽的东境。但是，为什么产生了"以侨统旧"的政策？笔者想原因有二。

《晋书·慕容廆载记》记永嘉之乱后中原流民投靠慕容部的情况曰："时两京倾覆，幽冀沦陷，廆刑政修明，虚怀引纳，流亡士庶多襁负归之。"[④] 汉族官员封裕在上疏中亦曰"中国（之民）慕义而至"。与中原侨族的主动归附不同，辽东本地人是被征服对象。在中原流民投靠慕容部以后的很长一段时间内，辽东郡县一直由西晋平州刺史崔毖统治。太兴二年（319），崔毖联合慕容氏的死敌宇文、段部、高句丽向慕容氏发起进攻，经过艰苦的斗争，慕容部取得胜利，崔毖被灭，辽东郡县尽入慕容部。其残余势力对昌黎政权表现出较强的敌对情绪。崔毖兄子崔焘被委任为成周内史，338年石虎围棘城之战叛逃于高句丽。在这样的情况下，与

---

① 罗新：《五燕政权下的华北士族》（《国学研究》第4卷）考证非河北郡望的士族"事实上已经成了河北士族社会中的重要成员了"，可见这种情况在当时动乱流离的社会中是较普遍的。

② 《太平御览》卷651，第2911页。

③ 《资治通鉴》西晋武帝太康四年（283），第2586页。

④ 《晋书》卷108《慕容廆载记》，第2806页。

崔毖家族同样作为被征服对象的一部分，辽东当地势力必然也会受到慕容氏的猜忌与疑虑。这是第一点。

第二，辽东大姓长期生活在辽东地区，已形成了很强的土著势力。在慕容仁的叛乱中，我们屡屡看到辽东当地人举城应之的例子，就反映了他们在当地的强大势力。这股辽东当地势力与中原侨族不同，并不需要借助昌黎政权的庇护而生存，长期以来早已形成了独立的势力，并不以各政权及政治势力的交替而改变。这样，对于昌黎政权而言，他们是一支较难掌握的力量，势必要加强控制。

综上所述，昌黎政权形成了"重侨轻旧""以侨统旧"的政策。辽东当地势力在昌黎政权中的地位并不高。昌黎政权中的汉族官员 95% 以上都是中原侨族。昌黎时期慕容氏与汉人政治上的联盟，主要是指中原侨族而言。但是，随着慕容部势力的扩大及南进政策的形成，慕容氏与中原侨族之间又形成了尖锐的矛盾，导致慕容氏进入中原后政治格局之巨变。

第五节　慕容氏的南进政策与中原侨族

无论怎样评价五胡乱华的性质，我们都无法否认这个时期存在激烈的民族矛盾、民族隔阂。关于其他胡族政权的情况，前人多有论述，兹不复举。那么，慕义而至、成为昌黎政权重要统治阶层的中原侨族与慕容氏的关系是否有所不同？

《慕容廆载记》：慕容廆灭平州刺史崔毖，获渤海大族高瞻，"廆署为将军，瞻称疾不起。廆敬其姿器，数临候之，抚其心曰：'……奈何以华夷之异，有怀介然……'"[1] 这虽是慕容廆劝导高瞻的话，但是可见他也意识到"华夷"是不同的[2]。三十年后，慕容儁在中原即帝位，曰："吾本幽漠射猎之乡，被发左衽之俗，历数之录宁有分邪！"[3] 与当年赵主石勒所曰"自古诚胡人而为名臣者实有之，帝王则未之有"的话如出一辙[4]。

---

[1] 《晋书》卷 108《慕容廆载记附高瞻传》，第 2813 页。

[2] ［日］川本芳昭《魏晋南北朝时代の民族问题》（东京汲古书院 1998 年版）引用此例，认为反映了当时的民族关系，一方面是汉人伴随着对胡族的文化优越感的同时、怀着被强制出仕胡族政权的恐惧感。另一方面是胡族君主伴随着对汉族的军事优越感的同时，对汉人及汉文化的自卑感，第 33 页。

[3] 《晋书》卷 110《慕容儁载记》，第 2834 页。

[4] 《晋书》卷 104《石勒载记上》，第 2721 页。

可见历经长期的合作，甚至曾结为唇齿相依的政治联盟，但慕容氏仍无法泯灭族类的隔阂及由此而产生的自卑感。

慕容氏之所以有这样的思想，不仅是历史传统的影响，与他在现实的政治中遭受到挫折有关。中原侨族本为躲避刘石之异族统治、避难投靠慕容部①，多数对晋室怀有深切的感情。慕容氏的南进政策遭到他们的抵制。

慕容廆是一位有雄才大略的政治家，永嘉之乱后虽奉行"拥晋"政策，但是目睹当时各种胡族势力逐鹿中原的情况，也产生了建立帝业的想法。琅琊王登基后，"遣使授慕容廆龙骧将军、大单于、昌黎公，廆辞公爵不受"②。这段材料颇值得玩味。慕容廆听从汉族谋士的建议、诣建康劝进，实出于"勤王以令诸侯"的政治目的，东晋方面的封爵越大越有利于"以令诸侯"，慕容廆为什么辞去"昌黎公"之爵呢？这是其一。其二，在数个封号之中，慕容廆为什么单单辞去"昌黎公"？胡注给出了精彩的答案："外为谦谦，其志不肯郁郁于昌黎也。"③ 可见慕容廆之志不在小。《晋书·慕容廆载记》："初，慕容廆常言'吾积福累仁，子孙当有中原。'既而生儁，廆曰：'此儿骨相不恒，吾家得之矣。'"④ 则慕容廆时已有南下之意。

咸和六年（331），慕容廆向东晋乞封燕王，这是他迈向帝制的重要一步，遭到了中原侨族的激烈反对。安平韩恒曰："夫立功者患信义不著，不患名位不高，故桓文有宁复一匡之功，亦不先求礼命以令诸侯。宜缮甲兵，候机会，除群凶，靖四海，功成之后，九锡自至。且要君以求宠爵者，非为臣之义也。"⑤ 明确表现出维护晋室的态度。"廆不平之，出为新昌令。"⑥ 但是终未能称王。这是慕容氏在与晋室的抗衡中遭受的第一次失败。

慕容皝嗣立后，继承了先君的事业。337 年，慕容皝未获晋命，公然

---

① 参考庄钊《十六国时期的北方士族》对丧乱中北方士族的心态分析，他认为流亡士族最初投靠少数民族政权是迫于家族门户的利益，第 25 页，《慕容廆载记附裴嶷传》曰："时流寓之士见廆草创，并怀去就。"也证明了这一点。

② 《资治通鉴》东晋元帝太兴元年（318），第 2855 页。

③ 同上。

④ 《晋书》卷 110《慕容儁载记》，第 2831 页。

⑤ 《晋书》卷 110《慕容儁载记附韩恒传》，第 2843 页。

⑥ 同上。

称燕王。

> 于是备置群司，以封奕为国相，韩寿为司马，裴开为奉常，阳骜为司隶，王寓为太仆，李洪为大理，杜群为纳言令，宋该、刘睦、石琮为常伯，皇甫真、阳协为冗骑常侍，宋晃、平熙、张泓为将军，封裕为记事监。[①]

翌年，赵石虎攻棘城，慕容皝"严兵设备，罢六卿、纳言、常伯、冗骑常侍官"[②]。显然国相、司马、奉常、司隶、太仆、大理构成了燕王国的"六卿"。但是，其名称虽然采用中国，但制度本身十分混杂，试析于下。

《周礼》天子六卿：冢宰、司徒、宗伯、司马、司寇、司空、诸侯三卿[③]。

汉初王国官比于中央，有九卿：太常、光禄勋、卫尉、太仆、廷尉、大鸿胪、宗正、大司农、少府卿。后又削损至六卿。

晋中央之九卿同于汉，王国三卿：郎中令、大农、中尉。

综上所述，中原王朝的"六卿"之制绝无燕国的这种形式，那么，慕容氏到底依据什么建立了这套制度？我们看到，奉常、太仆、大理是汉九卿的一部分，国相亦为汉王国官之一，此暂置之不论。最令人不解的是司马、司隶缘何进入"六卿"？司马，汉晋南北朝为三公、将军之属官，王国官亦设司马，但为六品之下级官吏。但在燕王国官制中，司马位列第二，品秩甚高，可见此非循汉制而立。西周制度中，司马是掌管军政、军赋、马政的高级官员，《周礼》列为六卿之一[④]。这是一种考虑[⑤]。西汉哀帝时改太尉为司马，此后两职或并立或独置，但司马已成为最重要、标志最高身份的职官之一。这是第二种考虑。可能基于上述原因，司马被慕

---

① 《资治通鉴》东晋成帝咸康三年（337），第3012页。
② 《资治通鉴》东晋成帝咸康四年（338），第3018页。
③ 吕思勉：《中国制度史》，上海教育出版社2002年版，第521页。三卿的内容不详。《王制》疏引崔氏谓司徒下小卿二，曰小宰、小司徒，司空下小卿二，曰司寇、小司空。司马下惟小卿一，曰小司马，吕氏谓"则又牵合《周官》说也"。
④ （清）阮元校刻：《十三经注疏·周礼注疏》，第830页，中华书局1980年版影印本。
⑤ ［日］川本芳昭《魏晋南北朝时代の民族问题》引慕容廆言"大禹出于西戎，文王生于东夷"，认为慕容氏受到了周代政治制度的影响，第369页。

容氏纳入六卿。再看司隶，为《周礼》秋官司寇之属官①，汉武帝征和四年始置司隶校尉，掌督京畿之官，至魏晋已为司州行政长官②，职权甚重。笔者想慕容皝把司隶列为"六卿"之一，可能更基于司隶在汉魏晋以来的重要性。

此外，这套王国官制中还有纳言令、常伯、冗骑常侍之职，胡注曰："纳言令，晋之尚书令；常伯，晋之侍中；冗骑常侍，晋之散骑常侍"，这也是汉晋的王国官中所没有的职官。东汉献帝时曹操建魏国，其王国官包括六卿、尚书令、侍中等中外朝官③，史载慕容皝称燕王，"如魏武、晋文辅政故事"④，可见慕容皝的王国官制确实曾受到汉魏禅代之际制度的影响。纳言令、常伯等职的设立当缘于此。但是，其职的名称又采用西周或此前。纳言令，相当于"侍中"之职，相传舜时有此官，掌出纳君命，两晋南北朝皆称侍中⑤。常伯，周制，从诸伯中选拔，故名。《尚书·立政》："王左右常伯、常任。"⑥ 关于"冗骑常侍"之称，在典籍中没有找到依据，似为慕容氏的创举，大概仿汉晋以来的"散骑常侍"而设，并稍改其名。

综上所述，慕容皝的王国官制极其混杂，杂糅了周、汉、魏、晋诸种制度。那么，慕容皝这样做的原因是什么呢？司隶乃诸种"六卿"、王国官制所无有，但是为汉晋以来管理司州的重要职官，慕容皝即设之；司马、国相虽可以在先前的六卿及王国官制中找到依据，但是属于不同的系统，慕容皝也把它们糅合在一起。此外，又效仿曹操魏国制度设立纳言令诸职而名称采用周制。研究者认为"魏与汉的关系，已非汉制朝廷与郡国的君臣主从关系，而为主宾、联邦之制"⑦，这与西周分封制下周天子与诸侯国的关系是一致的。总之，这套独具匠心的王国官的设立就是要显示燕的"自立"倾向。魏武晋文辅政称王，是其登基的过渡程序，而慕容皝称燕王"如魏武、晋文辅政故事"，充分显示了这是他迈向帝制的一

---

① 《十三经注疏·周礼注疏》，第883页。

② 《通典》卷32《职官十四》，第880页。此外，参考陈茂同《历代职官沿革史》，华东师范大学出版社1988年版，第654页。

③ 六卿是汉九卿省廷尉、少府、宗正。说据卢弼《三国志集解·武帝纪》，中华书局1982年版，第51页。

④ 《晋书》卷109《慕容皝载记》，第2816页。

⑤ 张政烺主编：《中国古代职官大辞典》，河南人民出版社1990年版，第574页。

⑥ 《十三经注疏·尚书正义》，第230页。

⑦ 参考卫广来《汉魏晋皇权嬗代》，书海出版社2002年版，第357页。

个中间环节。

那么，中原侨族对于这次更张扬的称王之举采取了什么态度呢？慕容皝僭称燕王的第二年，赵石虎伐棘城，很多担任郡守县令的汉士族叛变，凡"三十六城"①。日本人小林聪认为这是慕容庾违背汉人意愿僭称燕王的结果②。考证颇为精辟。击退赵兵后，慕容皝遣使"献捷建康，兼言假借之意"③，可见遭受到挫折的慕容氏仍需借助东晋的名义笼络汉人之心。这条史料可作为小林聪结论的旁证。

此后，慕容氏又迁都龙城、废晋年号，一步步走向帝业④。从永嘉之乱后的形势来看，慕容氏南进称帝是必然的趋势，汉士人终究无法阻挡⑤。但这并不等于他们已经改变了民族情感。《北堂书钞》引《三十国春秋》：燕黄门郎明岌将死，诫其子曰："吾所以在此朝者，直是避祸全身耳。葬可埋一圆石于吾墓前，首引之云：晋有微臣明岌之冢，以遂吾本志也。"⑥从明岌任黄门侍郎之职来看，这已是燕进入中原称帝以后的事了，某些汉族士人对晋室怀有强烈的感情。这与永嘉之乱后渤海大族高瞻以"华夷之别"拒不出仕慕容氏的情况何其相似。可见，虽历经三十余年的合作，汉士族和慕容氏之间仍存芥蒂，并没有泯灭"华裔有别、正朔相承"的影响。

---

① 《资治通鉴》东晋成帝咸康四年（338），第 3019 页。

② ［日］小林聪：《慕容政权の支配构造の特质》。

③ 《晋书》卷 109《慕容皝载记》，第 2819 页。

④ 张国庆《慕容皝迁都龙城的前因及目的》（《辽宁大学学报》1988 年第 1 期）认为：慕容皝迁都龙城的原因有：第一，建新都扼"辽西古道"咽喉，可择机沿古道挥师南下，逐鹿中原；第二，为当"真龙天子"而大造"龙"的舆论。

⑤ 慕容氏灭宇文、段部，完成对辽东地区的统一后，342 年迁都龙城，《太平御览》卷 162"州郡部八""营州"条引崔鸿《十六国春秋·前燕录》曰："柳城之北，龙山之南，所谓福德之地也，可营制规模，筑龙城，构宫室，改柳城为龙城县，遂都之"，第 789 页。又《晋书·载记》迁都后不久，有祥瑞出现，"黑龙一白龙一见于龙山，皝率群僚观之。去龙二百步，祭以太牢。二龙交首嬉翔，解角而去。皝大悦，赦境内，号新宫曰和龙，立龙翔佛寺于山"，第 2825 页。龙在我国封建社会社会是帝王象征。慕容皝命新都曰龙城，迁都后又出现龙的祥瑞，表明他是有目的地为称帝制造舆论。郎成刚《朝阳北塔三燕础石考》（《辽海文物学刊》1996 年第 1 期）：此时所建佛塔的础石皆以龙纹饰之，从而证实昌黎政权已为僭越之举。同时，行天子之礼以太牢祭祥龙；废晋年号，"自称十二年"，不复禀晋正朔。这一切表明，慕容氏在南进之前已做好了舆论的准备，并终于在 352 年南下称帝。关于慕容皝迁都龙城的具体时间，史界有不同看法，参考张树芬、李维唐《十六国都邑考》（《禹贡》第 3 卷第 2 期）、邱敏《慕容皝迁都龙城年代考异》（《徐州师院学报》1981 年第 4 期）。

⑥ 孔广陶校注：《北堂书钞》卷 160，董治安主编《唐代四大类书》，清华大学出版社 2003 年版，第 751 页。

虽然他们无力改变慕容氏走向中原建立帝业的趋势，但一定程度上在现实的政治中表现出自己的态度，如他们反对慕容氏称王、建立帝业的举措①。

那么，慕容氏怎样对待中原侨人的这种政治倾向呢？渤海高瞻、安平韩恒，皆是崔毖失败后归降慕容氏。高瞻在永嘉之乱后率宗族投奔崔毖，所以在崔毖失败后，是举宗入于慕容部的。从当时皆率宗族迁徙避难的情况来看，韩恒可能也是率宗族投奔崔毖、最后进入慕容氏。二者的家族在昌黎时期一直没有发展起来。高氏见于史载的有高瞻之子高开、高商。高开为慕容恪参军，高商为郡太守②。兄弟二人皆为中级官吏，未能进入昌黎政权之上层，影响微弱。韩恒家族更是湮没无闻。也许与本族人才的匮乏有关。但同为渤海大族的封氏，却仕宦不绝，有封悛、封裕、封抽、封奕等，皆为显要。慕容儁初入冀州，"渤海人逄约以赵乱，拥众数千家附于魏，魏以之为渤海太守。故太守刘准，刘隗之兄子也；土豪封放，弈之从弟也；别聚众自守"③。慕容儁分别遣将讨平之，以封放为渤海太守，官至吏部尚书④。而以逄约参军事。不久，逄约复叛，"逄约亡归渤海，召集旧众以叛燕"⑤，失败后南奔东晋。封放与逄约的不同结局不单是个人的才能问题，而是出于家族的背景。笔者想对于渤海高氏和安平韩氏在昌黎时期的发展情况，并不能简单地视为家族人才的匮乏，而与家族整体在政权中地位的高下有密切联系。他们拥护晋室的做法为慕容氏的统治者反感，直接影响了整个家族的仕宦。可作为旁证的还有清河崔氏。崔毖失败后，"毖与数十骑弃家奔于高句丽，廆悉降其众，徙（崔）焘及高瞻等于棘城"⑥。崔焘（崔毖之侄）仕慕容氏为成周内史，赵石虎围棘城，遂降于赵，石虎退兵后，奔高句丽。崔毖本与慕容氏有深仇大恨，崔焘之举

---

① 晋成帝咸康七年，慕容皝派遣刘翔出使东晋，刘翔"疾江南士大夫以骄奢醋纵相尚"，对江东政权很失望，尽管如此，仍规劝江东士人振作起来，收复失地、匡复帝业、完成统一，庄钊认为："刘翔完全是处心积虑地在为南方政权打算。对南方政权，不满和失望固然有之，但更多的是眷恋，是企盼，是恨铁不成钢。刘翔的这种心态在当时北方士族中是有一定代表性的"，第 68 页，也反映了出仕慕容氏政权的汉士族对晋室的强烈感情。

② 高开为高瞻之子，为慕容恪参军，分别见《资治通鉴》永和七年（第 3116 页）及永和八年（第 3126 页）。高商为高开弟，任范阳郡守，见《太平御览》引崔鸿《十六国春秋前燕录》，卷 487，第 2231 页。

③ 《资治通鉴》东晋穆帝永和七年（351），第 3116 页。

④ 《魏书》卷 32《封懿传》，第 760 页。

⑤ 《资治通鉴》东晋穆帝永和七年（351），第 3119 页。

⑥ 《晋书》卷 108《慕容廆载记》，第 2807 页。

加重了这种成见，此后，再也不见清河崔氏出仕昌黎政权。

高瞻、韩恒、崔悫因拥晋而遭到慕容氏的报复、家族被禁锢的情况说明，慕容氏对"华裔有别、正朔相承"的观念十分敏感。他在称帝的过程中遭受到的挫折，加强了他对这一观念的切身体会。看来慕容儁在称帝时所曰"吾本幽漠射猎之乡，被发左衽之俗，历录之数宁有分邪"并不仅仅是谦词，而是他对现实政治的表白。以往的研究者认为"在十六国时期，慕容鲜卑已接受了汉族正统思想，在文化的深层部分完成了重要转变"的观点①，并不妥当。

结　语

综上所述，永嘉之乱后的中原侨民在慕容氏的昌黎政权中获得高度自治权，形成慕容—汉士族联盟的体制，成为五胡历史上较特殊的政治现象。迄今，尚未有研究者涉及此点，他们仅是指出永嘉之乱后慕容氏任用大批士族而发展强盛，并因此把慕容氏作为"五胡汉化之最"。而且，同样为诸家所忽视的是，这种反常现象是在东北地区特殊的民族形势下形成的，慕容氏与汉人的融合远未完成，"华裔有别、正朔相承"的观念仍对慕容氏有深刻的影响，"侨旧政策"的形成及慕容氏称帝的过程中与中原侨族的矛盾不断激化，都充分说明了这一点。因此，当慕容氏入主中原、统治形势发生变化，必然导致昌黎政局的改变。

---

① 郑小容：《慕容鲜卑汉化问题初探》，《文献》1990 年第 2 期。邹洪礼：《论中原士大夫对前燕慕容氏封建化的影响》也持同样的观点。张博泉《东北古代民族考古与疆域》认为三燕"突破了'华夷正闰论'给予他们的束缚"，第 153 页，所谓的"三燕"包括慕容氏的昌黎政权，这个结论同样不符合昌黎时期慕容氏民族观的实际情况。

第 二 章

挺进中原与政局之变

东晋永和七年（351），中原发生了一重大事件，即冉闵之乱，后赵政权由此瓦解，慕容氏乘机南下，攫取了中原的统治权，建立前燕。如何评价前燕政权的性质呢？谷川道雄认为前燕因循了昌黎时期对待汉人的政策、沿着良好的汉化轨迹发展①。国内学者也普遍持此看法②。笔者认为应当重新审视。

前燕政权与冉闵之乱有很深的关系。冉闵之乱前，后赵已把歼灭的矛头指向完成平州统一的慕容氏。可以说，冉闵之乱为慕容氏入主中原清除了障碍、开辟了道路，并且对此后慕容氏在中原的统治产生了深刻的影响。慑于冉闵之乱所表现出的汉人对胡族深刻的民族仇恨，一方面慕容氏取消了大单于台——这一旨在强化民族界限的"国人政治"体制，但更重要的是，吸取血的教训，大力排斥汉人之政治势力，慕容氏成为唯一的权力中心，昌黎时期的慕容——汉士族联盟瓦解了。同时，为了补充本族统治力量的不足，昌黎时期作为被征服与镇压的对象——其他胡族开始崛起。这一切，标志着昌黎时期统治政策的改变。

第一节　冉闵之乱与慕容氏入主中原

永和六年（350），慕容氏开始南伐的战争。此前不久，中原刚发生了一重大政治事件，即冉闵之乱。

---

① ［日］谷川道雄：《隋唐帝国形成史论》，第58页。
② 参考要瑞芬《试论后赵、前燕、前秦统治政策汉化成分之差异及其原因》（《中央民族学院学报》1992年第2期）、邹洪礼《论中原士大夫对前燕慕容氏封建化的影响》、刘国石《鲜卑慕容氏与赵魏士族》、郑小容《慕容鲜卑汉化问题初探》。

永和七年（351），后赵石虎死，汉人冉闵发动政变。

（闵）宣令内外六夷敢称兵仗者斩之。胡人或斩关，或逾城而出者，不可胜数。……令城内曰："与官同心者住，不同心者各任所之。"敕城门不复相禁。于是赵人百里内悉入城，胡羯去者填门。闵知胡之不为己用也，班令内外赵人，斩一胡首送凤阳门者，文官进位三等，武职悉拜牙门。一日之中，斩首数万。闵躬率赵人诛诸胡羯，无贵贱男女少长皆斩之，死者二十余万，尸诸城外，悉为野犬豺狼所食。屯据四方者，所在承闵书诛之，于时高鼻多须至有滥死者半。①

后赵借以立国的羯胡主体究竟有多少人，史无明载。陈寅恪先生说："单于台所在即本族主部所在。"② 冉闵政变的地点正是单于台所在之襄国。这二十万羯胡被杀，后赵羯胡之民族主体基本消亡了，强大的后赵政权因此灭亡。后石祇（石虎子）据襄国与冉闵相争，其手下或有一小部分羯胡，但力量悬殊，旋为冉闵所灭。

此前，后赵是已统一平州地区的慕容氏政权的最主要的敌人。

在慕容氏统一平州的过程中双方的矛盾就开始了。咸康三年（337）慕容氏乞师石虎向为敌已久的段部展开进攻。石赵的军队长驱入蓟，段氏渔阳、上谷、代郡守相皆降，段辽全军覆没。慕容皝则攻掠段辽令支以北诸城而归。石虎怒其背约，率"戎卒数十万，四面进攻"棘城③，郡县叛之者三十六城。《晋书·慕容皝载记》谓："左右劝皝降，皝曰：'孤方取天下，何乃降人？'"④ 这其实是燕史粉饰之词。《资治通鉴》则云"皝欲出亡"⑤，慕舆根劝止之。慕舆根同样承认"赵强我弱"⑥，但一旦出逃，则"赵收略国民，兵强谷足，不可复敌"⑦，必亡。主张"固守坚城"⑧，

① 《晋书》卷107《石季龙载记下附子鉴载记》，第2791页。
② 陈寅恪：《魏晋南北朝史讲演录》，第110页。此外，还可参考李椿浩《十六国政权政治体制研究》，第125页。
③ 《晋书》卷109《慕容皝载记》，第2818页。
④ 同上。
⑤ 《资治通鉴》东晋成帝咸康四年（338），第3019页。
⑥ 同上。
⑦ 同上。
⑧ 同上。

伺机出兵击赵。慕容皝"乃止，然犹惧形于色"①。最后后赵方面虽因屯兵坚城之下"不能克"②，引兵而退，在归途中为燕兵所袭，但后赵之强盛，在慕容氏心理上留下了恐惧的阴影。

谷川道雄氏认为慕容氏既以东晋为宗主国，因此与后赵的对立是必然的③，不仅如此，段氏本长期与后赵结好，而石虎却接受慕容氏灭段氏之邀请，可见后赵已有向东北扩张之意。段部既亡，后赵领土与慕容部相接，此时的慕容氏正处于上升阶段，大有统一幽平南下之势，无疑是一巨大的潜在的威胁，此后石氏把斗争的矛头直接指向慕容氏：咸康四年（338），"（石）季龙谋伐昌黎，遣渡辽曹伏将青州之众渡海，戍蹋顿城，无水而还，因戍于海岛，运谷三百万斛以给之。又以船三百艘运谷三十万斛诣高句丽，使典农中郎将王典率众万余屯田于海滨。又令青州造船千艘"④。

339 年，后赵向慕容氏发起大举进攻，"赵以抚军将军李农为使持节、兼辽西、北平诸军事、征东将军、营州牧，镇令支。农帅众三万与征北大将军张举攻燕凡城。……举等攻之经旬，不能克，乃退"⑤。

339 年的进攻失败后，第二年后赵采取了更大规模的用兵，《石季龙载记》："季龙将讨慕容皝，令司、冀、青、徐、幽、并、雍兼复之家五丁取三，四丁取二，合邺城旧军满五十万，具船万艘，自河通海，运谷豆千一百万斛于安乐城，以备征军之调。徙辽西、北平、渔阳万户于兖、豫、雍、洛四州之地。"⑥ 同时，"自幽州以东至白狼，大兴屯田。悉括取名马，有敢匿者腰斩，凡得四万余匹"⑦。其势必欲灭之。两国的边境战争屡屡爆发。340 年调兵后不久，后赵横海将军王华率州师自海岛袭燕安平，破之。341 年赵尹农攻燕凡城。

在后赵的强大攻势下，慕容氏仅处于备守之势。

---

① 《资治通鉴》东晋成帝咸康四年（338），第 3019 页。

② 同上书，第 3020 页。

③ ［日］谷川道雄《隋唐帝国形成史论》："慕容部以东晋为宗主国，而段部又与后赵结为联盟，所以慕容民也就不可避免地与厉赵形式对应"，第 55 页。关于后赵与东晋的关系，参考田余庆《东晋门阀政治》关于"不与刘、石通使"问题的论述，第 27—37 页，北京大学出版社 1989 年版。

④ 《晋书》卷 106《石季龙载记上》，第 2768 页。

⑤ 《资治通鉴》东晋成帝咸康五年（339），第 3035 页。

⑥ 《晋书》卷 106《石季龙载记上》，第 2770 页。

⑦ 《资治通鉴》东晋成帝咸康六年（340），第 3039 页。

石季龙来伐，既还，犹有兼并之志，遣将邓恒率众数万屯于乐安，营攻取之备。（慕容）垂戍徒河，与恒相持，恒惮而不敢侵。①

此事《资治通鉴》系于 345 年，已是慕容氏在昌黎与后赵相争之后期。当年段部领土"东界辽水"，慕容皝时从段部手中夺取徒河，以慕容翰"镇徒河，壁青山"②，徒河成为慕容氏抗击段部的东境最前沿阵地。但是从 337 年段部亡至 350 年慕容氏南下中原之前，慕容氏的领土始终未能向东扩展，大体仍维持着与段部对峙时的国境线，所以徒河仍为慕容氏东境最前沿阵地，后赵牢固地控制着所获取之段部旧境。慕容氏精选宗室俊秀慕容恪为徒河镇将，得以保住这条脆弱的防守线，但实已感到艰难。

后赵灭段氏之时，慕容氏曾接受段部首领段辽之降，后段辽谋反，"燕人杀段辽及其党与数十人，送辽首于赵"③。我们不得不看作这是慕容氏不堪后赵的强大攻势而谋求和解的一种举措。慕容儁与安乐镇将邓恒交战：

恒将鹿勃早将数千人夜袭燕营，半已得入，先犯前锋都督慕容霸，突入幕下，霸起奋击，手杀十余人，早不能进。由是燕军得严，儁谓慕舆根曰："贼锋甚锐，宜且避之。"根正色曰："我众彼寡，力不相敌，故乘夜来战，冀万一获利。今求贼得贼，正当击之，复何所疑！王但安卧，臣等自为破之！"儁不能自安，内史李洪从儁出营外，屯高冢上。根率左右精勇数百人从中牙直前击早，洪徐整骑队还助之。早乃退走。④

这是冉闵之乱后慕容氏南下之初的情况。在我众敌寡的情况下，慕容儁仍对后赵徒河镇将邓恒畏惧如此，这是在与后赵的对峙中长期处于弱势的心理反应。

石虎死后，诸子争立，后赵大乱，此刻慕容霸即劝慕容儁南下夺取中原的统治权，慕容儁辞以"新遭大乱，不许"⑤，在群臣的一再谏说之下，乃"选精兵二十余万，讲武戒严，为进取之计"⑥。同时，"遣使至凉州，

---

① 《晋书》卷 123《慕容垂载记》，第 3077 页。
② 《资治通鉴》西晋愍帝建兴元年（313），第 2797 页。
③ 《资治通鉴》东晋成帝咸康五年（339），第 3030 页。
④ 《资治通鉴》东晋穆帝永和六年（350），第 3104 页。
⑤ 《晋书》卷 123《慕容垂载记》，第 3077 页。
⑥ 《资治通鉴》东晋穆帝永和六年（350），第 3093 页。

约张重华共击赵"①。笔者认为，这只是慕容儁的假作姿态而已，此时他仍在观望并未最终决定南伐。否则，怎能邀他人共享中原之统治权？这与此前邀请东晋"请刻期大举，共平中原"是同样的虚词②。之所以这样，源于慕容氏对后赵深刻的畏惧。

但是，此后不久，就发生了冉闵之乱。东晋"朝廷闻中原大乱，复谋进取"③。可见冉闵之乱在当时产生了巨大的影响。后赵已因冉闵之乱而覆亡，慕容氏消除了最后的疑惧，此年二月，迅速出兵，开始进伐中原的战争。

在后赵基础上建立的冉魏，内部矛盾重重，不可与后赵相提并论。慕容氏南下后，长驱直入，迅速消灭冉闵政权，攻占邺都，建立前燕。可以说，冉闵之乱不仅为慕容氏除去了最主要的敌人后赵，而且为他获取中原统治权开辟了道路。总之，冉闵之乱与慕容氏政权有至深的关系，不可能不引起他的注意。

强大的后赵并非因为战争的弱肉强食而消亡，而是因冉闵之乱亡于旦夕。这是在当时深刻的民族矛盾的背景下发生的。

冉闵废赵主石遵、控制后赵朝政后，"龙骧孙伏都、刘铢等结羯士三千伏于胡天"欲诛冉闵④。据陈连庆考证孙、刘皆为羯胡之族，则此为羯胡贵族捍卫本族政权之举。"（冉闵）城中曰：'近日孙刘构逆，支党伏诛，良善一无预也。今日已后，与官同心者留，不同者各任所之。'敕城门不复相禁……"⑤据此，最初冉闵并无诛胡之心，甚至想拉拢羯胡，但是，他对后赵政权的侵夺遭到了国人——羯胡的强烈反对与赵人的支持，"于是赵人百里内悉入城，胡羯去者填门，闵知胡不为己用"⑥，遂下令杀胡。一场统治者内部的争权斗争遂演变为激烈的胡汉斗争："闵躬率赵人诛诸胡羯，无贵贱男女少长皆斩之……"⑦在这里，尤其值得注意的是赵人的态度。当冉闵颠覆后赵政权后，"赵人百里内皆入城"，并同冉闵共杀胡羯。赵人有什么理由支持冉闵政权呢？冉闵虽为汉人，但从小被石虎

① 《资治通鉴》东晋穆帝永和五年（349），第3100页。
② 《资治通鉴》东晋成帝咸康五年（339），第3036页。
③ 《资治通鉴》东晋穆帝永和六年（350），第3102页。
④ 《晋书》卷107《石季龙载记下附石鉴载记》，第2791页。
⑤ 《资治通鉴》东晋穆帝永和五年（349），第3099页。
⑥ 《晋书》卷107《石季龙载记下附石鉴载记》，第2791页。
⑦ 同上书，第2781页。

养以为孙，久已胡化，以陈寅恪的"文化论"视之①，自可视为羯胡贵族的一分子。可见赵人与冉闵并无渊源，赵人对于冉闵之支持，完全出于对羯胡及其所建政权的仇恨，冉闵作为这一政权的破坏者和羯胡势力的摧残者得到了赵人的拥护。

无论怎样评价"五胡乱华"的性质，都无法否认十六国时期存在激剧的民族矛盾。唐长孺《晋代北境各族"变乱"的性质及五胡政权在中国的统治》是关于这一问题的代表性论文，认为胡族"政权基础是建立在种族矛盾上面的"②，实为不刊之论。后赵统治者对汉族人民实行极其残暴的统治。通检史籍，从340年至348年后赵石虎在位期间，无年不兴大役。342年督诸州造船，"船夫十七万人为水所没、猛兽所害，三分而一"③。当然这种压迫在汉族王朝中也是存在的。但是，石氏明显地加入了民族压迫的成分，沙门吴进言于虎曰："胡运将衰，晋当复兴，宜苦役晋人以厌其气"④，甚明。这是第一点。第二，胡汉矛盾并非简单地局限在胡族统治者与汉族人民之间。史曰后赵"重其（胡人）禁法，不得侮易衣冠华族"⑤，可见一般的胡人压迫汉人是必然的，胡汉矛盾并非简单地局限于羯胡上层统治者和一般汉族老百姓之间，冉闵之乱后，汉人诛杀胡羯，"无贵贱男女少长皆斩之"，"高鼻多须至有滥死者半"，可见汉人对羯胡之仇恨并不仅仅局限于它的上层统治者，而是扩展至一般的胡人，是两大民族之间的矛盾隔阂。因此，胡汉矛盾并未随着其政权的延续及对某些士族的擢用而消融缓和，有进一步上升的趋势⑥。因此，冉闵之乱的爆发与性质的转化，并不是偶然的，揭示了北方中国深刻的民族矛盾的背景。

----

① 陈寅恪《唐代政治史述论稿》曰："汉人与胡人之区别，在北朝时代文化较血统尤为重要。凡汉化之人即曰为汉人，胡化之人则曰为胡人，其血统如何，在所不论。"上海古籍出版社1956年版，第16页。

② 唐长孺：《晋代北境各族"变乱"的性质及五胡政权在中国的统治》，第183页。

③ 《晋书》卷106《石季龙载记上》，第2772页。

④ 《晋书》卷107《石季龙载记下》，第2782页。

⑤ 《晋书》卷105《石勒载记下》，第2735页。

⑥ 这一说法最早见于蒋福亚《刘渊的"汉"旗号和慕容廆的"晋"旗号》（《北京师院学报》1979年第4期）认为后赵政权后期民族矛盾有在全国范围内上升的趋势。后来童超《论十六国的"变夷从夏"及其历史意义》（中国魏晋南北朝史学会：《魏晋南北朝史研究》，湖北人民出版社1996年版）持同样看法。陈可畏《论魏晋时期中国北部的民族矛盾及其演变》（《北朝研究》1991年上半年刊总第4期）也认为"十六国前期的主要矛盾是匈奴、羯族与汉族之间的民族矛盾"。

这就是慕容氏南下之前北方中国的民族形势。慕容氏一直密切关注着中原的形势。慕容霸劝燕主慕容儁南进曰："石虎穷凶极暴……今中国倒悬，企望仁恤……"，慕舆根亦曰："中国之民困于石氏之乱，咸思易主以救汤火之急"①，已注意到"中国之民"和后赵政权的矛盾。冉闵之乱后，新建的冉魏政权及后赵之残余势力石祇皆曾向昌黎派遣使节，因此，慕容氏对于冉闵之乱的情况必然有所了解。

强大的后赵因冉闵之乱而亡于旦夕，直接为慕容氏获取中原的统治权开辟了道路。因此，冉闵之乱不可能不引起慕容氏对时局的思考，从而影响他入主中原后的统治政策。

第二节　"大单于台"的取消
——胡汉分治的新形式

鉴于当时北方中国激烈的民族矛盾，慕容氏在中原建立政权后，采取的第一项措施就是取消了前后赵的"国人"组织——大单于台，实施新的胡汉分治形式。

五胡十六国时期，在中原建立统治的少数民族政权前赵（包括汉国）、后赵及前秦皆实行胡汉分治。陈寅恪先生早有精辟论述②，又经唐长孺、王仲荦、高敏诸先生继续深入研究③，已为定论。唯前燕的胡汉分治是个悬而未决的疑案。陈寅恪及王仲荦皆从不同角度进行否定④。高敏虽持肯定态度⑤，然未做深入论述，尤其对前燕在中原时期慕容鲜卑本部

---

① 《资治通鉴》东晋穆帝永和五年（349），第3092页。

② 陈寅恪：《魏晋南北朝史讲演录》，第106页。

③ 唐长孺：《魏晋南北朝史论丛》，第160页；王仲荦：《魏晋南北朝史》，第238、245、266页；高敏：《魏晋南北朝兵制研究》，第172、173、175页。

④ 陈寅恪《魏晋南北朝史讲演录》曰："五胡中，鲜卑部落解散较早"，"其实部落的解散，不始于北魏，前燕已经做了"，"'前燕悉罢军封，出户二十余万'，都是称户，不是称部"，第106页。王仲荦《魏晋南北朝史》曰"慕容氏在中原建立的前燕王朝，不采用胡汉分治政策"，"其王公贵人随着中原地区封建制度发展中所表示的各种前进关系的发展，而转化为封建贵族，他们开始在中原地区荫户制度的影响下，庇荫了大量荫户"，第262页。

⑤ 高敏《魏晋南北朝兵制研究》认为慕容氏在昌黎时期保持着鲜卑部落组织，第174页，"'诸州牧守及六夷渠率尽降于坚'，可见前燕境内亦不乏六夷渠帅统领的部落兵"，第181页。李椿浩《十六国政权政治体制研究》也认为："在前燕政权境内也存在着夷族部落组织"，第116页。所谓的"夷"究竟指什么，是否包括慕容本部，他们都没有做明确回答。

组织是否仍然存在，未做明确回答。其余论著马长寿《乌桓与鲜卑》、林干《东胡史》及近年发表的相关论文皆未涉及前燕的胡汉分治问题。

　　刘汉东认为十六国北朝少数民族在政权建立之初都采用部落兵制度[1]。虽然慕容氏的建国道路与其他胡族政权有所不同，但是，昌黎时期一直保持着完整的部落制，在进入中原之初，会一下子抛弃原有的体制吗?[2] 试论之。

　　与昌黎时期相比，前燕政权结构确实发生显著变化，现把见于史载的前燕胡汉官员分类列表如下，再比较说明。

表2—1　　　　　　　　　　　　前燕中央行政官员

鲜卑人 官职	年代		汉人 官职	年代		
慕容恪	侍中、录尚书事、大司马、卫将军、大都督（354）		封奕	太尉、领中书监（352）		
	太宰、抚军将军（361）		阳骛	司空、守尚书令（354）	太保（361）	太尉、侍中（365）
慕容评	司徒、骠骑将军（354）	太傅、骠骑将军（361）	皇甫真	左仆射（352）		秘书监（360）
慕容垂	侍中、车骑大将军（368）			侍中、光禄大夫（365）		
慕舆根	太师、领军将军（361）			司空、领中书监（365）		太尉、侍中（367）
可足浑翼	尚书令（361）		李洪	光禄大夫	司空（367）	（367）
			张怖	右仆射（352）		
悦绾	左仆射（368）		宋活	中书监（352）		
			韩恒	中书令（352）		

────────────

　　① 刘汉东：《十六国及北朝兵户的考察》，《北朝研究》1991年上半年刊总第4期。
　　② 李椿浩认为："从宏观的视野来看，在十六国整个时期，北方民族无论居住在其发祥地，还是被迁徙到陌生的地方上，都保持生活在其自身独特的部落组织里"，《十六国政权政治体制研究》，第114页。

续表

鲜卑人	官职　　　年代	汉人	官职　　　年代
慕舆龙	侍中（364）	宋斌	黄门侍郎（354）
		封孚、梁琛	黄门侍郎（369）
		乐嵩、李凤、郝备、	散骑侍郎（369）
		申胤	司徒左长史（369）
		鞠殷	尚书左丞（356）
		申绍	尚书左丞（369）

注：为便于比较前燕政权结构的特点，本表把担任中央政职的官员同时兼任之军职亦并列于此。

表2-2　　　　　　　　前燕中央领军将领

鲜卑人	官职（年代）	汉人及其他	官职（年代）
慕容冲	大司马（368）	平熙	护军将军（357）
慕容评	骠骑将军（354）	孟高	左卫将军（369）
慕容冲	车骑将军（368）	傅颜	右卫将军（360）
慕容垂	车骑将军（368）	皇甫真	冠军将军（361）
慕容恪	卫将军（353）	李洪	龙骧将军（364）
慕容臧	卫将军（370）		
慕舆根	中军将军（357）		
慕容军	抚军将军（353）		
慕容恪	抚军将军（355）		
慕容垂	抚军将军（357）		
慕容厉	抚军将军（367）		
慕舆根	领军将军（358）		
慕容彪	左将军（353）		
艾朗	殿中将军（370）		
染干津	虎贲中郎将（369）		
慕容筑	左中郎将（365）		
宇文宙	将军（369）		

表 2 - 3　　　　　　　　　　　　前燕刺史

鲜卑人	官职		年代	汉人及其他	官职		年代
	刺史	将军号			刺史	将军号	
慕容霸	北冀州刺史	安东将军	353	朱秃	青州刺史		354
慕容友	冀州刺史	征东将军	362	孙希	并州刺史	安西将军	《晋书》p2847
慕容尘	青州刺史	镇南将军	358	孙兴	豫州刺史		362
悦绾	并州刺史	安西将军	不明	李邦	豫州刺史		369
慕容庄	并州刺史		370	皇甫真	并州刺史	镇西将军	《晋书》p2861
慕容垂	荆州刺史	征南将军	360				
慕容垂	荆州刺史	镇南大将军	365				
慕容筑	荆州刺史		370				
慕容垂	平州刺史	安东将军	358				

表 2 - 4　　　　　　　　　　　　前燕地方镇将

镇将	官职	镇地	年代
慕容评	镇南将军	洛水	354
慕容尘	镇南将军	许昌	363
慕容桓	镇北将军	信都附近	367
慕容亮	镇东将军	龙城	370
慕容泥	平北将军	云中	367
慕容忠	宁东将军	荥阳附近	363
慕容贺辛	振威将军	云中	367
段刚	建威将军	平阳	361

　　从表 2 - 1 至表 2 - 4，可见前燕的胡族职官系统消失了，鲜卑贵族皆转任汉式官吏，大量出任原来由汉人专任的中央行政官和地方州牧，尤其刺史之职几乎为鲜卑贵族垄断。我们在前文中谈到，永和五年（349）慕容儁在龙城即燕王位，以弟恪为左贤王。

　　永和八年（352）慕容儁于邺都即帝位，大封诸王，以左贤王友为范阳王。①

两事前后相距十四年，其间没有出现重新任命左贤王的记载。"交"和"友"字形相似，或为误写。总之，不管慕容交和慕容友是否为一人，昌黎时期胡族职官系统的最高统治者左贤王已按中原制度授予范阳王，但不能断定他是否仍兼任左贤王。不久以后，史籍中再次出现关于慕容友的记载：

> 隆和元年（362），燕征东参军刘拔刺杀征东将军、冀州刺史、范阳王友于信都。②

据此，慕容友此时绝不会还担任左贤王，已完全转任汉式地方官。这是慕容氏进入中原后胡族职官系统转为汉式官僚体系的极好例证。正如谷川道雄所曰：慕容氏建立帝国之后，完全按照中原王朝的模式建立了官僚机构，大单于号消失了③。

既然胡族职官系统取消了，鲜卑贵族皆转任汉式官吏，那么是否确如陈寅恪、王仲荦先生所言：前燕不存在胡汉分治？

我们从表2-1至表2-4中发现的，不仅仅是胡族职官系统向汉式官僚体系转变的现象。

按表2-1：担任中央行政官员的鲜卑贵族不多，皆任枢要之职，更重要的是他们同时兼任高级领军将领。

按表2-2：除族属不明者平熙、傅颜、孟高，确知为汉族者皇甫真和李洪五人外，担任中央领军将领的皆为鲜卑贵族，尤其是高级领军将领无一例外。

按表2-3：除慕容庄和慕容筑外，鲜卑贵族出任刺史皆带将军号。即使慕容庄和慕容筑也不一定就无此将军号。他们二人担任刺史的记载皆在太和五年（370），正是前燕灭亡之年，或因此失其将军号。而汉人出任刺史者很少带将军号。

---

① 《资治通鉴》晋穆帝永和八年（353），第3131页。
② 《资治通鉴》晋哀帝隆和元年（362），第3191页。
③ ［日］谷川道雄《隋唐帝国形成史论》："慕容部在向国家权力发展的过程中……此外还设置了纯中国式的官僚机构，如慕容儁在称帝的同时，就取消了大单于的称号"，第58页。

　　按表 2 - 4：前燕军事要地之镇将皆为鲜卑贵族。

　　凡此，说明前燕军队为鲜卑贵族垄断。现在我们再来分析由鲜卑贵族垄断的前燕军队的构成。按《资治通鉴》太和二年（367）：

　　　　燕抚军将军下邳王厉、镇北将军桓袭敕勒。①

　　但详情不明。三年后，前秦发动灭燕之战，王猛大败前燕主力慕容评军队，形势紧急，慕容桓率所部兵入援。《晋书》和《资治通鉴》皆记载此事，云：

　　　　先是，慕容桓以众万余屯沙亭，为评等后继，闻评败，引屯内黄。坚遣将邓羌攻信都，桓率鲜卑五千退保龙城。②

据此，慕容桓的阵地似在信都。沙亭位于信都西南，靠近邺都，慕容桓驻兵于此以待时机。值得我们密切注意的是，慕容桓有众万余，邓羌来攻，并未交战，即"率鲜卑五千退保龙城"。换句话说，慕容桓所部万余人，其中有鲜卑五千，而且在仓促退败的过程中，轻易将五千鲜卑分离出来，奔赴和龙，显然是因为鲜卑兵与其他民族的士兵各自独立编制。从昌黎时期慕容部与所兼并的其他少数民族的部落集居于龙城，而与汉人郡县分治的情况来看，前二者处于同一个组织系统。此时的情况应该相似。总之，不管其他民族的士兵是否被编制于"鲜卑"中，但是，汉兵与鲜卑兵分开编制应该是没有问题的。慕容桓部如此，其余鲜卑贵族所部军队也应该包括胡汉两个部分，而且各自独立编制。谷川道雄推断当时军队编成的基本方式是由北族兵构成的精锐骑兵为核心、外部配以汉人步兵③。

　　相关的研究表明，慕容氏早在龙城时期就在汉人中间实行了兵士家属随军营行止和居住的军户制，并把它带入中原④。上述引文中鲜卑军队和汉兵分别编制的情况使我们推断，军府及军营中鲜卑部和汉人部也应当是

---

　　① 《资治通鉴》东晋海西公太和二年（367），第 3207 页。
　　② 《晋书》卷 111《慕容暐载记》，第 2858 页。
　　③ ［日］谷川道雄：《隋唐帝国形成史论》，第 67 页。
　　④ 高敏：《魏晋南北朝兵制研究》，第 199 页；旷天伟：《十六国时期士家兵户说考辨》，《青海社会科学》1991 年第 1 期。

分开的，事实上构成了胡汉分治的局面，鲜卑原有的组织因此被保存下来。

正因为军府、军营的军队如此构成，所以必任以鲜卑将领控制军权。至此，前燕政权结构的几个疑点，似可以做出回答。

第一，前燕中央和地方之军事将领皆由鲜卑贵族充任，原因在于：前燕军队一般皆由鲜卑兵和汉兵构成，汉人当然不能统领鲜卑部落兵，所以必须任以鲜卑贵族。偶有汉人为将，所统当为汉兵。

第二，鲜卑贵族出任刺史同时必兼将军号，可以同时管理郡县民和军府中的鲜卑部落兵和汉兵，以此统治地方军政，再用不着单独由汉人治理州县。所以，从前由汉人专任的州牧几乎皆为鲜卑贵族取代。出于笼络汉人需要，偶有汉人为州牧，但较少授将军号。

第三，担任中央政要的鲜卑贵族同时兼任高级领军将领，为全国军队的最高统帅。其既为本族核心权力人物，必将掌握对本族的军事领导权。

综上所论，前燕统治的根本就是由鲜卑贵族垄断军队，在军队内部实行胡汉分治。所以，前燕的军事将领除个别情况，基本皆由鲜卑贵族充任。《晋书·慕容暐载记》和《资治通鉴》太和三年皆记载尚书左仆射悦绾搜括荫户事，其词略有不同。《晋书》云"诸军占民为营户"①，《资治通鉴》云"王公贵戚占民为荫户"②。"王公"一般指皇族和少数因功（多为军功）获得勋爵之异姓贵族；"贵戚"当指与皇族联姻之室，慕容氏后妃皆出于段氏、兰氏、可足浑氏等鲜卑贵族。《晋书》直把"王公贵戚"称作"诸军"，也许就是因为前燕军事将领基本由鲜卑贵族垄断，从而造成二者身份的合一③。前燕的"诸军封荫"是一个很严重的现象，尚书右仆射悦绾由此被杀而不能禁，阻力如此之大，笔者思考原因就在于触犯了鲜卑军事贵族的利益。

最后，我们还可以从前燕灭亡以后的政治事变中找到前燕实行胡汉分治的证据。

---

① 《晋书》卷111《慕容暐载记》，第2853页。

② 《资治通鉴》东晋海西公太和三年（368），第3211页。

③ 谷川道雄《隋唐帝国形成史论》论述燕的政治体制时指出："在国家权力的另一个侧面上，呈现出的则是以王、皇帝为最高军事统帅的慕容部战斗共同体，前燕时期，出身慕容部的武将十分活跃，其人数占《晋书·载记》所录四十人中的一半，这就是证以上所论"，第62页。黄烈《中国古代民族史研究》（人民出版社1987年版）："与慕容部军事部落相适应的剥削制则是营户制度，营户也即是荫户，是以军封的名义划归军事贵族奴役的户口，它是封建制度在军事部落中的特有形式"，第344页。都从不同角度反映了军事将领鲜卑人的身份。

太和五年（370）十一月，苻坚灭前燕。据《晋书·慕容暐载记》，坚"徙（慕容）暐及其王公以下并鲜卑四万余户于长安"①。《资治通鉴》系于是年十二月。这是一个重要信息。倘这四万余户，近二十万鲜卑人分处郡县，与汉民杂居，要在灭燕以后的短时间内与慕容家族一起西迁，那是无法想象的。只有在鲜卑的原有的组织没有打破、仍与汉人分治的情况下才可能实现。

太元八年（383），慕容垂在邺地开展复国运动，史称"鲜卑、乌桓与郡县民据坞壁不从燕者尚众"②。鲜卑、乌桓与郡县民分别叙述，表明胡族部落组织依然存在。慕容楷称其为"本皆燕臣"③，此处之鲜卑很可能是十三年前苻坚迁鲜卑时遗留在原地的人群。因其为部落组织，所以能长期保持原貌。

综上所述，慕容氏进入中原之后，仍实行胡汉分治。这虽然仍是一个推论，但无论是从制度的承袭性，还是前燕的立国形势来看，都是符合的。慕容氏立国中原期间，无日不处于征伐战争之中，仍需维持昌黎时期的鲜卑部落兵为军队核心。

从永和六年（350）攻占蓟城至太和五年（370）为前秦所灭，慕容氏在中原立国凡二十年，可分为三个阶段。

第一阶段是慕容儁在位时期，共十年，一直致力于华北地区的统一：

永和六年（350）至永和八年（352），消灭冉闵主力军，占领邺城以北的幽冀地区；

永和十年（354），攻拔鲁口，占领冀州南部；

永和十一年（355）至永和十二年（356），灭段龛，占领青州地区；

升平元年（357）至升平二年（355），进伐秦晋地区；

升平三年（359），前燕与东晋交战于河南。

升平四年（360），慕容儁病死，这才终止了他的征伐战争。史称慕容儁时"燕调发繁数，官司各遣使者，道路傍午，郡县苦之"④，确是实情。

慕容儁死后，从升平五年（361）至太和二年（366）慕容恪执政，他继续向黄河以南扩张。除慕容恪死前的太和元年（365）未见大规模用

---

① 《晋书》卷111《慕容暐载记》，第2858页。
② 《资治通鉴》东晋孝武帝太元九年（384），第3326页。
③ 同上。
④ 《资治通鉴》东晋穆帝升平二年（358），第3171页。

兵外，他连年与东晋争夺沿河两岸地区，进行战争：

升平五年（361），慕容恪"率众五万"讨东晋吕护于河内①；

隆和元年（362），燕吕护（已降燕）攻晋洛阳；

兴宁元年（363），燕宁东将军慕容忠攻晋荥阳；

兴宁二年（364），慕容评"寇许昌、悬瓠、陈城，并陷之，遂略汝南诸郡，徙万余户于幽冀"②。

兴宁三年（365），进图洛阳，"遣其太宰司马悦希军于盟津，孙兴分成成皋，以为之声援。寻而陈佑率众奔陆浑，河南诸垒悉陷"于燕。③

慕容恪统治期间，号为前燕治世，然指其政治清明而言，征伐之事却是一日未停。

慕容恪死后，慕容评执政，前燕陷入深刻的腐败与混乱中，转入军事防御。太和四年（369），东晋桓温大举伐燕；翌年，前秦灭燕。

可见前燕立国于中原的二十年，诚为多事之秋。慕容评执政的最后两年，已是亡国前夜，略去不论。慕容儁和慕容恪执政时期，致力于黄河流域的统一，无时不处于征伐战争中，保留鲜卑组织，建立以鲜卑部落兵为核心的军队组织，无疑是十分必要的。

但是，前燕统治者在军队中保留鲜卑部落兵的同时，取消了"大单于台"之国人系统。这是自胡族统治中原后的政治体制的重大变化，有深刻的意义。

认为建立大单于台之胡汉分治制度乃是为了适合胡族的生产力发展水平和原有社会组织的一种做法④，固然不无道理，但是，置于十六国这一特殊的民族背景下，当有更深层的原因。众所周知，十六国政权的大单于系统下的胡人不事农耕，专事战争，是胡族国家暴力工具——军队的最主要的部分⑤，他们的职责就是统治镇压汉人的反抗。号为"国人"，这种称呼本身就显示了他们是国家政治生活主体的地位。这种政治体制实际就是后世清朝"八旗制"的榜样，也与古斯巴达的奴隶制相似，总之，是

---

① 《晋书》卷111《慕容暐载记》，第2848页。

② 同上书，第2849页。

③ 同上。

④ 王延武：《后赵政权胡汉分治政策再认识》，《中国史研究》1988年第2期。

⑤ 关于这一问题的详细论述，参考旷天伟《论十六国时期少数部族政权的兵役》，《历史研究》1991年第6期。

一种"异族压迫"制度。冯君实论十六国胡汉分治曰："大凡一个人数少而文化经济上又相对落后于被统治族的统治者，当其建立统治的最初阶段，往往采取武装殖民，以本族部落兵为主要统治力量，对被征服族进行军事统治，于是采取了族的分治"①，实为不刊之论。唐长孺也认为前赵以"胡汉分治的军事化的制度以控制人民"②。冯君实甚至以大单于制的完备性来衡量胡族政权的民族压迫程度③。可见，建立"国人"之组织系统——大单于台，在十六国初期民族矛盾激剧的形势下，是有意识地强化民族认同感、巩固胡族统治，同时也是激化胡汉矛盾的一种做法。慕容氏取消"国人"之组织系统——大单于台，鲜卑贵族皆出任汉式官吏，官制从胡汉异途走向合一，这应当是他从冉闵之乱中吸取经验教训、淡化民族意识与缓和民族冲突的统治政策之一。

因此，与前赵及后赵相比，前燕境内的民族关系明显改善。鲜卑和汉人共处，再也没有出现像前赵后赵那样激剧的民族冲突。一定程度上，前燕政权受到汉族人民拥护。永和十二年（356），燕攻青州，"齐人争运粮以馈燕军"④。鲜卑贵族慕容恪成为胡汉人民共同爱戴的政治家⑤。因此史学界每提及五胡十六国的民族融合，常以前燕为代表，此不赘述。虽然民族融合与民族关系之改善并不是同等概念，也与本书主旨不尽相同，但前燕取消胡汉分治的职官体系，促进了民族关系的改善，这在十六国史的民族融合进程中应该是一件值得肯定的大事。

第三节　新的政治格局的形成

冉闵之乱中慕容氏的统治者看到了胡汉尖锐的对立，这促使他采取温和的统治形式。但是同样，这场重大的变故中表现出的汉人对胡人刻骨的

---

① 冯君实：《十六国官制初探》，《东北师大学报》1984年第4期。
② 唐长孺：《晋代北境各族"变乱"的性质及五胡政权在中国的统治》，《魏晋南北朝史论丛》，第154页。
③ 万绳楠也认为设立大单于是"人为的胡汉分治的落后政策，阻碍民族融合的进程"，氏著《魏晋南北朝史论稿》，安徽教育出版社1983年版，第136页。
④ 《资治通鉴》东晋穆帝永和十二年（356），第3158页。
⑤ 《资治通鉴》太和四年（369），前秦灭燕，"（王）猛之未至也，邺旁剽劫公行。及猛至，远近帖然，号令严明，军无私犯，法简政宽，燕民各安其业，更相谓曰：'不图今日复见太原王。'王猛闻之叹曰：'慕容玄恭，信奇士也。可谓古之遗爱矣。'设太牢以祭"，第3235页。

民族仇恨，不可能不引起他的警戒。

昌黎时期，迫于周边胡族之敌对，慕容氏与来自中原的汉人结成政治同盟，完成了对平州地区的统一。但是，他们之间仍存在源自民族情感的矛盾，虽然历经长期的合作，仍无法泯灭。慕容氏就是在这样的心理下走入中原。与昌黎时期相比，统治形势发生了巨大的变化。昌黎时期，中原侨人是需要他庇护、支持他抗衡周边少数部族、翼卫晋室的伙伴与联盟，但是现在，他却代晋为帝，同时，原来作为统治阶层及政治同盟的汉人成为被统治对象。那么，现在这些汉人还会真正地拥护他的统治吗？这一切，不可能不引起慕容氏的疑虑。

慕容儁称帝后不久，前燕统治集团内部发生了一重大政治事件，"或告燕黄门侍郎宋斌等奉冉智为主而反，皆伏诛。斌，烛之子也"[1]。按338年赵围棘城，"冀阳流寓之士共杀太守宋烛"而降赵[2]。则宋烛是忠于慕容氏的。不管宋斌谋反是真是假，这样一个与慕容氏渊源甚深的家族竟被卷入谋反事件，说明了慕容氏在新的形势下与汉人之间极其敏感的关系[3]。

在这样的情况下，削弱汉人的政治势力、加强本族统治是必然的趋势。昌黎时期的政治格局不可能再延续下去，前燕形成了排抑汉人、以本族构成统治核心的政治格局。

通过表2-1至表2-4，可以看到，与昌黎时期相比，慕容鲜卑全面进入政权的各个领域，打破了昌黎时期胡汉互不错杂的系统。这是第一点。第二，这种进入并非简单地与汉人共享政权，而是绝对处于统治核心，汉人则被排抑，下面我们重点论述这一点。

阳骛是慕容氏政权中的汉族官员代表，是永嘉之乱后最早归附慕容氏的士族之一。自慕容廆时就担任左长史，为昌黎政府之首脑。慕容廆临终

---

① 《资治通鉴》东晋穆帝永和十年（354），第3143页。
② 《资治通鉴》东晋成帝咸康四年（338），第3019页。
③ 《晋书·慕容儁载记》：慕容儁称帝后，召集群臣议定五行次序，在承晋、承赵的问题上发生争议，慕容儁希望承晋为水德，韩恒认为应当承赵为木德，"初虽难改，然终从恒议"。庄钊《十六国时期的北方士族》认为："作为胡人君主的慕容儁在正统问题上十分敏感，他担心汉人不会承认石赵政权的合法性，如果自己排在石赵后面，势必也受到排斥，所以他希望能撇开石赵上绍晋朝。但如果抽调了石赵政权这一环，燕政权也丧失存在的依据。故尽管慕容儁最初不同意继石赵之后，但最后终于想通了"，第63页。在对待正统问题上，同样反映了慕容氏极为敏感的民族心理。

前嘱托慕容儁："阳士秋忠干贞固，可托大事，汝善待之"①，同时遗命："今中原未一，方建大事，恪志勇俱济，汝其委之"②，这无疑是慕容皝对进伐中原的人力部署，阳骛和慕容恪分别是胡汉的代表人物。慕容儁南下之前，"以慕容恪为辅国将军，慕容评为辅弼将军，左长史阳骛为辅义将军，谓之三辅……选精兵二十余万，讲武戎严，为进取之计"③。显然，阳骛是南伐战争的核心人物之一。史称"儁之将图中原也，骛制胜之功亚于慕容恪"④。352 年，慕容儁在蓟城称帝，置百官，以国相封奕为太尉，阳骛为尚书令⑤，阳骛依然为新建政权的中枢首脑。不久，升任司空，"仍守尚书令"⑥。从威望而言，阳骛仅次于慕容恪，是前燕政权的第二号人物。但是，前燕统治集团内部对汉人的排抑在悄然酝酿。

《资治通鉴》升平四年（360）元月，慕容儁临死前，"乃召慕容恪、阳骛、及司徒评、领军将军慕舆根等受遗诏辅政"⑦。二月，"燕人尊可足浑后为皇太后，以太原王恪为太宰，专录朝政；上庸王评为太傅，阳骛为太保，慕舆根为太师参辅朝政"⑧。据《资治通鉴》，阳骛为辅政大臣。但《晋书·慕容暐载记》记载不同："以慕容恪为太宰，录尚书事、行周公事；慕容评为太傅，副赞朝政；慕舆根为太师"⑨，据此阳骛不在辅政大臣之列。从史实来看，阳骛确实未预佐命之列。《慕容暐载记》："暐既庸弱，国事皆系之于恪。慕舆根自恃勋旧，骄傲有无上之心，忌恪之总朝政，将伺隙为乱"⑩，乃"与左卫慕舆干潜谋诛恪及评，因而篡位"⑪，"慕容恪闻之，乃与太傅评密谋，秘奏根罪状，使右卫将军傅颜就内省诛根，并其妻子、党与，大赦"⑫。在对最高统治权的争夺中，完全未见阳骛

① 《晋书》卷 111《慕容暐载记附阳骛传》，第 2860 页。
② 《晋书》卷 111《慕容暐载记附慕容恪传》，第 2859 页。
③ 《资治通鉴》东晋穆帝永和五年（349），第 3092 页。
④ 《晋书》卷 111《慕容暐载记附阳骛传》，第 2860 页。
⑤ 《晋书》卷 110《慕容儁载记》，第 2834 页。
⑥ 《资治通鉴》东晋穆帝永和十年（354），第 3140 页。
⑦ 《资治通鉴》东晋穆帝升平四年（360），第 3179 页。
⑧ 同上书，第 3180 页。
⑨ 《晋书》卷 111《慕容暐载记》，第 2847 页。
⑩ 同上。
⑪ 同上书，第 2848 页。
⑫ 《资治通鉴》东晋穆帝升平四年（360），第 3181 页。《晋书慕容暐载记》曰："于是使其侍中皇甫真、护军傅颜收根等，于禁中斩之，大赦境内"，亦未见阳骛参与。

参与，是则《慕容暐载记》不列阳骛于辅政大臣之列是有根据的。叛乱平定后，慕容恪"虽执权柄，每事必咨之于评"①。朝政完全由二人控制。

关于阳骛之死，《资治通鉴》和《宋书》有不同的记载。《资治通鉴》太和二年（367）："十二月，甲子，燕太尉建宁敬公阳骛卒。"②《宋书·天文志》："（晋穆帝升平）四年正月，慕容儁死，子暐代立。慕容恪杀其尚书令阳骛等。"③升平四年是公元360年，与《资治通鉴》所载的阳骛的死期有异，那么，究竟孰是呢？《慕容暐载记附阳骛传》曰："暐既嗣伪位，申以师傅之礼，亲遇日隆。及为太尉，慨然而叹曰'昔常林、徐邈先代名臣，犹以鼎足任重而终辞三事。以吾虚薄，何德以堪之。'固求罢职，言甚恳至，暐优答不许。"④则阳骛曾任太尉之职，《资治通鉴》系其任职为兴宁三年（365）："以司空阳骛为太尉。"阳骛升平四年（360）未死，甚明，《宋书》所记误。但是，值得思考的是，南人多据北人传闻记其国事，《宋书》不会凭空有此记载。与上文慕容儁遗诏以阳骛辅政，但此后阳骛并未参政之事相联系，可能慕容恪、阳骛之间发生了权力斗争，阳骛被排挤出辅政之列。

检之史籍，就会发现，升平四年（360）是一个关键的转折之年，此年阳骛突然退出了政治舞台。升平五年（361），燕河内太守吕护反，"燕太宰恪将兵五万，冠军将军皇甫真将兵万人，共讨之"⑤。此前，率军征讨之事汉人方面皆以封奕、阳骛为代表。但是，因为年龄的关系，封奕久已退出，唯余阳骛：

352年，遣慕容恪、封奕、阳骛攻后赵幽州刺史王午于鲁口⑥。

355年，以太原王恪为大都督、抚军将军，阳骛副之，击赵青州刺史段龛于绎幕⑦。

358年，赵降将张平、李历、高昌复叛，"燕主儁使司徒（慕容）评讨张平于并州，司空阳骛讨高昌于东燕，乐安王臧讨李历于濮"⑧。

---

① 《晋书》卷111《慕容暐载记附慕容恪传》，第2859页。
② 《资治通鉴》东晋海西公太和二年（367），第3208页。
③ 《宋书》卷24《天文志》，第717页。
④ 《晋书》卷111《慕容暐载记附阳骛传》，第2860页。
⑤ 《资治通鉴》东晋穆帝升平五年（361），第3184页。
⑥ 《资治通鉴》东晋穆帝永和八年（352），第3128页。
⑦ 《资治通鉴》东晋穆帝永和十一年（355），第3150页。
⑧ 《资治通鉴》东晋穆帝升平二年（358），第3170页。

358 年，泰山太守诸葛攸攻燕东郡，入武阳，燕主慕容儁遣大司马慕容恪统阳骛及乐安王（慕容）臧之兵以击之。①

360 年，"燕主儁大阅（兵）于邺，欲使大司马恪、司空阳骛将之入寇，会疾笃，乃召恪、骛及司徒评、领军将军慕舆根等受遗诏辅政"②。

可见至 360 年慕容儁死前，阳骛一直是前燕政权的核心人物、汉人方面的代表。至 361 年，其位置忽为皇甫真取代。是偶然的、临时性的吗？检之史籍，此后再也没有见到阳骛帅军征讨或参与其他政治活动，可证明阳骛确实退出了政治舞台。是年龄、身体的原因吗？永嘉之乱后，阳骛随父阳耽投靠慕容氏，尚在幼年，直至第二代君主慕容皝时才初露头角，假设其时 25 岁，至此最多 55 岁，从此年慕容儁尚欲使其将之入寇并受遗诏辅政来看，不可能已是身缠痼疾。要之，阳骛正是在政治上的黄金时期退出了前燕的政治舞台，其中必有人为因素。联系《宋书》的记载，阳骛是受到以慕容恪为首的鲜卑贵族的排挤而退出前燕政坛甚明。

此后，鲜卑贵族完全控制了前燕政坛。慕容恪、慕容评、慕舆根为辅政大臣。不久，由于内部的权力争夺，慕舆根被杀，辅政大臣唯余慕容恪、慕容评。慕容恪"虽执朝政，每事必咨之于评"，朝政完全由二人控制。《资治通鉴》太和元年（366），"燕太宰大司马恪、太傅司徒评，稽首归政，上章绶，请归第，燕主暐不许"③，原因不明，《晋书·慕容暐载记》云："时暐境内多水旱"④，故二人请归政。祝总斌认为："自东汉确立三公即宰相制度之后，三公虽各有所职，但共同承担的职责之一是调和阴阳或理阴阳，这里体现了战国以来的阴阳家的天人感应思想。"⑤ 故前燕境内出现水旱，大司马慕容恪、司徒慕容评循例归政以示自责，时阳骛任太尉、皇甫真任司空，皆在三公之列、亦应归政，但并无此举。慕容恪、慕容评归政疏曰："谨送太宰、大司马、太傅、司徒章绶，惟垂昭许。"⑥ 亦证明阳骛、皇甫真确实不在归政之列⑦，显示了无论是在实际的政治运作中还是形式上，鲜卑贵族已成为政权唯一的统治者。

----

① 《资治通鉴》东晋穆帝升平二年（358），第 3170 页。
② 《资治通鉴》东晋穆帝升平四年（360），第 3179 页。
③ 《资治通鉴》东晋海西公太和元年（366），第 3202 页。
④ 《晋书》卷 111《慕容暐载记》，第 2849 页。
⑤ 祝总斌：《两汉魏晋南北朝宰相制度研究》，中国社会科学出版社 1990 年版，第 25 页。
⑥ 《晋书》卷 111《慕容暐载记》，第 2850 页。
⑦ 慕容恪为太宰、大司马，慕容评为太傅、司徒。

慕容恪死后，慕容评接替了他的位置成为执政者。《晋书·慕容暐载记》曰"慕容评素无经略"①。鲜卑贵族慕容垂甚鄙其为人，曰："观太傅度略，岂能抗苻坚、王猛乎。"② 慕容恪"每事必与评议之"，但此乃出于团结鲜卑贵族的统治需要，亦知慕容评之不足恃，以"慕容评性多猜忌，深以后事为忧"③。可见鲜卑内部都深知慕容评之庸碌无为。既然如此，为什么要以慕容评继任执政呢？

史载慕容恪临终前嘱燕主慕容暐说："吴王垂，将相之才十倍于臣，先帝以长幼之次，故臣得先之。臣死之后，愿陛下举国以听吴王。"④ 又谓（慕容暐）兄慕容臧曰："'大司马总统六军，不可任其非人，我死之后，以亲疏言之，当在汝及冲，汝曹虽才识明敏，然年少，未堪多难。吴王（慕容垂）天资英杰，智略超世，汝曹若能推大司马以授之，必能混壹四海，况外寇不足惮也，慎无见利而忘害，不以国家为意也。'又以语太傅评。"⑤ 从慕容恪对后事的安排可以看出，继任者只能按照亲疏长幼之次在鲜卑内部选择。

慕容暐诸子：时燕主慕容暐尚幼，可能无子，即使有子也未成年，故未见于史载。

慕容暐辈：慕容暐为慕容儁的第三子，有兄慕容晔、慕容臧。慕容晔为慕容儁的嫡长子，《资治通鉴》：慕容儁"立其妻可足浑氏为皇后，世子晔为皇太子"⑥，但他于永和十二年（356）就死去了。翌年即升平元年（357），慕容儁"复立次子暐为皇太子"⑦。这里的"次子"系按嫡子次序而言。史言慕容恪临终前"谓（慕容）暐兄乐安王（慕容）臧"，则慕容臧长于慕容暐甚明，当是庶出。慕容冲可能是慕容暐诸弟中年较长者。从慕容恪谓其二人"年少"语来看，慕容冲之下的诸弟的年龄必然较小。

慕容儁辈：才干较为杰出者有慕容垂、慕容恪、慕容德。慕容恪已死；慕容德为慕容皝少子，时资历尚浅；慕容垂又与慕容儁系存在尖锐的

---

① 《晋书》卷111《慕容暐载记》，第2851页。
② 同上书，第2852页。
③ 同上书，第2851页。
④ 《资治通鉴》东晋海西公太和二年（367），第3205页。
⑤ 《资治通鉴》东晋海西公太和三年（368），第3208页。
⑥ 《资治通鉴》西晋愍帝建兴四年（316），第2835页。
⑦ 《晋书》卷110《慕容儁载记》，第2847页。

矛盾。

以上我们大致考察了前燕宗室的情况，可见在较近的血缘中，能够堪任执政的人并不多。从才干资望来说，慕容垂当是最合适的人选、故慕容恪竭力推荐，但慕容垂与慕容儁有很深的矛盾，为王室的对立面，故不为所用。慕容评为开国君主慕容廆之子、慕容暐的叔祖父，血缘关系已较远，但是长期以来为统治集团的核心人物之一，因此最终慕容恪死后的空白由慕容评填补。同时，慕容冲任大司马，接替了慕容恪的军事统帅之职。至此，慕容恪死后的交接完成。

此时，汉人方面的代表是皇甫真。皇甫真也是永嘉之乱后最早归附慕容氏的士族之一。慕容就时为主簿，据严耕望《两汉魏晋南北朝地方行政制度研究》，主簿地位虽不及长史、司马，但亲要胜之[1]。慕容儁南伐，"留世子晔守龙城"，以皇甫真及另一位汉士族刘斌佐之[2]。前燕建立后，皇甫真任左仆射，当阳骛隐退后，皇甫真填补了他的位置，迁为司空，同时领中书监，成为汉人方面的代表。但同样毫无实权。367 年，前秦使者郭辩如燕，负载着"秦王坚闻恪卒，阴有图燕之计，欲觇其可否"的使命，历造公卿，打探前燕政治内幕，皇甫真"白暐，请穷治之，太傅评不许"，此一例[3]。368 年，"秦魏公廋以陕城降燕，请兵应接"，太傅慕容评不许，魏公苻廋遗慕容垂及皇甫真书请为进言，"时燕人多图救陕，因图关中者"，慕容垂自知与王室矛盾已深、言必不为用，皇甫真亦叹曰："然，吾虽知之，如言不用何。"[4] 此第二例。369 年，前燕使者梁琛使秦返，告皇甫真前秦欲伐燕事，皇甫真上疏请备之，"暐召评而谋之，评曰'秦国小力弱，杖我为援，且苻坚庶几善道，终不肯纳叛臣之言。不宜轻自扰惧，以动寇心也。'"卒不为备[5]。此其三。

可足浑后、慕容评欲害慕容垂，"太宰恪之子楷及垂舅兰建知之，以告垂曰'先发制人，但除评及乐安王臧，余皆无能为矣。'"[6] 显示出慕容评和燕主慕容暐兄慕容臧等鲜卑贵族是前燕政坛的主宰者。

---

① 严耕望：《两汉魏晋南北朝地方行政制度研究》，第 140 页。
② 《资治通鉴》东晋穆帝永和六年（350），第 3103。
③ 《资治通鉴》东晋海西公太和二年（367），第 3206 页。
④ 《资治通鉴》东晋海西公太和三年（368），第 3210 页。
⑤ 《晋书》卷 111《慕容暐载记》，第 2854 页。
⑥ 《资治通鉴》东晋海西公太和三年（368），第 3221 页。

352 年，慕容儁在蓟城称帝，以慕容恪为大司马、封奕为太尉、慕容评为司徒、阳鹜为司空，形成了前燕的最高统治阶层，胡汉比例是 2∶2。而且，这样的格局一直持续下去，慕容恪死、传大司马位于慕容冲；封奕死，阳鹜由司空进补太尉，皇甫真继任司空；阳鹜死，皇甫真进补太尉，李洪继任司空。慕容评一直担任司徒。表面看来，新的统治集团核心仍由慕容氏贵族和汉士族共同构成，但实际上汉人并无实权，仅是徒居高位、拱默而已。

前燕在最高统治阶层排挤汉人、确立了慕容氏贵族的核心地位，与此同时，展开了对政权的全面控制。

第一，尚书台。

慕容儁称帝初期，阳鹜以司空守尚书令，皇甫真为左仆射，张怖为右仆射，汉士人在尚书省中占据重要地位。不久，这种格局就被打破了。首先是阳鹜被排挤出最高统治集团，失去了"守尚书令"之职。至 360 年，皇甫真以"秘书监"的官职出现在史籍记载中①。不详是已卸任秘书监之职，还是同时兼任左仆射？至 365 年阳鹜由司空迁为太尉，"侍中、光禄大夫皇甫真（迁）为司空、领中书监"②，其久已卸任左仆射之职甚明。张怖自 352 年为右仆射以来、久已不见于史载，很可能早已退隐或死去，至 357 年突然出现"以尚书右仆射悦绾为安西将军、领护匈奴中郎将、并州刺史"的记载③，则鲜卑贵族悦绾很早就取代了张怖为右仆射。同时阳鹜、皇甫真卸任后的尚书令、左仆射之职皆由鲜卑贵族填补，辽东鲜卑可足浑翼任尚书令，悦绾又由并州刺史迁为左仆射，史言燕王公贵族庇占荫户的现象特重，悦绾奏请"宜悉罢军封，以实天府之饶，肃明法令，以清四海……暐纳之。绾既定制，朝野震惊，出户二十余万"④。要之，至前燕后期鲜卑贵族完全取代了汉士人在尚书台的势力。

第二，中央禁军系统。

据黄惠贤《中国政治制度通史·魏晋南北朝卷》，魏晋以来的禁军系统以领军、护军将军为首，统二卫、前军、后军、左军、右军、骁骑等宿

① 《资治通鉴》东晋穆帝升平四年（360），第3180页。
② 《资治通鉴》东晋哀帝兴宁三年（365），第3199页。
③ 《晋书》卷110《慕容儁载记》，第2840页。
④ 同上书，第2853页。

卫七营禁军①。我们来考察前燕的中央禁军的任职情况。

表 2 – 5　　　　　　　　前燕中央禁军的任职情况

领军将军	慕舆根	三品
护军将军	平熙　傅颜	三品
左将军	慕容彪	三品
左卫将军	慕舆干　孟高	四品
右卫将军	傅颜	四品
虎贲中郎将	染干津	五品
殿中将军	刁龛　艾朗	六品

注：以上据《通典·职官十九·晋官品》。

在中央禁军的任职中，慕舆根、慕容彪、慕舆干、染干津②为鲜卑或鲜卑化的胡人，此点毋庸置疑。那么，再看其他人：

平熙：苻坚灭前燕，征辟前燕故吏，"以燕国平叡为宣威将军"③。淝水之战后，慕容垂开展复国运动，"北召光烈将军平叡及叡兄汝阳太守幼于燕国"④。《魏书·平恒传》："燕国蓟人也。祖视，父儒，并仕慕容为通宦。"⑤据上述关于平氏的材料，平熙可能为燕国郡望的汉人。

刁龛：赵超《汉魏南北朝墓志汇编》载《齐故刁主簿墓志铭》："祖师，燕中坚将军定州司马。夫人太山余氏；父洛，徐州中兵参军；夫人广平宋氏，父瓒，兰台侍郎吏部尚书。君讳翔，字道翻。渤海饶安西乡东安里人也。"⑥则渤海刁氏有仕于诸燕者。刁龛很可能为其族。

十六国的胡族政权，很少有以汉人为禁军统帅者，那么，平熙、刁龛之任职是否有疑问呢？西燕有一个很引人注目的人物——刁云，疑其郡望

---

①　黄惠贤：《中国政治制度通史·魏晋南北朝卷》，第332—333页。此外，还有二卫统领下的虎贲中郎将、殿中将军等，可参考何兹全《魏晋的中军》（《读史集》，上海人民出版社1982年版，第252页）。

②　染干津，当为冉闵之族。罗新《北朝墓志丛札·染华墓志与冉闵史料》："冉"多写作"染"，《北大史学》第9辑，2003年。

③　《资治通鉴》东晋海西公太和五年（370），第3240页。

④　《资治通鉴》东晋孝武帝太元九年（384），第3320页。

⑤　《魏书》卷84《平恒传》，第1845页。

⑥　赵超：《汉魏南北朝墓志汇编》，第430页。

即为渤海刁氏，与刁龚及墓志之刁翻等同族。太元十一年（386），西燕上层发生激烈的权争，西燕主段随被杀，尚书慕容永与武卫将军刁云攻杀护军将军慕容韬，立慕容忠为主。数月之后，"刁云杀慕容忠，乃推慕容永为使持节、大都督中外诸军事、大将军、大单于……"① 慕容永即位后，以刁云为尚书令。慕容垂伐西燕，"永遣其将刁云、慕容钟率众五万屯潞川"②。战争结束后，"燕人执（慕容）永，斩之，并斩其公卿大将刁云、大逸豆归等三十余人"③。可见刁云活跃于西燕的政坛，与慕容氏贵族共同主宰西迁鲜卑的命运。史称西燕慕容永"率鲜卑男女四十余万口去长安而东"④，很显然刁云也被视为这其中的一分子。可见刁云早已鲜卑化。疑担任前燕禁军首领的平熙、刁龚的情况相同，亦已鲜卑化，不能视为传统意义上的汉士族。

陈连庆《中国古代少数民族姓氏研究》高句丽有孟氏⑤；《魏书·官氏志》：西方去斤氏后改为艾氏⑥，《中国古代少数民族姓氏研究》收入鲜卑姓氏条⑦。则孟高当为高句丽人，艾氏虽族源不详，要当为鲜卑化的胡人。关于傅氏，汉人本有傅姓，不过傅颜亦已鲜卑化。《晋书·慕容暐载记》："（桓）温前锋朱序又破暐将傅颜于林渚，温军大振，次于枋头。"⑧《桓温传》："（慕容）暐将慕容垂、傅末波等率众八万距温，战于林渚。温击破之，遂至枋头。"⑨ 则傅颜本名傅末波。段部鲜卑首领有段末波，则末波为鲜卑语。傅颜以鲜卑语名之，其已鲜卑化甚明。

第三，地方州郡。

通过前燕州牧表，可以发现，地方州牧多由慕容贵族出任，汉人则多任郡县守令等地方中下级官吏。慕容德为魏尹⑩。《资治通鉴》胡三省注

---

① 《晋书》卷115《苻丕载记》，第2945页。
② 《晋书》卷123《慕容垂载记》，第3088页。
③ 《资治通鉴》东晋孝武帝太元十九年（394），第3416页。
④ 《资治通鉴》东晋孝武帝太元十一年（386），第3363页。
⑤ 陈连庆：《中国古代少数民族姓氏研究》，第162页。
⑥ 《魏书》卷113《官氏志》，第3013页。
⑦ 陈连庆：《中国古代少数民族姓氏研究》，第127页。
⑧ 《晋书》卷111《慕容暐载记》，第2854页。
⑨ 《晋书》卷98《桓温传》，第2576页。
⑩ 《晋书》卷127《慕容德载记》，第3161页。

曰："燕都邺，以魏郡太守为魏尹。"① 则京畿长官亦由鲜卑贵族慕容德担任。②

综上所述，进入中原后，慕容氏改变了昌黎时期胡汉共治的格局，加强了本族的集权。回顾前燕历史，我们可以看到一条清晰的发展脉络。352 年，慕容儁在蓟城称帝，以慕容恪为大司马、录尚书事，祝总斌认为：自魏晋以来，大司马之职纯属尊崇之位、荣誉头衔的性质。③ 但在前燕政权中并非如此。慕容恪谓乐安王慕容臧曰："大司马总统六军，不可任其非人"，由此言来看，大司马是全国军队的最高统帅。同时，"录尚书事"。这样，军、政两方面，慕容恪都绝对处于最高地位，完全凌驾于汉士族之上，这样，昌黎时期的胡汉平衡被打破了。这是第一步。至慕容儁死，汉族官员代表阳骛被排挤出中枢权力核心，以慕容恪、慕容评为首的鲜卑贵族完全控制了朝政。这是第二步。慕容恪死，慕容评和慕容臧接任大局。政权鲜卑化的趋势在继续演进。辽东鲜卑可足浑翼入主尚书台为尚书令、悦绾为左仆射，尚书台机构日益被鲜卑势力控制，这是第三步。可见整个前燕的历史，都在贯穿加强鲜卑集权的政策。王希恩在全面考察五胡政权与汉士族的关系时提出：

> 不能漠视当时的民族矛盾。从当时的史籍中我们可以看到这样一个事实：前燕、前秦、后赵和后秦等几个较大政权，在其政权初建阶段和前期，不论在其政权上层人员的构成还是在发挥的作用上，汉人士大夫的地位都十分突出。而其后，随着政权的巩固和汉化的加深，汉人在上层政权中的人员比例和作用都在明显减少……④

笔者认为较准确地把握了五胡政权发展的动向，慕容氏从昌黎到中原政局的改变正是沿着这一轨迹行进的。

---

① 《资治通鉴》东晋海西公太和三年（368），第 3209 页。

② 李椿浩《十六国政权政治体制研究》认为"作为郡国太守与内史，汉族士人的比率与十六国其他诸政权相比，占据极大的优势，这是前燕地方统治体系上存在的一种特点"，第 67 页。通过本文的分析，可知这一特点实际上正反映了汉士族政治势力的下降，因为本族统治力量有限，慕容氏要想控制政权，就必须尽可能地把本族人安置在重要的高层的职位。

③ 祝总斌：《两汉魏晋南北朝宰相制度研究》，第 162 页。

④ 王希恩：《五胡政权中汉族士大夫的作用及历史地位》，《兰州学刊》1986 年第 3 期。

第四节 与其他少数民族的关系

与昌黎政权相比，我们看到慕容氏之外的其他胡人开始进入前燕统治集团。

段氏鲜卑有尚书郎段勤，上党太守段刚、洛阳镇将段崇。

宇文鲜卑有将军宇文宙，侍中兰伊，慕容垂母兰氏、舅兰建、甥宇文拔亦皆为宇文鲜卑①。慕舆根、可足浑后陷害慕容垂，舅兰建秘知之，劝慕容垂除大司马慕容冲、夺取兵权，可见兰建亦任重位，故得参与中枢权力之争。

扶余人余蔚为散骑侍郎②，王猛攻邺城，"燕散骑侍郎余蔚帅扶余、高句丽及上党质子五百余人，夜开邺北门纳秦兵"③。

乌桓悉罗腾为尚书郎④，太和四年（369）慕容垂击桓温，"垂表司徒左长史申胤、黄门侍郎封孚、尚书郎悉罗腾皆从军"⑤，悉罗腾作战勇猛，"温以燕降人段思为乡导，悉罗腾与温战，生擒思"⑥。

库莫奚族有屈突铁侯⑦，职官不详。

昌黎鲜卑悦绾为尚书左仆射⑧，悦希为太宰司马，悦明为青州司马。

辽东鲜卑可足浑翼为尚书令，可足浑恒为散骑常侍⑨，慕容儁、慕容

---

① 《史记·匈奴列传》：兰氏为匈奴贵姓。《后汉书·南匈奴列传》：兰氏为"国中名族"。而宇文氏为"南匈奴之远属"。可以断言诸兰氏为随宇文氏进入慕容部之宇文鲜卑。

② 陈连庆《中国古代少数民族姓氏研究》：夫余族有"余"氏。从辽东以来，夫余多次为慕容氏残灭、其族人大规模进入慕容氏，可以断言，此余蔚即为夫余族。

③ 《资治通鉴》东晋海西公太和五年（370），第3236页。

④ 《资治通鉴》胡注曰："悉罗腾盖夷人，以部落为氏。如《魏书官氏志》所载神元时余部诸姓内入者叱罗氏、如罗氏之类"，第3215页。《古今姓氏书辨正》卷36及《续通志》卷86《氏族略补遗》皆认为"悉罗""以国为氏"。而《晋书·慕容皝载记》："咸和九年，皝遣……扬威淑虞攻丸悉罗侯于平冈，皆斩之"，第2816页，则悉罗腾当为乌桓，或即悉罗侯之族人进入慕容部者。

⑤ 《资治通鉴》东晋海西公太和四年（369），第3215页。

⑥ 同上书，第3217页。

⑦ 其族属考证详后。姚薇元《北朝胡姓考》考证"屈突"为库莫奚族之姓氏，第140页。《魏书·库莫奚传》："库莫奚国之先，东部宇文之别种也。初为慕容元真所破，遗落者窜匿松漠之间"，第2222页，则库莫奚人之一部分随宇文鲜卑进入慕容部。

⑧ 悦氏族属详后。

⑨ 《元和姓纂》卷6"十二蟹"，第157页。又《通志·氏族略》曰："（前燕）又有散骑常侍可足浑常"，185页，"恒""常"同义，官职亦同，疑为一人。

昳后皆为可足浑氏。

金毓黻《东北通史》叙东北民族曰：

> 古代之东北民族，大别之为四系。一曰汉族，居于南部，自中国
> 内地移殖者也。二曰肃慎族，居于北部之东。三曰夫余族，居于北部
> 之中。四曰东胡族，居于北部之西。此皆早居于东北之民族也。东胡
> 族又分为四小系，曰乌桓，曰鲜卑，曰契丹，曰室韦。①
>
> 夫余族，此族居北方之中部，东接肃慎，西接乌桓，大抵为今内
> 蒙古哲里木盟十旗之地。后则分为三系，一系为本部，称曰夫余，居
> 于故地，至后魏太和中为高句丽所并。一系为高句丽，立国于鸭绿江
> 岸甚久，且侵据辽河以东之地，唐高宗时以兵灭之。一系为百济，立
> 国于朝鲜半岛。②
>
> 东胡族，此族居于北方之西，即今热河省之全部也，其中之乌桓
> 一系，久已灭散。鲜卑一系，则有慕容氏之建燕，拓跋氏之建魏，宇
> 文氏之建周。③

可见这些少数民族原本是长期生活在东北地区的当地民族，在慕容氏统一
平州的过程中为其兼并。如建兴二年（344），灭宇文氏，"徙其部人五万
余落于昌黎"④；晋武帝太康二年（258），灭夫余，"扶余王依虑自杀，
魇夷其国城，驱万余人而归"⑤；后夫余在西晋的帮助下复国，晋穆帝永
和三年（347）再度为慕容氏残灭，《慕容皝载记》："遣其世子儁与恪
率骑万七千东袭夫余，克之，虏其王及部众五万余口以还。"⑥ 咸康八
年（342），灭高句丽，入丸都城，"掠男女五万余口，焚其宫室，毁丸都

---

① 金毓黻：《东北通史》，第 24 页。
② 同上书，第 28 页。
③ 同上书，第 29 页。此外，关于东北民族的划分，参考张博泉《古代东北民族考古与疆域》第二章、王钟翰《中国民族史概要》（山西教育出版社 2004 年版）第一编、傅朗云等《东北民族史略》（吉林人民出版社 1983 年版）第一章、高路加《中国北方民族史》（内蒙古文化出版社 1994 年版）第三章、孙进己《东北民族史研究》（中州古籍出版社 1994 年版）第三编。
④ 《晋书》卷 109《慕容皝载记》，第 2822 页。
⑤ 《晋书》卷 108《慕容廆载记》，第 2804 页。
⑥ 《晋书》卷 109《慕容皝载记》，第 2826 页。

而归"①。

在这些被兼并的少数民族中，宇文、段部以整个部的形式进入慕容部。段部为慕容氏和后赵联合而灭，但是部落主体主要进入慕容部。段氏所统包括两个部分：郡县民及部落，史称其"所统胡晋可三万余家，控弦可四五万骑"即为明证。段氏之灭，赵将"支雄长驱入蓟，段辽所署渔阳上谷代郡守相皆降，取四十余城"②，石虎徙"段国民二万余户于司雍兖豫四州，士大夫之有才行，皆擢叙之"③，这些郡县民是段氏统治下的"晋人"，尽入于后赵。同时，段部首领段辽"帅妻子宗族豪大千余家，弃令支，奔密云山"，《资治通鉴》胡注曰："豪大，犹言豪帅，是时东北夷率谓主帅为大，部帅曰部大，城主曰城大。"④ 则豪大为胡人酋帅甚明，这是段氏鲜卑的核心部分。后段辽遣使降于慕容皝，慕容皝"拥段辽及其部众以归"⑤，是则段氏鲜卑部落主体进入慕容部⑥。宇文鲜卑活动在辽东塞外，不统郡县，完全为游牧部落，胡风强悍，"部众强盛，自称单于，塞外诸部咸畏惮之"⑦。建兴二年（344），慕容皝灭宇文氏，"遂克其都城，逸豆归走死，宇文氏由是散亡。皝悉收其畜产资货，徙其部众五千余落于昌黎，辟地千余里"⑧。宇文鲜卑尽皆入于慕容部。要之，宇文、段部以整个部的形式进入慕容部。

关于这些少数部族进入慕容部后的情况，《慕容皝载记》记汉族士人封裕的上书：

> 句丽、百济及宇文段部之人，皆兵势所徙，非如中国慕义而至，咸有思归之心。今户垂十万，狭凑都城，恐方将为国家深害，宜分其兄弟宗属，徙于西境诸城，抚之以恩，检之以法，使不得散在居人，

---

① 《晋书》卷 109《慕容皝载记》，第 2822 页。
② 《资治通鉴》东晋成帝咸康四年（338），第 3015 页。
③ 同上书，第 3016 页。
④ 同上书，第 3015 页。
⑤ 《晋书》卷 109《慕容皝载记》，第 2818 页。
⑥ 白翠琴：《魏晋南北朝时期汉民族发展刍议》（《中华民族研究新探索》，费孝通主编，中国社会科学出版社 1991 年版）曰段部"为石虎所破，其部众大多与汉人融合"，第 257 页，言段氏鲜卑由后赵进入中原与汉人融合，并不正确，通过本文的分析，可见段氏鲜卑主体入于慕容氏与其融合为一体，在诸燕灭亡后，又进入北魏隋唐，才最后融入汉人，详后。
⑦ 《魏书》卷 103《匈奴宇文莫槐传》，第 2304 页。
⑧ 《资治通鉴》东晋康帝建元二年（344），第 3058 页。

　　知国之虚实。①

　　从封裕的上疏中可以看出，这些少数民族进入慕容部之后，仍聚族而居，一定程度上保持着本族组织。无疑是一种强劲的政治势力。

　　我们发现，前燕虽然启用慕容氏之外的其他胡人，但是，作为后备力量最强劲的宇文、段部鲜卑却没有得到重用。可足浑翼为尚书令，悦绾为左仆射，进入前燕核心统治集团的少数族没有宇文、段氏鲜卑。下面我们考察一下可足浑氏、悦氏的族属。《资治通鉴》太元八年（383）：慕容垂"留辽东鲜卑可足浑潭集兵于河内之沙城"②，则可足浑氏之族属为辽东鲜卑。关于悦氏，《元和姓纂》昌黎悦氏条曰："悦绾，（昌黎）鲜卑人，清泉侯悦真亦其族也。"③《古今姓氏书辨正》残余本曰："《后燕录》右仆射广信公悦绾，昌黎鲜卑人，生寿，南燕尚书。"④ 则悦绾为昌黎鲜卑。前引金毓黻《东北通史》总叙东北少数族之类，并无"辽东鲜卑"及"昌黎鲜卑"之族，那么，该怎样理解二者的含义呢？

　　《后汉书·乌桓传》叙乌桓的社会组织曰："邑落各有小帅，数百千落自为一部。"⑤ 正如它所叙述的，渠帅领导下的邑落是北方少数族最基本的社会组织单位⑥。魏晋时期，北方草原发生了激剧的变化，乌桓内徙，匈奴西遁，鲜卑南下占据匈奴故地，数百千落匈奴"诣辽东杂处，皆自号鲜卑"，整个北方草原处于激烈的民族融合中。其中的一些部落兼并融合了其他部落，逐渐强大、形成部族，在当时的北方草原中产生了较大的影响，他们的部落名逐渐演绎为族属之称，如慕容、宇文、段部、拓跋都属于这种情况。但是，此外另有一些散佚于这些大的部族之外，仍以

---

　　① 《晋书》卷109《慕容皝载记》，第2824页。

　　② 《资治通鉴》东晋孝武帝太元八年（383），第3319页。

　　③ 《元和姓纂》卷10"十七屑"之"昌黎悦氏条"，第242页。

　　④ （宋）邓名世撰，（清）钱熙祚校：《古今姓氏书辨正》，《丛书集成初编·子部·史地类》第3304辑，商务印书馆1935年版，第731页。

　　⑤ 《后汉书》卷90《乌桓鲜卑传》，第2979页。

　　⑥ 参考马长寿《乌桓与鲜卑》（第120页），及林干《中国古代北方民族通论》（内蒙古人民出版社1998年版，第32页），冯季昌《古代东北民族建置述论》（《辽宁大学学报》1990年第2期）。另莫任南《匈奴、乌桓的"落"究竟指什么》（《民族研究》1994年第1期）及黄烈《中国古代民族史研究》（人民出版社1987年版，第243页）对北方少数民族的"落"进行了深入探讨，指出"落"指户，而非"聚落"，与"邑落"是两个概念。对我们认识这一问题很有参考价值。

"渠帅为率"的小部落，很难以部名名其族属，在这种情况下，即以地域名之，所谓的"辽东鲜卑""昌黎鲜卑"就属于这种情况。这一点可以从其他具有此种名称的部落的情况得到证明。

《资治通鉴》永嘉五年（311）："（东夷校尉）李臻之死也。辽东附塞鲜卑素喜连、木丸津托为臻报仇，攻陷郡县，杀掠士民，屡败郡兵，连年为寇。"① 在这里，素喜连、木丸津亦被目为"辽东鲜卑"，以活动于辽东边塞而得名。后素喜连、木丸津部为慕容廆所灭，慕容廆"帅骑讨连、津，大败斩之，二部悉降，徙之棘城"②，这是永嘉之乱初期的事情，时慕容部弱小、在段氏宇文鲜卑的侵逼下几不能自保，犹能轻易灭之，可见连、津二部为小部。《北齐书·可朱浑元传》："自云辽东人，世为渠帅。"③ 少数民族中较小的酋长称为"渠帅"，其上为"大人"、单于。可足浑氏"世为渠帅"，本部不大可明。再看昌黎鲜卑之一例。太元九年（384），慕容垂在河北开展复国运动，"昌黎鲜卑卫驹（各）帅其众降垂"④。这是在纷纭的政局中保存下来的一个鲜卑小部，亦以地域名之。

关于可足浑氏、悦氏的部族情况在史籍中找不到相关的记载，这正反映出，可足浑氏、悦氏绝非强大部族，影响甚微，故而湮没无闻。这是第一点。

第二，抛开可足浑氏、悦氏的部族情况不论，其部人进入慕容部者不会很多。首先在诸燕政权中见到的二部的人物很少。其次虽然可足浑氏、悦氏贵显于前燕，但是他们进入慕容部的经过，在慕容燕史料中没有记载。这与慕容氏歼灭宇文、段部、夫余、高句丽，甚至是辽东附塞鲜卑素喜连及木丸津部、其族人大量进入慕容部的战役，史籍浓墨描写的情况截然不同。笔者认为二部之人可能是在小规模的冲突或掳掠中部分种众散佚进入慕容部。与库莫奚人进入慕容部的情况相同。淝水之战后，西迁鲜卑欲于长安城中发动政变，后主慕容暐使"其帅悉罗腾、屈突铁侯"召集鲜卑旧部⑤，其中屈突铁侯即为库莫奚族人。姚薇元《北朝胡姓考》以文

---

① 《资治通鉴》西晋怀帝永嘉五年（311），第2773页。
② 《晋书》卷108《慕容廆载记》，第2805页。
③ 《北齐书》卷27《可朱浑元传》，第376页。
④ 《资治通鉴》东晋孝武帝太元九年（384），第3320页。
⑤ 《魏书》卷95《徒何慕容廆传附暐弟冲传》，第2063页。

献、碑刻材料证"屈突"为库莫奚族之姓氏①。《魏书·豆莫娄传》："库莫奚国之先，东部宇文之别种也，初为慕容元真所破，遗落者窜匿松漠之间。"② 则库莫奚作为宇文氏的别种，在慕容氏灭宇文氏的战争中亦遭到袭击，有一部分进入慕容部。但在慕容氏政权中很少见到，影响不大。可足浑氏、悦氏进入慕容部的情况可能与之相似。

综上所述，势力较弱、缺乏部族背景的小部鲜卑可足浑氏、悦氏等在前燕政权中受到重用。相反，有强大部族背景的段部、宇文鲜卑却受到压制。他们不仅没有获得新的地位，而且原有的权益也被剥夺。慕容部本有与段部联姻的传统，昌黎时期慕容廆、慕容皝皆娶段氏女为后，但是在中原建立帝国后，两代燕主皆立可足浑氏为后。这是偶然的吗？田余庆《北魏后宫子贵母死之制的形成和演变》深刻揭示了后妃之部族背景对拓跋氏政治之影响③，这是少数民族政权共同存在的现象，前燕的情况与此相同。段后之立本是慕容氏弱小之时屈辱求和的措施，有很深的政治背景，此时摒弃了皇后源出的段氏家族，意味着慕容氏对段氏这支政治势力的弃置。

从慕容氏对待可足浑氏、悦氏及段氏、宇文氏的不同态度，可以看到，慕容氏排抑汉人、在少数族中寻找新的政治同盟的同时，表现得疑虑重重。这是为什么呢？前文已论，昌黎时期慕容氏与所兼并的诸少数族处于强烈的敌对状态，那么，此时双方的关系怎样呢？从历史上不同部族的融合情况来看，至少要经过两代人。而慕容氏 338 年灭段部，342 年伐高句丽，344 年灭宇文部，346 年灭夫余，至 352 年慕容儁在蓟城称帝建立前燕，不过十余年的时间，其融合必然不可能完成，彼此仍存在着隔阂与敌对。苻坚灭燕之战，"燕散骑侍郎余蔚帅夫余、高句丽及上党质子五百余人，夜，开邺北门纳秦兵"。《资治通鉴》胡注释"上党质子"曰："燕盖遣兵戍上党，取其子弟留于邺以为质云。"④ 其时上党地区已被前秦攻破，上党质子为自身计，有此之举，尚可谅解，姑置之不论。值得注意的是，夫余、高句丽的举动，反映了前燕时期被兼并的东北诸少数民族仍与慕容氏保持着较强的敌对关系。

① 姚薇元：《北朝胡姓考》，第 140 页。
② 《魏书》卷 100《豆莫娄传》，第 2222 页。
③ 田余庆：《拓跋史探》，生活·读书·新知三联书店 2003 年版。
④ 《资治通鉴》东晋海西公太和五年（370），第 3236 页。

再看段氏。段部被灭，一小部分散佚进入后赵政权，分为两支：段末杯之裔段勤和段辽之裔段兰。石虎"以所徙鲜卑五千人配之（段兰），使屯令支"①，防备东部的慕容氏；段辽死，段龛继之。石氏亡，段勤和段龛各聚众保据一方，反对慕容氏政权，先后为慕容氏攻灭。慕容氏克段龛于广固，"徙鲜卑胡羯三千余户于蓟"②，据此段龛一定程度上仍保持着本族组织。不久，举众叛乱，慕容儁杀段龛，"坑其徒三千余人"③。又杀段勤，"勤弟思来奔"④。桓温伐燕，段思为向导，为燕人所杀。昌黎时期进入慕容部的段氏鲜卑情况不明，但是，其族人段龛和段勤的举动不可能不引起慕容氏的警戒、影响他们在前燕政权中的地位。慕容氏改立可足浑后、废黜段后就是一个鲜明的例证。

以上是一个方面，说明前燕与已被纳入的各少数族之间的关系。下面，我们来看前燕与其他少数民族的关系。

在慕容氏进入中原之前，前赵、后赵皆借重政权之外的胡族势力建立了外围组织。所谓"政权之外"是指名义上羁属、实则由各族酋长直接统辖的意思。刘渊于平阳立单于台，后石勒进攻平阳，"巴帅及诸羌羯降者十余万落，徙之司州诸县"⑤。匈奴汉国灭亡，刘曜于长安重建政权，"置单于台于渭城，拜大单于，置左右贤王已下，皆以胡、羯、鲜卑、氐、羌豪桀为之"⑥。可见在前赵中，这些外围组织直接被纳入单于台系统。后赵继立后，徙羌酋姚弋仲居清河之滠头⑦，氐酋苻洪居枋头⑧，离京城未远，与后赵政权保持着密切联系，镇压东宫高力起义及338年进攻慕容氏的棘城之役，苻、姚皆帅本族参战，无疑也可称得上是后赵的外围组织。

但是，与前后赵相比，慕容氏所面临的民族形势已发生了较大的变

---

① 《魏书》卷103《徒何段就六眷传》，第2306页。
② 《晋书》卷110《慕容儁载记》，第2837页。
③ 《资治通鉴》东晋穆帝升平元年（357），第3166页。
④ 《资治通鉴》东晋穆帝升平三年（359），第3173页。
⑤ 《晋书》卷104《石勒载记上》，第2728页。
⑥ 《晋书》卷103《刘曜载记》，第2698页。
⑦ 《魏书》卷95《羌姚苌传附父弋仲传》，第2081页。
⑧ 《魏书》卷95《临渭氐苻健传附父洪传》，第2073页。

化。冉闵之乱，羯胡势力被消灭殆尽。至于匈奴（或屠各）[①]，至慕容氏入主中原之时，其政权早已灭亡，部众散亡得很厉害。349 年，石勒坑"五郡屠各五千余人于洛阳"[②]，这是被杀的部分。淝水之之战后，慕容垂于河北开展复国运动，曾于列人募兵，有屠各毕聪、卜胜、张延等参加；列人在襄国东南，马长寿《乌桓与鲜卑》认为与此同时的列人乌桓是石勒从其他的地方迁至都城襄国的[③]，则此列人屠各必是石勒灭前赵后迁至京都近畿的，这是被迁徙的屠各。如是，当慕容氏在中原建立政权，屠各族已散亡略尽。再看氐羌，他们是前后二赵利用的主要"六夷"力量。但是，后赵灭亡后，流落于中原的氐羌在首领苻洪、姚弋仲的带领下回到关中。苻洪进据长安建立前秦，击败羌酋姚襄的势力，姚襄弟苌帅其众降，这样，关中及被迁徙于中原的氐羌被统一纳入前秦政权下，成为与前燕对峙抗衡的国家。综此，至前燕建立之时，十六国初期各少数部族混居中原的情况已不复存在，客观形势决定慕容氏不可能再大规模地利用其他胡族来组成外围组织。这是第一点。

同时，慕容氏实施了新的政治体制，摒弃了建立大单于的胡汉分治的形式，实行统一的汉族职官系统，因此，作为大单于系统的一部分、由各胡族酋长统帅的外围组织也不复存在。这是第二点。

前燕建立之初，有两支少数民族力量降燕，乌桓"库傉官伟帅部众自上党降燕"[④]，居于中山的丁零首领"翟鼠……率其所部降于儁"[⑤]。至淝水战后，慕容垂在河北开展复国运动，"招库傉官伟于上党"[⑥]。可见库傉官氏一直居于上党保持着独立的势力，前燕仅仅在名义上接受了他的投降，但二者之间未建立实际的关系。丁零也是如此。丁零降燕后，前燕未作任何处置，直至苻坚灭前燕，才把这支较强的势力徙于新安、渑池。淝水之战后，翟氏欲与慕容垂联合反秦，却屡被拒绝，这反映出前燕之时双方根本没有建立臣属关系。燕秦相持，"东胡王晏据馆陶，为邺中（苻

---

①　对于刘渊等族属，有不同看法，或认为是匈奴，或认为是屠各，唐长孺对此有精辟的辨析，参考《魏晋杂胡考》（氏著《魏晋南北朝史论丛》）。

②　《晋书》卷 103《刘曜载记》，第 2702 页。

③　马长寿：《乌桓与鲜卑》，第 162 页。

④　《资治通鉴》东晋穆帝永和七年（351），第 3119 页。

⑤　《晋书》卷 110《慕容儁载记》，第 2833 页。

⑥　《资治通鉴》东晋孝武帝太元九年（384），第 3322 页。

丕）声援，鲜卑、乌桓及郡县民据坞壁不降燕者甚众"①。慕容楷在征讨时曰："鲜卑、乌桓及冀州之民，本皆燕臣……"② 除却鲜卑不论，但是，这些本为"燕臣"的东胡、乌桓等族却站在与燕国相反的立场上抗衡，这是慕容氏对待政权外围胡人的淡漠的政策造成的结局。这与前文所叙，后赵灭亡之时，诸胡族势力群起捍卫的情形形成鲜明的对比③。

结　语

综上所述，华夷有别、正朔相承之观念的影响及冉闵之乱的深刻教训，不仅促成了昌黎政治形态的转变，汉人政治势力被排斥，而且，由于自昌黎时期以来的敌对关系，慕容氏之外的诸胡作为一整体政治势力，尚未真正地崛起。这样，与十六国前期的前赵、后赵政权相比，前燕的统治基础更为狭隘，形成了以慕容氏为唯一权力中心的政治形态，引发了诸燕历史上延绵不断的宗王之乱。

---

① 《资治通鉴》东晋孝武帝太元九年（384），第 3326 页。

② 同上。

③ 《晋书·石季龙载记下附子鉴载记》：冉闵之乱，"抚军张沈屯滏口，张贺度据石渎，建义段勤据黎阳，宁南杨群屯桑壁，刘国据阳城，段龛据陈留，姚弋仲据混桥，苻洪据枋头，众各数万"，皆不附闵，第 2792 页。段勤、段龛为段部鲜卑，杨群为仇池氏族，张贺度疑即石勒所召怀之"乌丸张伏利度"，姚弋仲为羌族，蒲洪为氏族，刘国当为匈奴，唯张沈不详，总之，这些原后赵统治下的其他胡族贵族势力，表现出对石氏的忠诚。《资治通鉴》：（姚）弋仲遣其子襄帅骑二万八千救赵，诫之曰："冉闵弃仁背义，屠灭石氏。我受人厚遇，当为复仇，老病不能自行；汝才十倍于闵，若不枭擒以来，不必复见我也！"第 3112 页，也表现出这一点。

第 三 章

宗王之乱与诸燕历史

魏晋南北朝时期，由宗王权重引发内乱是一个较常见的现象，无论是中原王朝，还是胡族政权皆有之。但是，他们源于不同的政治背景，表现出不同的特点。为了充分地论证这一点，在慕容氏之前，我们先来看前后赵之例。

太兴元年（318），汉主刘聪遗命以其子"济南王刘骥为大将军、都督中外诸军事、录尚书，卫大将军、齐王刘厉为大司徒"①，及"刘景为太宰，刘骥为大司马，刘顗为太师……皆迭决尚书奏事"辅政②，刘粲即位后尽杀诸人。史言靳准谓刘粲曰："如闻诸公将欲行伊尹、霍光之事，谋先诛太保（呼延晏）及臣，以大司马统万机，陛下若不先之，臣恐祸之来也不晨则夕。"③则刘粲诛杀这些人的根本原因是恶宗王之权重。这些宗室诸王被杀后，刘粲遂委政于靳准，不久靳准发动政变，杀汉主刘粲及诸王。以后虽然宗室刘曜攻灭靳准而复夺政权，但是匈奴汉国的统治力量受到了沉重的打击④，统治重心西迁，在与后赵的对峙中，很快灭亡。

后赵之亡亦源于此。赵主石虎"以其太子宣为大单于"⑤，总掌诸军；同时，"以石韬为太尉，与太子宣迭日省可尚书奏事"⑥。石韬与太子宣争位，石宣杀之，石虎复杀石宣，而且贬"东宫卫士十余万人皆谪戍凉

---

① 《晋书》卷 102《刘聪载记》，第 2676 页。
② 同上书，第 2677 页。
③ 《晋书》卷 102《刘聪载记附子粲载记》，第 2678 页。
④ 黄烈认为：匈奴五部势力主要毁灭于两次政变中，第一次就是靳准之乱（第二次是石季龙的屠杀），氏著《中国古代民族史研究》第 204 页，可见靳准之乱对匈奴汉国的打击是很严重的。
⑤ 《晋书》卷 106《石季龙载记上》，第 2769 页。
⑥ 同上书，第 2771 页。

州"①，遂掀起兵变，成为十六国历史上有名的起义，严重动摇了后赵的统治基础。起义被镇压后，石虎吸取教训，立幼子石世为太子，遗诏以大臣张豺辅政。各地方镇戍诸王并举兵向阙、夺取皇位。后赵遂大乱，诸王在激烈的争夺中，实力消耗殆尽，最后冉闵控制了政权，遂发动政变诛杀胡羯，曾是十六国时期最强盛的后赵政权彻底消亡了。

　　可见二赵皆亡于宗王权重引发的内乱。但是，令人深省的是，这种事件在此前即屡屡发生。310年，汉主刘和立，前主刘渊遗命以"楚王聪为大司马、大单于、并录尚书事，置单于台于平阳西。以齐王裕为大司徒、鲁王隆为尚书令，北海王乂为抚军大将军、领司隶校尉……永安昌王盛、安邑王钦、西阳王睿皆领武卫将军，分典禁兵"辅政②。刘和忌其权重，数日即率兵攻杀诸人，通过激烈的战斗，刘和被杀，刘聪即帝位。此一例。"汉主聪自以越次而立，忌其嫡兄恭，因恭寝，穴其壁间，刺而杀之。"③ 此第二例。刘聪即位后，以刘乂为刘渊嫡长子，不得已立为皇太弟，领大单于、大司徒，后杀之而传位于子。此第三例。虽然匈奴汉国接二连三地发生由宗王权重引发的恶性政治事件，但是并没有因此而采取有效的阻断措施。宗王仍被委以军政重权，宗王与皇权的矛盾甚至是残酷的诛戮事件仍在不断地发生。终于导致靳准之乱和汉国的灭亡。

　　相对于匈奴汉国，后赵的统治者已清醒地意识到这一问题的严重性。石虎被石勒"养以为孙"，因其勇悍，被委以大任，历任单于元辅、都督禁卫诸军事、太尉、尚书令，权重逼主。石勒晚年，已经在考虑石虎的问题。330年，以子石宏为都督中外诸军事、大单于④，夺取了石虎的兵权；331年，以太子石弘"省可尚书奏事……征伐刑断大事乃呈之"⑤，又抽空了石虎的尚书令之权。朝臣屡劝石勒杀石虎，但石勒终未杀之而酿成诸子被杀的悲剧。有的研究者认为这是迫于本族统治力量的薄弱，可以说是很有见地的。后赵立国本无完整的部族组织，《石勒载记》言石勒出身"部落小率"⑥，但在西晋末年被略卖为奴，当他起兵时已经与本族失去了

① 《晋书》卷107《石季龙载记下》，第2785页。
② 《资治通鉴》东晋怀帝永嘉四年（310），第2749页。
③ 同上书，第2757页。
④ 《晋书》卷105《石勒载记下》，第2746页。
⑤ 同上书，第2750页。
⑥ 《晋书》卷104《石勒载记上》，第2707页。

联系，建国后，诣并州"说诸胡羯，晓以安危。诸胡惧勒威名，多有附者"①，但本族力量终显单薄。故石勒惜石虎而不能杀，终于使石虎僭位、石勒诸子尽被杀戮。与后赵相比，前赵的情况要好一些，借匈奴五部立国②，有较强大的部族基础。但同样权力过度集中在宗室诸王手中，引发内乱，导致灭亡。

魏晋南北朝时期，宗王执掌重权、引发内乱本为常见的政治现象，西晋有"八王之乱"，南朝也多有类似现象。但是，西晋亡而东晋立，政局一变为"王与马、共天下"；刘宋、萧齐立"典签制"，诸王片帛杯羹皆取之于彼，更无大权所言。说明"宗王权重"只是这些汉族王朝的政治形态之一，完全可能消除或加以控制③。

但是，我们看到，与前后二赵的情况有所不同，宗王之乱接二连三地发生，几与政权相始终，即使统治者进行防范亦不能免。这根源于"国人"政治体制的背景。在当时的胡族政权下，广大汉人是被统治、被镇压的对象，虽然亦有汉人出仕者，但是，从根本上来说，匈奴、羯胡民族是唯一的统治阶层，其中，少数才能出众的宗王必然被委以大权（尤其是兵权），由此引发的宗王内乱势不能免。由此成为十六国的较普遍政治形态。唐长孺曾曰："前秦经过苻生、苻坚两代对于氐羌贵族的制裁，建立了五胡中间唯一的虽然是不巩固的集权国家……"④ 表明先生已充分认识到五胡政权中宗王分权的现象。

慕容氏在中原建立政权后，一改昌黎时期的政局，汉人被排抑，形成了以本族人为唯一权力核心的政权结构，大权在握的宗王和皇权之间展开

---

① 《晋书》卷 104《石勒载记上》，第 2711 页。

② 参考黄烈《中国古代民族史研究》："直到西晋末，两族（汉族和匈奴）社会的结合和民族融合还没有完成，匈奴族以五部为核心保存了自己的民族共同体，他们有共同的民族因素，特别是民族的共同心理状态，形成了一股聚合的力量，这是刘渊起兵，汉赵政权得以建立的基础"，第 199 页。

③ 关于"八王之乱"的性质，传统看法认为是晋武帝大封同姓诸王，建立了许多王国所造成的；还有的认为"八王之乱"虽非晋武帝大封同姓诸王所造成，却是他任诸王以方面重镇，赋予权力过大的结果。参考《西晋"八王之乱"爆发原因研究述要》（《中国史研究动态》1997年第 5 期）。祝总斌《"八王之乱"爆发原因试探》（《北京大学学报》1980 年第 6 期），对上述看法提出不同意见，认为导致"八王之乱"的主要力量"不是来自出专方面重镇之诸王的军队，而是来自反对篡逆、拥护皇权的旗号"，总之，认为"八王之乱"并非宗室权重而导致的现象。

④ 唐长孺：《晋代北境各族"变乱"的性质及五胡政权在中国的统治》，氏著《魏晋南北朝史论丛》。

激烈的斗争，由此走上了与前后二赵相同的覆亡之路。前燕在宗王内乱中
分崩瓦解、亡于前秦，不仅如此，还直接导致上层统治集团的分裂，慕容
垂和慕容儁系在淝水之战后走上了不同的复国道路，造成了西燕和后燕的
对峙与相残，宗室力量在内讧中遭受重创。后燕吸取前燕教训，把权力进
一步集中于子孙手中，导致在子孙争权的内乱中覆亡。南燕前期，仍承袭
了这种宗王政治体制，相继发生宗王内乱的政治事件，在燕主慕容超打击
宗王势力的前提下，河北大族的政治地位才最终确立。

第一节　前燕的宗王之乱与宗室集团的分裂

慕容恪是前燕杰出的政治家，为燕主慕容皝第四子、慕容儁之弟，创
建前燕、辅立幼主皆有大功，历来作为合乎封建理想的政治家被称颂①，
但其中是否含有被掩盖的历史真相呢？

慕容氏南伐之际，"以慕容恪为辅国将军，慕容评为辅弼将军，阳骛
为辅义将军，慕容垂为前锋都督、建锋将军，简精卒二十余万以待期"②，
慕容恪成为中原征服战争的最高统帅，前燕建立后，转任大司马，"总统
六军"，控制了前燕的最高军事领导权。永和十年（354）"录尚书事"，
同时排挤了汉人集团的代表人物——尚书令阳骛，总统军政，从而成为统
治集团的最高权力者。

《载记》记慕容儁临终前谓慕容恪曰："吾欲远追宋宣，以社稷属
汝。"③ 慕容儁让位是否出于真心？姚宏杰博士引升平三年（359）蒲池之
宴时慕容儁称颂故太子事，认为这是慕容儁针对慕容恪巩固太子之位的举
动④，甚确。同时，从史籍记载中可以看出，慕容儁心胸狭隘、有极强的
权力欲望，曾因父王一度有改立慕容垂为世子之意，就残酷地对慕容垂加
以迫害、必欲置之死地，所以怎可能心甘情愿地传位慕容恪、中断皇统？
慕容儁的传位之言当是迫于慕容恪之权势做此试探，实际是逼迫慕容恪明

　　① 宋丹凝：《鲜卑族杰出的军事家和政治家——慕容恪》，《社会科学辑刊》1987年
第2期。

　　② 《晋书》卷110《慕容儁载记》，第2831页。

　　③ 同上书，第2842页。

　　④ 姚宏杰：《君位传承与前燕、后燕政治》，《史学月刊》2004年第3期。

确表态，故当慕容恪表示谦让，慕容儁即曰"若汝行周公之事，吾复何忧！"① 此言深具含义。以慕容恪在前燕之地位，幼主即位，必行辅政之事，何言"若"字？若不行辅政事，即是僭位，甚明。无论慕容恪的本心怎样，但无疑慕容儁对慕容恪充满了猜忌。谷川道雄虽未深入论述，但亦注意到双方的关系十分微妙②。

慕容儁死后，前燕统治集团内部发生了大规模的内乱。《资治通鉴》升平四年（360）：

> 领军将军慕舆根言于太后可足浑氏及燕主暐曰："太宰、太傅将谋不轨，臣请帅禁兵以诛之。"可足浑氏将从之，暐曰："二公，国之亲贤，先帝选之，托以孤嫠，必不肯尔。安知非太师欲为乱也！"乃止。……恪闻之，乃与太傅评谋，密奏根罪状，使右卫将军傅颜就内省诛根，并其妻子、党与。大赦。是时新遭大丧，诛夷狼籍，内外恟惧，太宰恪举止如常，人不见其有忧色，每出入，一人步从。或说以宜自戒备，恪曰：'人情方惧，当安重以镇之，奈何复自惊扰，众将何仰！'由是人心稍定。③

据此，慕容儁死后，统治集团发生了激烈的政治斗争。史言政变的缘由是"慕舆根自恃勋旧，骄傲有无上之心，忌恪之总朝权"乃为乱而引发④，其中是否有值得质疑之处呢？我们看到，太后可足浑氏参与了这次反对慕容恪的政变。慕容儁时可足浑后就已参与政治，曾秉承慕容儁旨意，构置巫蛊之狱陷害慕容垂。慕容儁死后，时燕主慕容暐幼弱，可足浑后垂帘听政。实际上可足浑后是当时皇室的真正代表⑤。诛慕容恪之举很可能是她对慕容儁政策的贯彻。所谓慕容暐之"（太宰）必不肯尔……乃止"云云，似乎燕主慕容暐是支持慕容恪的。这纯粹是一种讳恶虚美的史笔。即使在此后慕容暐年长后仍由可足浑后主政，当时这样重大的政治斗争可足

---

①　《晋书》卷110《慕容儁载记》，第2842页。

②　[日]谷川道雄《隋唐帝国形成史论》："从慕容皝到慕容儁的王位继承进行得比较平稳，但是，慕容儁与其弟慕容恪的关系比较微妙"，第59页。

③　《资治通鉴》东晋穆帝升平四年（360），第3180页。此事《晋书·慕容暐载记》亦载，但不若《资治通鉴》详密，而且本于前燕国史，有隐讳之嫌，故引《资治通鉴》。

④　《晋书》卷110《慕容暐载记》，第2847页。

⑤　这里的"皇室"是狭义上的概念，指慕容儁及其子孙的家庭单位。

浑太后怎能听其言而止呢？这必出于史家的杜撰。史言慕容恪诛杀慕舆根时，"乃与太傅评谋，密奏根罪状，使右卫将军傅颜就内省诛根，并其妻子、党与。大赦"。细揣文意，慕容恪诛杀慕舆根并未得到皇室方面任何人的任命，仅仅上疏宣告罪名而已。总之，慕容恪并不是代表皇室镇压慕舆根的叛乱。第一，虽然史言这是慕容恪镇压慕舆根叛乱之举，但是，当政变失败后，不仅是慕舆根被杀，同时可足浑太后也退出政治舞台，直至慕容恪死后再度临朝听政。可证政变失败后可足浑太后被慕容恪禁锢。尤其值得注意的是，可足浑太后再度亲政后，慕容恪子慕容楷、慕容绍随慕容垂亡奔前秦，疑即为逃避可足浑后的迫害。这是第一个疑点。第二，本次政变导致的结局是"诛夷狼籍，内外恟惧"，由此可见这是一场波及面很广的政治斗争。如果真的像史籍记载的那样慕容恪依据遗诏辅政、为众望所归，而慕舆根出于个人目的夺权叛乱，又怎会牵连如此广泛？联系上文可足浑后参加了这次政变，很可能这是皇室和慕容恪之间的斗争。慕舆根本非皇室近亲，以忠于皇室而得到重任，338 年赵围棘城之战，"赵兵四面蚁附缘城，慕舆根等昼夜力战；凡四十余日，赵兵不能克……"[1]；350 年慕容儁为后赵将鹿勃早突袭，形势危急，"根帅左右精勇数百人，从中牙直前击早……早乃退走"。因此，慕容儁即帝位后，任以领军将军，总统禁军，又以疏宗而为辅政大臣。慕舆根无疑忠于皇室而且为其所信任，由此成为这场政变中皇室方面的中坚人物。史言政变是慕舆根与慕容恪之间的夺权斗争，这虽出于史家之避讳演绎，但某种程度上隐喻了这次场政治斗争的性质。

以上虽为推论。但退而言之，即使这确实如史籍所记载的那样是慕容恪平定慕舆根之叛、维护皇室的举动，但慕容恪操纵着前燕朝政、皇权亦不能干预是不争的史实，可足浑后因反对慕容恪被禁锢事就是一明显的例证。《魏书·崔浩传》记崔浩与魏主论古今人物，评慕容恪曰"如霍光之辅少主"[2]，不同意"如周公辅政"的说法，透露出慕容恪擅权逼主的现实。崔浩的父亲由燕入魏，故其言有很大的可信性。

慕容恪为前燕政治作出了卓越的贡献。前秦王猛伐燕，"号令严明，军无私犯，法简政宽，燕民各安其业，更相谓曰'不图今日复见太原

---

① 《资治通鉴》东晋成帝咸康四年（338），第 3020 页。
② 《魏书》卷 35《崔浩传》，第 811 页。

王'。王猛闻之，叹曰'慕容玄恭信奇士也，可谓古之遗爱'。设太牢以祭之"①。复国运动中，慕容垂使慕容楷进攻翟辽，"辽之部众皆燕赵人也，咸曰'太原王之子，吾之父母'。相率归附"②。慕容恪政治之清明和在燕人心目中的地位由此可见。从今天来看，慕容恪的擅权甚至僭位之举完全是政治斗争的正常现象，但并不符合儒家文化的政治伦理，也许正因为如此，慕容恪的种种擅权逼主行为被史家避讳掩饰。

综上所述，慕容氏进入中原后，权力集中于少数宗室贵族手中，由此造成了慕容恪的权重逼主的现象。虽未导致大的政治变乱，但已透露出这种政治体制的弊端。慕容恪死后，慕容垂和皇室慕容儁系的斗争终于导致前燕政权的解体和部族共同体的分裂。

慕容垂为燕主慕容皝的第五子，尤为其钟爱。《资治通鉴》永和十年（354）："初，燕王皝奇霸之才，故名之曰霸，将以为世子，群臣谏而止，然恩遇逾于世子。由是儁恶之。"③《晋书·慕容垂载记》所记大致相同，唯不载"将以为世子"事。但《资治通鉴》和《载记》中都记载了这样一段史料："垂少好畋游，因猎坠马折齿。慕容儁僭即王位，改名，外以慕郗为名，内实恶而改之。寻以谶记之文，乃去夬，以'垂'为名焉。"④从改名事中可见，慕容儁对于触及慕容垂和君位关系的事情非常敏感，这应当是"将欲改立世子事"给他造成的刺激。改立世子事虽然未果，但是造成了很大的影响，史言慕容垂名应"谶记之文"，就说明了这一点。

因此，慕容儁对慕容垂深怀疑忌，即位后对之大加排抑。昌黎时期慕容垂就已表现出杰出的政治军事才能，燕主慕容皝曾"使其子恪、霸击宇文别部。霸年十三，勇冠三军"⑤。慕容氏最重要的两大军事要地平郭和徒河，分别以慕容恪与慕容垂镇之，慕容恪在当时已经是宗室的核心人物，慕容垂与之并峙，可见他的地位。南伐之际，慕容垂首倡其议，当燕主慕容儁犹疑未决之时，从徒河镇地"驰诣龙城"，为其剖析形势："难得而易失者，时也。万一石氏衰而复兴，或有英雄而据其成资，岂惟失此

①《资治通鉴》东晋海西公太和五年（370），第3235页。
②《晋书》卷123《慕容垂载记》，第3288页。
③《资治通鉴》东晋穆帝永和十年（354），第3140页。
④《晋书》卷123《慕容垂载记》，第3077页。
⑤《资治通鉴》东晋成帝咸康五年（339），第3036页。

大利，亦恐更为后患。"① 总之，南伐之举，慕容垂功不可没。但是，在进伐中原的战争中，除慕容恪外，才干平庸的慕容评、宗室疏属慕舆根皆被任为主要军事统帅，各重大战役皆由其统军作战，慕容垂则被斥逐其外。这无疑是慕容儁有意防范慕容垂的举动。

当慕容儁在中原建立政权后，汉士人被排斥，形成了以本族人为主的统治核心，宗室贵族皆被委任重职，"燕卫将军恪、抚军将军军、左将军彪等屡荐给事黄门侍郎霸有命世之才，宜总大任。是岁，燕主儁以霸为使持节、安东将军、北冀州刺史，镇常山"②。可见最初慕容垂所任不过是一散职——给事黄门侍郎。虽然出于鲜卑内部的压力，被委任为北冀州刺史，但第二年，即"徙镇龙城"③。旋即，又因为"垂大得东北之和，儁愈恶之，复召还"④。在不到两年的时间内，慕容垂三徙其任，被慕容儁严厉压制，唯恐其威胁皇权。

虽然如此，慕容儁对慕容垂仍不放心，终于发动巫蛊之狱欲置他于死地，慕容垂妃段氏被诬陷下狱，"欲以连污垂"，段氏"志气确然，终无挠词……故垂得免祸"⑤。巫蛊之狱在358年，慕容儁之死在359年，当358年慕容儁已久病缠绵，必然已预料到自己的死期不远。所以笔者认为358年的巫蛊之狱是慕容儁临死前对慕容垂的处置。姚宏杰博士《前燕、后燕政治与君位传承》所举慕容儁针对慕容恪称颂太子的蒲池之宴也发生在此期间。这一系列旨在巩固君位传承的举动可视作慕容儁对身后事的安排，慕容垂是其中的重要一环。

虽然慕容垂在巫蛊之狱中幸存下来，但是，他的处境并没有改变。慕容儁遗诏顾命大臣有慕容恪、慕容评及慕舆根，同为幼主叔父并且具有杰出才干的慕容垂仍被排斥其外。

慕容恪执政后，慕容垂的处境一度有所改变，被委任为总督南面军事之要任。但是，慕容恪一死，又回到原来的局面。慕容儁系的人物重新控制了朝政，继续坚持排斥慕容垂的政策。慕容评继任执政大臣，同时燕主

---

① 《资治通鉴》东晋穆帝永和五年（349），第3092页。关于此，李智文《十六国时期鲜卑名将——慕容垂》（《北朝研究》1996年第2期）亦谈及，可作参考。
② 《资治通鉴》东晋穆帝永和九年（353），第3137页。
③ 《资治通鉴》东晋穆帝永和十年（354），第3140页。
④ 同上书，第3140页。
⑤ 《资治通鉴》东晋穆帝升平二年（358），第3172页。

慕容暐之弟慕容冲继任大司马，慕容臧为卫大将军，构成新的统治核心，慕容垂仍不预其间。369 年，桓温伐燕，前燕先后以慕容厉、慕容臧为统帅抵抗，皆战败而还，"暐惧，谋奔和龙。吴王垂曰：'不然。臣请击之，若战不捷，走未晚也。'乃以垂为使持节、南讨大都督……帅众五万距温"①。可见慕容垂担任主帅属于情急之策，在正常情况下根本不可能，反映了慕容垂被皇室慕容暐系排斥的处境。

桓温伐燕成为慕容垂与皇室矛盾全面爆发的契机。谷川道雄认为，慕容垂抗击桓温取得胜利后，慕容评忌其威名而进行迫害②，似嫌片面。要知道，这种情况并不是慕容垂与慕容评的个人恩怨造成的，而是长期以来慕容垂与慕容暐系的矛盾发展的必然结局。慕容垂遂奔前秦③。翌年，前秦灭燕。

历史的发展极其复杂，充满了不确定因素。让我们以这样的视角，重新审视前秦灭燕的事件。

战前，前燕官员申绍上疏曰："中州丰实，户兼二寇，弓马之劲，秦晋所惮"④，此处之"中州"指前燕，《资治通鉴》曰："大燕户口，数兼二寇"⑤，而"二寇"指东晋和前秦，《胡注》所言甚明。前燕执政慕容评不信使臣所言苻坚伐燕之谋，理由是"秦国小力弱，杖我为援……终不肯纳叛臣之言"而绝两国之好⑥。这两段史料皆反映了前燕国力本强于前秦的事实。这是否为燕人的自夸之语？《苻坚载记》："慕容暐遣其太宰慕容恪攻拔洛阳，略地至于崤渑。坚惧其入关，亲屯陕城以备之。"⑦ 说明申绍、慕容评之言并非虚妄。太和三年（368）前秦豫州刺史苻廋以陕城降燕，请求应接。陕城本为入关之要害，又有苻廋大军应接，因此这种局势一旦出现，前秦将十分危险。但却被慕容评回绝，谷川道雄氏指出，

---

① 《晋书》卷 110《慕容暐载记》，第 2853 页。

② ［日］谷川道雄《隋唐帝国形成史论》，第 55 页。李智文《十六国时期的鲜卑名将——慕容垂》与谷川氏持同样看法，可作参考。

③ 冯君实《评慕容垂》（《松辽学刊》1986 年第 2 期）认为：慕容垂奔前秦之初是忠于苻坚的，其背秦自立的思想是后来随着前秦自身矛盾的增长而发展起来。笔者认为这个结论是可信的。从慕容垂奔秦的背景来看，最初他也忠于苻坚是必然的。

④ 《晋书》卷 111《慕容暐载记》，第 2855 页。

⑤ 《资治通鉴》东晋海西公太和四年（369），第 3225 页。

⑥ 《晋书》卷 111《慕容暐载记》，第 2854 页。

⑦ 《晋书》卷 113《苻坚载记上》，第 2889 页。

前秦由此而脱离了险境①，可见即使在慕容恪死后，前秦还一度出现了为燕而灭的危机。我们来看前秦灭燕之战，"评以猛悬军远入，利在速战，议以持久制之。……评性贪鄙，鄣固山泉，卖樵鬻水，积钱绢如丘陵，三军莫有斗志"②，遂一战而溃。显然属于非正常的战争方式，结局并非根源于两国实力相悬，而是主帅慕容评的贪鄙。任何时候，"人"的因素都极其重要，在古代社会生产力水平低下的时候尤其如此。此前前燕刚结束一场重大的军事行动，击败东晋桓温的北伐。就在东晋胜利在望、燕主慕容㬚已决定退居龙城的时候，前燕改任慕容垂为主帅，立刻扭转战局取得大胜。可见前燕确实具有很强的军事实力，用人之得失是导致战争结局的决定因素。燕晋之战如此，对于燕秦之战，我们也不得不作如是观。史言"自恪卒后，坚秘有图㬚之谋，惮垂威名而未发"③，就充分证明了这一点。

综上所述，慕容垂之所以被排抑，是前燕在与前秦的对峙中灭亡的重要原因。这并不是偶发的，是前燕大规模宗王内乱的必然结局。

慕容儁称帝之时，大封诸王，包括兄弟及叔父诸人④，其中，慕容评成为鲜卑统治集团的核心人物。慕容评之才干庸碌在前燕统治集团内广为人知，燕主慕容儁不可能没有了解，但仍委以大权，同时，宗室疏属慕舆根及后宫（可足浑后）也成为前燕统治集团的核心人物，可见慕容儁在用人上存在很大问题，笔者认为这很可能是燕主慕容儁压制慕容恪、慕容垂及其他宗王的策略。这是第一点。第二，为对付燕主慕容儁的侵夺，宗王之间形成了联盟。在慕容儁死后的政局中，慕舆根、慕容评属于燕主慕容儁系，慕容恪孤掌难鸣，365 年委任慕容垂总督南面军事，这很可能是他结纳燕主慕容儁系的敌对方为党羽、巩固自己的权势与皇室抗争的做法；慕容恪一死，慕容儁系的人物重新控制了朝政，他的安排立刻被推翻，慕容垂又被打入"冷宫"。慕容垂出奔前秦，慕容恪子慕容楷、慕容绍随之出奔，双方为政治同党甚明。同时，慕容德因"与垂善"⑤，亦被免职；此前桓温伐燕之战中，慕容垂被委任为主帅抗击东晋的同时，"以

① ［日］谷川道雄《隋唐帝国形成史论》，第 55 页。
② 《晋书》卷 111《慕容㬚载记》，第 2857 页。
③ 《晋书》卷 123《慕容垂载记》，第 3078 页。
④ 《资治通鉴》东晋穆帝永和十年（354），第 3140 页。
⑤ 《资治通鉴》东晋海西公太和四年（369），第 3224 页。

慕容德为征南将军"为副①，共"率众五万距温"，而之前慕容儁系的人物为主帅抵抗桓温时，亦未见慕容德参与，则慕容德为慕容垂提拔、为其党羽甚明。慕容恪子慕容楷、慕容绍及慕容德等都在淝水之战后追随慕容垂参加了复国运动。可见，一场远超出了史籍记述的、牵连甚广、大规模的宗王内乱早就在政权内部激烈地进行着。

统治集团在内争中分崩离析，由此被推上政治舞台的慕容评贪庸无能、政治腐败，为前秦的胜利创造了机遇。而且，导致慕容宗室内部分为慕容儁及慕容垂两大派系，在复国运动中走上了不同的道路，形成了西燕和后燕的分裂对峙，对慕容鲜卑部族共同体的发展产生了深远的影响。

第二节　后燕和西燕的不同复国道路

慕容垂奔秦的第二年，苻坚灭燕，王公大臣皆被迁于长安，慕容垂与燕主慕容儁系的斗争亦延至长安。苻坚对鲜卑贵族实行优遇政策，任以显职。慕容垂谏曰："'臣叔父评，燕之恶来辈也，不宜复污圣朝，愿陛下为燕戮之。'坚乃出评为范阳太守，燕之诸王悉补边郡。"②所谓的"燕之诸王"包括哪些人呢？爵制，皇帝诸子及兄弟得封为王。所以，"燕之诸王"多为慕容儁诸子即慕容暐兄弟，如乐安王臧、中山王冲等，他们是慕容恪死后前燕政局的核心人物，坚持慕容儁排斥慕容垂的政策，属于燕主慕容儁系。慕容垂子慕容农、慕容隆及慕容恪子慕容楷、慕容绍在制度上已不得封王，时亦未袭为王。至于慕容评，则是长期拥护皇室抗衡宗王的鲜卑贵族。所以此举当是慕容垂打击燕主慕容儁系的措施。从此后的结果来看，慕容评出为范阳太守，慕容冲出为平阳太守，慕容泓出为北地太守，燕主慕容儁系的人物皆被谪出中央；而慕容垂为京兆尹，慕容农等虽所任官职不详，但亦未出中央③。打击慕容儁系同时，慕容垂与其子弟党与开始谋划复国大业。

---

① 《晋书》卷111《慕容暐载记》，第2853页。
② 《资治通鉴》东晋简文帝咸安二年（372），第3255页。
③ 《资治通鉴》太元二年（377），慕容农私言于慕容垂曰："自王猛之死，秦之法制，日以颓靡，今又重之以奢侈，殃将至矣，图谶之言，行当有验，大王宜结纳英杰以承天意，时不可失"，第3282页。关于慕容楷、慕容绍等亦有类似的记载。可证慕容农是在慕容垂的身边，亦在中央。

淝水之战前，慕容农、慕容楷就屡言于慕容垂"结纳豪杰、兴复大业"云云①。再看淝水之战中的表现。慕容垂和慕容晖皆参加了淝水之战，而且都没有参加淝水主力军的作战。《苻坚载记》："垂攻陷郧城，害晋将军王太丘。"② 淝水决战结束后，"诸军悉溃，唯其冠军慕容垂一军独全，坚以千余骑赴之"③。那么，此时慕容垂位于何处呢？《资治通鉴》亦记此条史料，胡三省注曰："垂别击郧城，不与淝水之战，且持军严整，故诸军皆溃而垂军独全。"④ 则慕容垂时处郧城。《资治通鉴》又记："平南将军慕容晖屯郧城，闻坚败，弃其众遁去。"⑤ 可见慕容晖与慕容垂同于郧城作战。郧城完好，同时慕容垂所统三万骑亦是一支很强的军事力量，足以自保、致其后苻坚亦投奔之，但慕容晖弃其众而遁之，殊不可解。如果说慕容晖是为了逃避做亡国之虏的命运，但是当他逃"至荥阳，慕容德复说晖起兵以复燕祚，晖不从"⑥，其后他又随苻坚回到长安。可见慕容晖并不是逃避苻坚，而是逃避慕容垂，深恐在局势混乱的情况下被手握重兵的慕容垂所图。

因此，淝水之战后，他们终于走上了不同的复国道路。

当慕容垂在山东开展复国运动，燕主慕容儁子孙亦在关西举兵反秦。《资治通鉴》太元九年（384）："秦北地长史慕容泓闻燕王垂攻邺，亡奔关东，收集鲜卑，众至数千。还屯华阴，败秦将军强永，其众遂盛。"⑦ "平阳太守慕容冲亦起兵于平阳，有众二万，进攻蒲阪；坚使窦冲讨之。"⑧ 慕容冲、慕容泓皆为慕容儁子，属于皇室慕容儁系人物。尤其是慕容冲，于慕容恪死后，继任大司马，总统六军，是慕容儁系的核心人物。慕容泓于关东收集鲜卑却西归华阴开展复国运动；慕容冲初攻蒲坂，其势亦欲西渡建立基业，并且为秦将窦冲所败后归慕容泓。他们为什么放弃根基深厚的故土而回到属于前秦势力范围的长安地区开展兴复大业？

---

① 《资治通鉴》东晋孝武帝太元元年（376），第 3280 页；太元二年（377），第 3282 页；太元八年（383），第 3307 页。

② 《晋书》卷 114《苻坚载记下》，第 2918 页。

③ 《魏书》卷 95《临渭氐苻健传附从子坚传》，第 2077 页。

④ 《资治通鉴》东晋孝武帝太元八年（383），第 3312 页。

⑤ 同上书，第 3313 页。

⑥ 同上书，第 3313 页。

⑦ 《资治通鉴》东晋孝武帝太元九年（384），第 3326 页。

⑧ 同上书，第 3327 页。

《魏书·徒河慕容廆传附慕容永传》：慕容冲"以慕容垂威名夙着，跨据山东，惮不敢进，课农筑室，为久安之计。众咸怨之"①。慕容冲等为前燕皇室慕容儁系人物，与慕容垂等为势不两立之集团，故不敢东归，甚至不惜违背鲜卑部众的意愿，甚明。

综上所述，前燕皇室慕容儁系与慕容垂的权力斗争，一直延续至前燕灭亡后的关西地区，导致前燕的统治集团分裂成以他们为首的两大派系，没有在淝水之战后的有利形势下并肩作战、共图大业，而是走上了不同的复国运动，最终形成了东西对峙之政权。

西燕主慕容永对慕容垂子孙大加诛戮，"男女无遗"②。慕容垂灭西燕，"斩永公卿已下刁云、大逸豆归等三十余人"③。慕容垂将慕容国与慕容永战，"斩首八千余级"④，其中的大部分都是鲜卑部众⑤。这仅仅是见于史载的。可以想见在双方的战争中死亡将士的数目很大。总之，前燕遗存下来的鲜卑共同体在东西燕的对峙中遭到了较大的损耗。这是第一点。第二，西燕部众本是前燕遗存下来的鲜卑主体，后燕对于他们的上层，或加以诛戮，如刁云、逸豆归之属；或谪徙辽东，如北燕主冯跋"父安，雄武有器量，慕容永时为将军。永灭，跋东徙和龙，家于长谷"⑥；其余的摒弃不用，以其家族及长期追随的宗室党与等数人组成了统治核心，后燕的统治基础变得更为薄弱，权力进一步集中在嫡系子孙手中，形成了由其嫡系子孙诸王爆发的内乱。

第三节　后燕嫡系子孙宗王之乱

从前燕到复国运动、再到东西燕的对峙，慕容垂经历了一系列残酷的政治斗争，终于承建燕统。这种经历必然会促使他对集权有更深的认识，这可以从建国后的政策反映出来。

太元十一年（386），慕容垂即皇位，太元十三年（388）三月，"以

---

① 《魏书》卷95《徒河慕容廆传附慕容永传》，第2064页。
② 《晋书》卷124《慕容盛载记》，第3098页。
③ 《魏书》卷95《徒河慕容廆传附慕容永传》，第2065页。
④ 《晋书》卷123《慕容垂载记》，第3089页。
⑤ 西燕主要是以西迁的鲜卑部众建立起来的。《魏书·徒河慕容廆传附慕容永传》：慕容永东归，"帅鲜卑男女三十余万口……去长安而东"，第2064页。
⑥ 《晋书》卷125《冯跋载记》，第3127页。

（太子）宝录尚书政事，巨细皆委之，垂总大纲而已"①，四月又"以太子宝领大单于"②。可见，慕容垂即帝仅两年，实际上就把军政大权交给了慕容宝。《资治通鉴》太元十八年（393）又记"加太子宝大单于"，则慕容宝五年后正式出任大单于之职。大单于为少数民族政权中的"国人"及其他少数民族的最高统帅，职权甚重，不轻易授受③，也许正因为如此，慕容宝出任此职经历了一个过渡阶段。总之，我们看到，慕容垂即帝之初即紧锣密鼓地进行对太子慕容宝的培养，这应当是他考虑到自己年事已高④、为今后皇位的顺利过渡做准备。这是慕容垂为保障皇权进行部署的一个重要措施。

中央除慕容宝之外，慕容垂之子慕容麟也是一个很重要的人物，控制着重要的军事权力。复国运动时，他就屡屡率军征战，功勋显赫。后燕建立后，中央战事多由其统帅作战：

太元十一年（386），魏王拓跋珪请兵于燕以击拓跋窟咄，"慕容垂遣子贺驎（慕容麟）步骑六千"赴之⑤，于高柳大败窟咄，保存了拓跋珪的君位。

387 年，燕上谷人王敏杀太守封戢，代郡人许谦逐太守贾闰反，燕赵王麟分讨封戢、贾闰，破斩之。⑥

387 年，助魏灭铁弗刘显，"遣太原王楷将兵助赵王麟击显，大破之。显奔马邑西山，魏王引兵会麟击显于弥泽，又破之。显奔西密，麟悉收其部众，获马牛羊以千万数"⑦。

388 年，慕容麟、慕容隆攻广平、乐陵。

389 年，慕容麟、慕容德击匈奴贺讷。

---

① 《晋书》卷 123 《慕容垂载记》，第 3087 页。

② 《晋书》卷 123 《慕容垂载记》。《资治通鉴》系于太元十三年（338 年）四月，第 3383 页。

③ 一般认为，大单于职由继承王位的储主来担任，参考邱久荣《论十六国时期的胡汉分治》、周伟洲《汉赵国史》（第 187 页）、白翠琴《魏晋南北朝民族史》（第 161 页）。李椿浩《十六国政权政治体制研究》不同意这种说法，他对刘汉的情况进行统计，大单于 11 人中 6 人为储君，5 人为分封王，认为并非一般由储君来担任大单于，更多地决定于实际对军权的控制，可见大单于的任职情况比较复杂，第 123 页。

④ 慕容垂卒于太元二十一年（406），时年七十一岁，则其称帝时六十一岁。

⑤ 《魏书》卷 15 《昭成子孙列传·窟咄传》，第 385 页。

⑥ 《资治通鉴》东晋孝武帝太元十二年（387），第 3378、3382 页。

⑦ 同上书，第 3379 页。

390 年，遣赵王麟助魏击贺兰、纥突邻、纥奚三部。

391 年，慕容垂再遣赵王麟会魏王珪击贺讷。

慕容麟为慕容垂的庶子，曾背叛慕容垂，当慕容垂投奔前秦之时为其告发、险遭性命之忧。《资治通鉴》：

> 初垂从坚入邺，以其子麟屡尝告变于燕，立杀其母，然犹不忍杀麟，置之外舍，希得进见。及杀苻飞龙，麟屡进策画，启发垂意，垂更奇之，宠待与诸子均矣。①

可见双方曾发生过严重的矛盾，因慕容麟在复国运动中显著的功绩而消泯。当然天然的血缘关系也会发生作用，但是政治斗争本身的现实性，使我们认为，慕容垂这样做可能出于更深的政治上的考虑。东西燕对峙之时，慕容永对慕容垂子孙大加杀戮，"男女无疑"，慕容垂之子慕容柔、慕容宝之子慕容盛就是从这种屠戮中逃出的幸存者。可见慕容垂家族曾遭受到重创，面临着统治力量的匮乏。加之慕容垂自身的经历，对于用自己的嫡系子孙保障皇权的认识更深刻，可能就是在这样的情况下，慕容垂接纳了慕容麟。

与前燕相比，后燕龙城的任职也很值得注意：

385 年，燕王垂以慕容农为使持节、都督幽平二州北狄诸军事，幽州牧，镇龙城。

389 年，慕容农被召还，以高阳王隆为都督幽平二州诸军事、征北大将军、幽州牧，建留台于龙城，以隆录尚书事。

参合陂之战后，慕容隆被召还，以清河公会录留台事，领幽州刺史，镇龙城。

则龙城任职先后有三人，慕容农、慕容隆为慕容垂之子，慕容会为慕容宝之子，皆为慕容垂的嫡系子孙，亦为宗室俊秀。慕容垂后段氏以为太子慕容宝非帝王之才，"辽西（慕容农）、高阳（慕容隆）二王，陛下儿之贤者，宜择一以树之"。慕容会为慕容宝庶子，"多才艺，有雄略，垂深奇之"，遗命以慕容会为太子。如前所述，龙城地位极重，驻扎着大量军队，极易分裂为割据政权，前燕时慕容垂本人就曾欲于龙城建立割据政

---

① 《资治通鉴》东晋孝武帝太元八年（383），第 3319 页。

权。前燕龙城镇将有慕容亮、慕容垂，皆为燕主慕容儁之弟。总之，前燕龙城之镇已重，但是，我们看到，与前燕相比，慕容垂更深加戒防。龙城镇将皆为其嫡系子孙，绝不任以其他宗王。

综上所述，后燕建立后，慕容垂力图建设一个以其家族所保障的皇权[1]，大权集中于其嫡系子孙手中。这里，附带论及慕容垂家族与其他宗室的关系，因史料缺乏，没有确凿的证据，只是提出自己的一些想法。

一个较典型的例子就是慕容德与后燕主慕容垂家族的关系。慕容德为慕容皝少子、慕容垂之弟，亦是宗室的杰出人物，《晋书·慕容德载记》云："德兄垂甚壮之，因共论军国大谋，言必切至。"[2] 抗击桓温之战，被提拔为副帅，是慕容垂之下最主要的将领。从前燕灭亡至复国，在与前秦的战争及内部火并中，慕容宗室的损耗十分严重，像慕容德这样血缘极近，而且富有才能的宗室贵族所存极少。而且，自前燕以来，在燕主慕容儁系与慕容垂的斗争中，慕容德就倾向慕容垂，并在淝水之战后又追随慕容垂参加了复国运动，可以说是慕容垂系的重要人物，综身份、才能、资历于一身，所以，在后燕政权中，慕容德的地位无疑具有特殊性。惟其如此，深为慕容垂所戒备，首先就是对其兵权严格控制。现把384—385年复国运动中后燕的军事活动条列如下：

◇383 年

慕容垂、慕容宝、慕容隆袭杀前秦苻飞龙，起兵叛秦。

辽东鲜卑可足浑潭集兵于河内沙城，慕容农、慕容楷、慕容绍于列人募兵。

◇384 年

慕容德击秦枋头，置戍而还。

慕容楷、慕容绍击东胡王晏。

慕容温、慕容麟攻中山。

慕容麟攻常山。

平朔、平规攻前秦幽州刺史王永于范阳。

慕容宝、慕容麟击退丁零翟真。

---

① 此处之"家族"，指狭义上的概念，指慕容垂及其嫡系子孙构成的家庭单位。

② 《晋书》卷 127《慕容德载记》，第 3161 页。

慕容农徇清河、平原，征督租赋。

慕容农、慕容隆、张崇击前秦平阳太守邵兴。

慕容农、慕容麟合兵击翟辽。

◇385 年

慕容佐攻前秦蓟城。

慕容农、慕容麟、慕容国攻丁零翟真于中山。

慕容垂北诣冀州，以慕容麟屯信都，慕容温屯中山，慕容农守邺城。

慕容农讨叛将余岩于龙城，慕容麟、慕容隆徇渤海、清河。

慕容麟攻秦王充于博陵。

由此可见，主要的军事将领是慕容垂诸子慕容农、慕容隆、慕容麟及慕容恪之子慕容楷、慕容绍。慕容德统军作战的情况极少。

太元十一年（386），慕容垂于中山称帝，后燕正式建立。《晋书·慕容垂载记》曰："以慕容德为侍中、都督中外诸军事、领司隶校尉。"① 《魏书·徒河慕容廆载记附慕容德载记》："垂称尊号，封为范阳王，拜车骑大将军、司隶校尉，寻迁司徒。"② 不言慕容德曾任"都督中外诸军事"之职。崔鸿《十六国春秋·前燕录》记载相同③，则《魏书》本于崔书。《资治通鉴》太元十一年（386）："以范阳王德为尚书令，太原王楷为左仆射，乐浪王温为司隶校尉。"④ 亦不载慕容德曾任"都督中外诸军事"之事。那么，究竟孰是呢？《资治通鉴》晋孝武帝太元十二年（387）：

> 高平人翟畅执太守徐含远，以郡降翟辽。燕主垂谓诸将曰："辽以一城之众，反复三国之间，不可不讨。"五月，以章武王宙监中外诸军事，辅太子宝守中山，垂自率诸将南攻辽，以太原王楷为前锋都督。⑤

---

① 《晋书》卷 123《慕容垂载记》，第 3087 页。

② 《魏书》卷 95《徒河慕容廆传附慕容德传》，第 2071 页。

③ 《太平御览》引崔鸿《十六国春秋》曰："垂称燕王，复封范阳王，建兴元年，为司隶校尉，八年，拜司徒"，第 610 页。

④ 《资治通鉴》东晋孝武帝太元十一年（386），第 3364 页。

⑤ 《资治通鉴》东晋孝武帝太元十二年（387），第 3377 页。

这是慕容德垂称帝后第二年的事情，以慕容宙"监中外诸军事"，则慕容德在太元十一年（386）末任"都督中外诸军事"职甚明。此后，慕容宝被任命为"大单于"，实际控制了后燕军队最重要的部分；同时，为"骠骑大将军"，位第一，在车骑将军慕容德之上。

387年，慕容垂攻翟辽于河南，"以章武王宙监中外诸军事，辅太子宝守中山"。慕容宙所出不详，非诸燕主之子，史言其"年长属尊"①，但从血统、才干、资历来看，其地位显然无法与慕容德相比。慕容德时任尚书令，位仅次于录尚书事太子慕容宝，慕容德之下是左仆射慕容楷、右仆射慕容麟、司隶校尉慕容温，慕容宙所任官不详，但在上述诸职之下甚明。是则慕容德地位才能远远超过慕容宙，慕容垂却摒之不用，其对慕容德的深防之心了然可见。

参合陂之战后，后燕国势顿消，慕容垂又死，拓跋氏咄咄逼人，后燕面临的局势十分险恶，太子慕容宝继位，做了一次重大的人事调整。

> 以范阳王德为都督冀、兖、青、徐、荆、豫六州诸军事、车骑大将军、冀州牧，镇邺；辽西王农为都督并、雍、益、梁、秦、凉六州诸军事、并州牧，镇晋阳。又以安定王库傉官伟为太师，夫余王蔚为太傅。甲寅，以赵王麟领尚书左仆射，高阳王隆领右仆射，长乐公盛为司隶校尉，宜都王凤为冀州刺史。②

慕容德虽亦任方面之重，实际上，被赶出中央。我们看到，除太师库傉官伟、太傅余蔚为尊崇之位外，在中央占据势要的皆为慕容垂诸子孙：慕容麟领左仆射，慕容隆领右仆射，慕容盛为司隶校尉。

有这样一个疑问，如果后燕君主真的对慕容德存有戒心，为什么还会任命他担任邺城这样的方面重任？笔者想原因有二：一是以慕容德之雄才，置于中央，如若遭逢际遇发动政变，后燕之皇统必绝，所以使之出任地方。二是与参合陂之战后的局面有关，参合陂之战中后燕国力损耗严重，慕容垂又死，拓跋氏异军突起、咄咄逼人，后燕的形势十分危急，在

---

① 《资治通鉴》东晋孝武帝太元二十一年（396）："章武王宙奉燕王垂及成哀段后之丧葬于龙城宣平陵。宝诏宙悉高阳王隆参佐、部曲、家属还中山，会违诏，多留部曲不遣。宙年长属尊，会每事陵侮之，见者皆知其有异志。"

② 《资治通鉴》东晋孝武帝太元二十一年（396），第3427页。

这种情况下，尤其需要富有政治军事才干者抗击敌人。所以慕容德虽遭疑忌仍被委以方面之重。与此同时，皇室的核心人物之一慕容农亦出为并州方镇，与中央成犄角之势，可以起到牵制邺城的作用。

慕容德先后担任尚书令、司徒、冀州牧，就一般情况而言，职权不可谓不重，反映了慕容垂对宗室的倚重。但是，通过上述的考证，可以发现双方的关系不无疑点。这应当涉及一个深层的政治背景。

从前燕到后燕，对宗室的任用有一个细微的变化。在前燕，燕主慕容儁子孙以外的宗王执掌大权的现象特别明显，而后燕相对集中于燕主慕容垂的嫡系子孙。这与宗室情况的变化有关。前燕主慕容儁时诸子年幼，故导致大权皆集中在其他宗王手中（如慕容恪为慕容儁弟，慕容评为慕容儁叔父，慕舆根为宗室疏属，慕容垂虽长期遭受排斥，也一度执掌大权），而至后燕时，慕容垂已六十多岁，诸子皆已年长，皆可委任，当然不会再出现前燕的情况。此外，至后燕之时，慕容垂兄弟之辈的人物皆已年耆。总之，这些都是促使后燕权力进一步集中在嫡系子孙手中的客观原因。但是，通过对慕容德事迹的考述，可以看到，慕容垂家族与其他宗室的关系是较敏感的。慕容垂亲历了前燕委任大权于子孙之外的宗王而引发的内乱，并由此卒继燕统，对此有很深的体会，可能由此影响了他对其他宗室的政策。

总之，无论出于何种原因，后燕事实上形成了嫡系子孙执掌重权的局面，因其权力更为集中，由此引发的内乱也较前燕更激烈、后果也更严重。

如前所述，慕容麟是慕容垂安插于中央、拱卫皇权的最重要的嫡系子孙王，重大的军事活动多由其统军作战。《资治通鉴》隆安元年（397）："魏围中山既久，城中将士皆思出战"，征北大将军隆屡次请战，"而卫大将军麟每沮其议，隆成列而罢者，前后数四"[1]。慕容麟控制军权甚明，借此作乱，直接导致后燕灭亡。

参合陂之战被认为是燕魏历史的转折点[2]。让我们来看在这场重大战役中后燕方面的表现。

---

[1]　《资治通鉴》东晋安帝隆安元年（397），第3442页。

[2]　参见袁刚《参合陂之役》，《北朝研究》1996年第3期。

　　燕、魏相持积旬，赵王麟将慕舆嵩等以垂为实死，谋作乱，奉麟为主。事泄，嵩等皆死，宝、麟等内自疑。冬，十月，辛未，烧船夜遁……宝乃遣麟帅骑三万居军后以备非常。麟以昙猛为妄，纵骑游猎，不肯设备。①

　　拓跋珪遂夜袭燕军，以少胜多，取得参合陂大捷，扭转了战局。《资治通鉴》胡注曰："太元十八年，慕容麟已知拓跋珪之必为患矣②，今乃轻之如此，岂其心自疑而欲败宝之师邪？"无论胡注的推测是否属实，但慕容麟与慕容宝在战事中的矛盾纷争无疑为拓跋珪的胜利创造了机会。

　　参合陂大捷后，拓跋氏趁机进军中原，包围后燕都城中山：

　　魏军进攻中山，屯于芳林园。其夜尚书慕容皓谋杀宝，立慕容麟。皓妻兄苏泥告之，宝使慕容隆收皓，皓与同谋数十人斩关奔魏。麟惧不自安，以兵劫左卫将军、北地王精，谋率禁旅弑宝。精以义距之，麟怒，杀精，出奔丁零。……初，宝闻魏之来伐也，使慕容会率幽并之众赴中山。麟既叛，宝恐其逆夺会军，将遣兵迎之。麟侍郎段平子自丁零奔还，说麟招集丁零，军众甚盛，谋袭会军，东据龙城。③

　　龙城之军是参合陂之战后后燕所存的最后兵力，在这种情况下，后燕主慕容宝乃弃城出迎龙城之军，由此导致中山陷落、河北地区入于魏。

　　不仅中央如此，地方上宗王与皇权的斗争也激烈地进行着。慕容垂爱慕容宝庶子慕容会，"临死顾命，以会为宝嗣。而宝宠爱少子濮阳公策，意不在会"④，遂立策为太子，"会闻之，心愠怒"⑤，遂有异志。慕容垂命慕容会镇龙城，"会倾身诱纳，缮甲厉兵"⑥，为东北之强大势力。当慕

---

　　① 《资治通鉴》东晋孝武帝太元二十年（395），第3424页。

　　② 《资治通鉴》太元十六年（胡注作太元十八年，误）："慕容麟与魏王珪共攻贺讷，回朝，言于垂曰：'臣观拓跋珪举动，终为国患，不若摄之还朝，使其弟监国事。'垂不从。"第3399页。

　　③ 《晋书》卷124《慕容宝载记》，第3095页。

　　④ 同上书，第3094页。

　　⑤ 《资治通鉴》晋孝武帝太元二十一年（396），第3430页。

　　⑥ 《晋书》卷124《慕容宝载记》，第3095页。

容宝出奔龙城，与慕容会会师于蓟城后，"分其兵给农、隆……幽、平之士皆怀会威德，不乐去之"①，慕容会遂率兵作乱，慕容隆被杀，慕容宝、慕容农奔龙城。皇室内部的分裂为兰汗之乱提供了机会，慕容宝在兰汗之乱中被杀，慕容盛历年才平定叛乱、重建燕统，北魏早已占领中原，光复之计遂不能复行。

谷川道雄指出，在北魏进攻中山之际，前燕宗族内部发生了激烈的权力斗争②，他注意到这一表象，可以说，后燕是在嫡系子孙诸王的内乱中分崩瓦解。《魏书·公孙表传》：

> 初，太祖以慕容垂诸子分据势要，权柄推移，遂至亡灭。且国俗敦朴，嗜欲寡少，不可启其机心，而导其巧利，深非之，表承指上《韩非书》二十卷，太祖称善。③

《资治通鉴》亦有类似的记载：

> 燕王盛惩其父宝以懦弱失国，务峻威刑，又自矜聪察，多所猜忌，群臣有纤介之嫌，皆先事诛之。由是宗亲、勋旧，人不自保。④

慕容垂重用嫡系子孙诸王，分据势要，导致皇权难以制衡，慕容宝终以"懦弱失国"，看来已成为惨痛的统治教训，为北魏主拓跋珪、北燕主慕容盛所注意⑤，并直接影响了北燕的统治政策。我们把北燕的中央官吏表和前燕、后燕的相比，就会发现很大的不同：非慕容宗室的鲜卑官吏在北燕中央政府中占据了很大比例，这是前燕和后燕的政治格局中所未有的现象，现列表如下。

---

① 《晋书》卷124《慕容宝载记》，第3095页。
② ［日］谷川道雄《隋唐帝国形成史论》：认为此际"燕陷入四分五裂、骨肉相残的状态之中"，第56页。
③ 《魏书》卷33《公孙表传》，第782页。
④ 《资治通鉴》东晋安帝隆安五年（401），第3527页。
⑤ 一般把鲜卑化汉人冯跋于409年继慕容氏之后建立的政权称为北燕。为行文方便，后燕退据龙城后的延续政权亦称"北燕"。

表 3-1 　　　　　　　　后燕和北燕任官对比（1）

官职	后燕			北燕		
	其他鲜卑	慕容宗室	其他鲜卑所占比例	其他鲜卑	慕容宗室	其他鲜卑所占比例
尚书令	0	1	0	0	3	0
左仆射	1	3	25%	1	3	25%
右仆射	0	4	0	2	0	100%
侍中	0	1	0	1	0	100%
司隶校尉	0	3	0	1	1	50%
京尹	2	0	100%	（昌黎尹）2	0	100%
尚书郎	0	1	0			
禁军首领	1	2	33%	4？	5	74%
州镇	0	12	0	2	1	70%

这种现象在禁军系统尤其显著：

表 3-2 　　　　　　　　后燕和北燕任官对比（2）

官职	后燕	北燕
中领军		张通　宇文拔　慕容熙　慕容提　慕容拔
中卫将军		卫双　冯跋
左卫将军	宇文拔　慕舆腾　慕容精	张兴
前将军		段玑
左将军		高和　慕容国
右将军		张真
卫尉		悦真
步兵校尉		马勒　张佛
城门校尉		和翰
殿上将军		段瓒　段泰

　　可以看到，慕容宗室之外的诸胡在北燕政权中占有很大比例，而慕容氏的数量则大大下降，只要与前燕、后燕职官表对照，就可以清晰地发现这一点。这与慕容氏的很大一部分在后燕灭亡后进入北魏有关，但更重要

的是北燕主慕容盛吸取后燕的亡国教训、对统治政策进行调整的结果。北燕之世，宗王谋反被诛的事件尤多，不绝于史。

隆安二年（398）八月，"乙亥，燕步兵校尉马勒等谋反，伏诛；事连骠骑将军高阳公崇、崇弟东平公澄，皆赐死"①。

十二月，"燕幽州刺史慕容豪、尚书左仆射张通、昌黎尹张顺谋叛，盛皆诛之"②。

隆安三年（399），"戊辰，燕昌黎尹留忠谋反，诛，事连尚书令东阳公根、尚书段成，皆坐死"③。

隆安五年（401）七月，"左将军慕容国与殿中将军秦舆、段赞等谋率禁兵袭盛，事觉，诛之，死者五百余人"④。

北燕主慕容盛被弑，慕容熙以得幸于丁太后被立，"时众望在盛弟司徒、尚书令、平原公元……丙申，平原公元以嫌赐死……中领军慕容提、步军校尉张佛等谋立故太子定，事觉，伏诛，定亦赐死"⑤。

元兴元年（402），太后丁氏"与兄子尚书信谋废熙立章武公渊。事觉，熙逼丁太后自杀……十一月，戊辰，杀渊及信"⑥。

义熙二年（406）五月，"燕主宝之子博陵公虔、上党公昭，皆以嫌疑赐死"⑦。

隆安三年（399），燕主慕容盛下诏曰："法例律，公侯有罪，得以金帛赎，此不足以惩恶而利于王府，甚无谓也。自今皆令立功以自赎。勿复输金帛。"⑧ "公侯"者固然包括异姓，但主体仍为慕容氏宗族。联系宗王被诛屡屡发生的情况，可见慕容盛进一步从法律上限制诸宗王的权力。何宁生认为慕容盛"长期目睹皇族宗室的相互倾轧……造就了其多疑和崇尚威刑的品性"，其"刑法的锋芒所指主要是危害君主专制的行为"⑨，是为确论。

---

① 《资治通鉴》东晋安帝隆安二年（398），第 3476 页。
② 《晋书》卷 124《慕容盛载记》，第 3100 页。
③ 《资治通鉴》东晋安帝隆安三年（399），第 3486 页。
④ 《晋书》卷 124《慕容盛载记》，第 3104 页。
⑤ 《资治通鉴》东晋安帝隆安五年（401），第 3527 页。
⑥ 《资治通鉴》东晋安帝元兴元年（402），第 3545 页。
⑦ 《资治通鉴》东晋安帝义熙二年（406），第 3589 页。
⑧ 《资治通鉴》东晋安帝隆安三年（399），第 3492 页。
⑨ 何宁生：《论后燕的法制》，《西北大学学报》2003 年第 3 期。

自前燕以来，历代君主重用宗室，形成了以宗室为统治核心、拱卫皇权的政治格局，至此，慕容盛从统治政策、刑罚律令诸方面打击宗室，实为诸燕政局之一大变。

但是，无论慕容盛怎样限制宗室，都不可能从制度上改变这种政治格局。以少数民族统治汉人，必定要由本民族成员控制权利中枢，尤其是兵权，最后必导致宗王权重、危覆皇权的现象，北燕亦无法逃脱这种覆辙。

慕容熙为慕容宝之弟、慕容盛叔父，骁勇有武干，《晋书·慕容熙载记》："从征高句丽、契丹，皆勇冠诸将。盛曰：'叔父雄果英壮，有世祖之风，但弘略不如耳。'"① 因此被委以大权，"盛初即位，降爵为公，拜都督中外诸军事、骠骑大将军、尚书左仆射，领中领军"②。慕容熙由此控制了北燕的军、政中枢。慕容盛被弑后，

> 中垒将军慕容拔、冗从仆射郭仲白太后丁氏，以为国家多难，宜立长君。时众望在盛弟司徒、尚书令、平原公元，而河间公熙素得幸于丁氏，丁氏乃废太子定，密迎熙入宫。明旦，群臣入朝，始知有变，因上表劝进于熙。熙以让元，元不敢当。癸巳，熙即天王位……③

慕容熙之立固出于太后私情，但当时对皇位的争夺很激烈，禁军将领慕容提、张佛等谋立故太子慕容定失败被诛④，所以如若不是慕容熙业已控制禁军（时任都督中外诸军事、中领军），又怎能违"众望"而得立？

第四节　南燕元兴二年与义熙二年之"政变"

南燕立国于汉文化深厚的青齐地区，重用河北士族，政权表现出强烈的汉化倾向，为诸燕之最。但是，汉士族的作用更多地体现在对行政的参与，军权多由宗室执掌，宗王与皇室的斗争也很激烈。

---

① 《晋书》卷124《慕容熙载记》，第3105页。
② 同上书，第3104页。
③ 《资治通鉴》东晋安帝隆安五年（401），第3527页。
④ 《资治通鉴》东晋安帝隆安五年（401）："丁氏送葬未还，中领军慕容提、步军校尉张佛等谋立故太子定，事觉，伏诛，定亦赐死。"见前引。

　　406 年，南燕主慕容德死，慕容超嗣位，慕容钟、慕容宁等鲜卑贵族叛乱。澳大利亚史学家霍尔姆格林认为："慕容德死后，南燕高层统治集团内部的分裂并不是由于慕容超的无能或邪恶，而是由于旧的个人忠顺关系的突然瓦解，这种忠顺关系在慕容德时代曾把非汉族势力拴在一起。"①霍尔姆格林把 406 年的叛乱简单地归结为个人忠顺关系的瓦解，殊难为证。试析于下。

　　慕容超为慕容德同母兄慕容纳之子，慕容德诸子尽死于战乱中，故远从关中迎还慕容超，"德无子，欲以超为嗣，故为超起第于万春门内，朝夕观之。超亦深达德旨，入则尽欢承奉，出则倾身下士，于是内外称美焉。顷之，立为太子"②。《资治通鉴》晋安帝义熙元年：

　　　　备德引见群臣于东阳殿，议立超为太子。俄而地震，百僚惊恐，备德亦不自安，还宫。是夜，疾笃，瞑不能言。段后大呼："今召中书作诏立超，可乎？"备德开目颔之。乃立超为皇太子，大赦，备德寻卒……己未，超即皇帝位，大赦，改元太上。尊段后为皇太后。

则《资治通鉴》虽不言立慕容超为太子，但慕容德以超为嗣之意甚明。总之，从史籍记载来看，慕容超被立为嗣、继承南燕君主之位，完全具备帝统的合法性，所谓"旧的个人忠顺关系的瓦解"是缺乏根据的。

　　笔者认为，406 年的叛乱源于贯穿诸燕历史的宗王与皇室的权力纷争，这种斗争在慕容德时就已存在。首先需要考证清楚一个问题。《晋书·慕容德载记》：

　　　　（南燕建平二年，相当于东晋元兴二年）德故吏赵融自长安来，始具母兄凶问。德号恸吐血，因而寝疾。其司隶校尉慕容达因此谋反，遣牙门皇璆率众攻端门，殿中师侯赤眉开门应之。中黄门孙进扶德逾城，隐于进舍。段宏等闻宫中有变，勒兵屯四门。德入宫，诛赤眉等，达惧而奔魏。③

---

①　[澳] J. 霍尔姆格林：《论南燕政权的建立与兴亡》，《国外社会科学》1993 年第 1 期。
②　《晋书》卷 128《慕容超载记》，第 3176 页。
③　《晋书》卷 127《慕容德载记》，第 3169 页。

《宋书·刘敬宣传》有一段类似的记载：

> （东晋元兴三年）敬宣素晓天文，知必有兴复晋室者。寻梦丸土服之，既觉，喜曰："丸者桓也。桓既吞矣，吾复本土乎。"乃结青州大姓诸崔、封，并要鲜卑大帅免逵，谋灭德，推休之为主，克日垂发。时刘轨为德司空，大被委任，雅之又欲要轨，敬宣曰："此公年老，吾观其有安齐志，必不动，不可告也。"雅之以为不然，遂告轨，轨果不从。谋颇泄，相与杀轨而去。至淮、泗间，会高祖平京口，手书召敬宣，左右疑其诈，敬宣曰："吾固知其然矣。下邳不诱我也。"即便驰还。既至京师，以敬宣为辅国将军、晋陵太守，袭封武冈县男。是岁，安帝元兴三年也。①

这两段史料，《资治通鉴》分两事记之，前者系于东晋安帝元兴二年（403）四月，后者系于元兴三年（404）三月。

唐长孺《北魏的青齐土民》疑"慕容达"和"免逵"为一人，理由如下：

> 《敬宣传》中的"免逵"疑即"慕容达"。"逵""达"形似，不知孰是，"免逵"或"免达"之作"达"或"逵"，犹"慕容备德"之作"德"。但事在刘敬宣奔南燕与韩谅上奏之先，若为一人则系年有误。②

笔者认为，"慕容达"即"免逵"，《晋书·慕容德载记》与《宋书·刘敬宣》所记实为一事，《资治通鉴》误载为二事，现考证如下。

《宋书·刘敬宣传》所记免逵事《资治通鉴》系于元兴三年三月（404）丙戌后。现录《资治通鉴》原文如下。

> 丙戌，刘裕称受帝密诏，以武陵王遵承制总百官行事，加侍中、

---

① 《宋书》卷47《刘敬宣传》，第1411页。
② 唐长孺：《北魏的青齐土民》，氏著《魏晋南北朝史论拾遗》，中华书局1983年版，第102页。

大将军，因大赦，惟桓玄一族不宥。

　　刘敬宣、高雅之结青州大姓及鲜卑豪帅，谋杀南燕主备德，推司
马休之为主。备德以刘轨为司空，甚宠信之。雅之欲邀轨同谋，敬宣
曰："刘公衰老，有安齐之志，不可告也。"雅之卒告之，轨不从。
谋颇泄，敬宣等南走，南燕人收轨，杀之，追及雅之，又杀之。敬
宣、休之至淮、泗间，闻桓玄败，遂来归，刘裕以敬宣为晋陵
太守。①

　　假设刘敬宣邀结鲜卑帅免逮谋反与元兴二年司隶校尉慕容逵谋反为两
次不同的叛乱，其事发生在元兴三年三月。按陈垣《二十史朔闰表》，东
晋安帝元兴三年三月戊午朔，则是月丙戌日为廿九日②。免逮及刘敬宣等
叛乱的具体日子不详，但《资治通鉴》系于丙戌日后，则此次叛乱只能
发生在丙戌或者丁亥日（三十日）。同时据《资治通鉴》引文，刘敬宣
逃至江南、被任命为晋陵太守在元兴三年三月甚明。那么，从叛乱发生到
刘敬宣逃到建康被委任为晋陵太守只有一两天的时间。从当时的交通条件
来看，刘敬宣等根本不可能在一两天之内从南燕都城广固逃至建康。

　　显然，《资治通鉴》元兴三年三月条的记载有误。从事件经过及人名
的雷同性来看，司隶校尉慕容逵谋反事与免逮、刘敬宣谋反事为一事甚
明。谋反发生在元兴二年，刘敬宣等逃至江南被委任为晋陵太守事在元兴
三年三月甚明。因所据南北史料在叙述上有所不同，《资治通鉴》未加甄
别，误记为二事③。

　　综上所述，南燕第一代君主慕容德称帝的第二年就发生了宗王之乱。
这同样是其宗族政治的产物。

　　南燕初期，慕容氏仍然是南燕政权最重要的统治核心。其中最具代表

---

① 《资治通鉴》东晋安帝元兴三年（404），第3567页。
② 陈垣：《二十史朔闰表》，中华书局1962年版，第62页。
③ 我们看到，《晋书》《宋书》对同一事表现出不同的记载，这源于南北史的史例不同。
前代学者言，南史记北朝事，更信于北史，于兹可证。《载记》言"司隶校尉慕容逵"，《宋书》
言"鲜卑大帅免逮"，《载记》皆为汉式职官、人名，《宋书》为胡族职官、人名。《载记》本于
十六国史，含有美化虚饰的成分自不待言，相比较而言，《宋书》更真实地保存了原初的面貌。
《宋书》的记载也为我们考察南燕的社会状况提供了线索。从"鲜卑大帅免逮"之职官、姓名来
看，南燕可能在相当的程度上仍维持着本族之部群，其民族的界限仍很分明。

的是慕容钟。慕容钟为慕容德从弟，是南燕开国元勋，"首议劝德称尊号"①；慕容德南迁之际，"遣慕容钟帅步骑二万"攻灭东晋幽州刺史辟闾浑②，遂定青齐。慕容德即位后，任为司徒。《慕容德载记》："闻桓玄败，德以慕容镇为前锋，慕容钟为大都督，配以步卒二万，骑五千，克期将发，而德寝疾，于是罢兵。"③从此条材料来看，慕容钟兼掌兵权。权力之重有类于慕容恪之在前燕。史言"（慕容德）政无大小，皆以委之"④。同时，慕容法为中军将军，慕容云为右卫将军，慕容达为司隶校尉，禁军将领皆为宗室，构成了南燕最核心的统治层。慕容超新即位，不得不承认这个统治集团的原有利益，"以慕容钟都督中外诸军、录尚书事，慕容法为征南、都督徐兖扬南兖四州诸军事，慕容镇加开府仪同三司、尚书令"⑤。慕容钟等的权势已严重威胁皇权⑥，而慕容超长于秦地——一个与鲜卑文化氛围完全不同的环境，必然与南燕的鲜卑贵族集团存在隔阂，这一点又加深了宗室贵族集团与皇权的矛盾，这种形势迫使慕容超采取了排抑原有的鲜卑贵族集团的措施。

> 超引所亲公孙五楼为腹心。备德故大臣北地王钟、段宏等皆不自安，求补外职。超以钟为青州牧，宏为徐州刺史。公孙五楼为武卫将军，领屯骑校尉，内参政事。封孚谏曰："臣闻亲不处外，羁不处内。钟，国之宗臣，社稷所赖；宏，外戚懿望，百姓具瞻；正应参翼百揆，不宜远镇外方。今钟等出藩，五楼内辅，臣窃未安。"超不从。⑦

慕容钟、慕容法等遂于州镇起兵反叛。这次叛乱与诸燕历次宗王叛乱有所不同，本质上源于宗王与皇权的矛盾，在此基础上，还带有不同的利益集

① 《晋书》卷127《慕容德载记》，第3164页。
② 同上书，第3166页。东晋侨立幽、冀州于青齐，幽州镇广固。
③ 《晋书》卷127《慕容德载记》，第3172页。
④ 《晋书》卷128《慕容超载记附慕容钟传》，第3185页。
⑤ 《晋书》卷128《慕容超载记》，第3176页。
⑥ 《晋书》卷128《慕容超载记》曰："超新即位，害钟等权逼。"第3176页。
⑦ 《资治通鉴》东晋安帝义熙元年（405），第3587页。

团之间的斗争的色彩①，由此成为以慕容钟为首的整个鲜卑贵族集团与皇权的矛盾，叛乱的参与十分广泛。

> 超寻遣慕容镇等攻青州，慕容昱等攻徐州，慕容凝、韩范攻梁父……慕容凝谋杀韩范，将袭广固。范知而攻之，凝奔梁父。范并其众，攻梁父克之，凝奔姚兴，慕容法出奔于魏。②

慕容超派去前往镇压的军队将领慕容凝倒戈投敌，在中央，慕容超"收其党侍中慕容统、右卫慕容根、散骑常侍段封诛之"③。上述参与叛乱诸人：慕容钟、慕容法、段宏、慕容凝、慕容统、慕容根、段封尽为鲜卑贵族，段氏与慕容世为婚姻，在异姓鲜卑中地位最高，地位亚于慕容宗室，可见这是南燕鲜卑贵族集团与皇权的斗争。

叛乱被平定，鲜卑贵族集团的势力遭到沉重打击，此后，南燕的政权结构大变。

隆安二年（398），慕容德于滑台称制，"以慕容麟为司空、领尚书令，慕容法为中军将军，慕舆拔为尚书左仆射，丁通为尚书右仆射，自余封授各有差"④。隆安四年，即帝位，"进慕容钟为司徒，慕舆拔为司空，封孚为左仆射，慕舆护为右仆射"⑤。以上除封孚为汉士族，皆为鲜卑贵族⑥，尤其是宗室集团。可见慕容德时期鲜卑宗室仍然是南燕最核心的统治阶层，汉士族的地位还没有真正确立，对南燕后期政权发生重大影响的韩𧨾、张华、韩范时分别任尚书和中书侍郎之职，地位不高。叛乱平定后，鲜卑贵族势力被铲除，新的统治力量填补了政权核心。一方面是来自秦地的慕容超的亲信故旧，"时公孙五楼为侍中、尚书，领左卫将军，专总朝政，兄归为冠军、常山公，叔父颜为武卫、兴乐公。五楼宗亲皆夹辅

---

① 慕容钟等属于鲜卑贵族集团，慕容超来自秦地——一个文化传统完全不同的环境，显然不属于这个利益集团。

② 《晋书》卷128《慕容超载记》，第3177页。

③ 同上。

④ 《晋书》卷127《慕容德载记》，第3164页。

⑤ 同上书，第3168页。

⑥ 北燕有太后丁氏，尚书丁信，族属不详，但皆已鲜卑化。南燕之丁通必为其族。可见鲜卑化的丁氏在诸燕政权中占有重要地位。

左右，王公内外无不惮之"①。另一方面是汉士族，韩范为尚书令，张华迁至尚书右仆射，韩诼为尚书左仆射兼领军将军，开创了诸燕汉人统领禁军的先例。

《宋书·武帝纪》记刘裕评南燕将士曰"鲜卑贪，不及远计"②；南燕将败，慕容镇谓韩诼曰"今年国灭，吾必死之，卿等中华之士，复为文身矣"③；此后刘裕克广固，"华戎欢悦"④；慕容德时有"鲜卑大帅免逮"。综此，南燕虽立国于汉文化深厚的青齐之地，并没有完全融入当地的汉族社会，很大程度上仍保持着民族组织、仍被视作"鲜卑"，与"华"区别为"夷"（戎）；同时保持着北族文化传统、谓汉士族为"中华之士"。由此可以想见，鲜卑兵仍为军队中最有战斗力的核心部分。刘裕与南燕的战争中，

> 超先遣公孙五楼、贺赖卢及左将军段晖等，将步骑五万屯临朐，闻晋兵入岘，自将步骑四万往就之，晋兵克临朐，"超大惊，单骑就段晖于城南。裕因纵兵奋击，燕众大败，斩段晖等大将十余人，超遁还广固……赦桂林王镇，以为录尚书、都督中外诸军事，引见，谢之，且问计焉。⑤

慕容超危急中奔段晖、赦慕容镇为全军统帅，足见战争仍需依恃鲜卑贵族，这一点也说明了南燕的军队仍以鲜卑兵为核心部分。慕容超打击鲜卑宗室贵族的同时，动摇了南燕军事基础，加速了政权的灭亡。有些研究者把南燕之灭亡归咎于慕容超统治之昏庸⑥，过于表面化，我们看到，南燕的覆亡有其政治体制的深层原因。

很多研究者对南燕之汉化给予高度评价："在文化领域内深层部分完成了重要转变。这种在文化深层上的根本转变，决定了慕容部的汉化不是表面的、肤浅的，而是实质性的、彻底性的汉化"，并从一少数民族政权

---

① 《晋书》卷128《慕容德载记》，第3180页。
② 《宋书》卷1《武帝纪》，第15页。
③ 《晋书》卷128《慕容超载记》，第3182页。
④ 《宋书》卷1《武帝纪》，第16页。
⑤ 《资治通鉴》东晋安帝义熙五年（409），第3616页。
⑥ 李森：《南燕史考论》，《潍坊教育学院学报》2002年第2期。

完全转化为一般意义上的割据政权。① 确实，由于地理环境等诸多因素，在诸燕政权中，南燕表现出最为强烈的汉化色彩，但是，这并不能掩盖其政权的民族性②，慕容鲜卑仍是政权之核心，完全与汉人的割据政权等同视之，是不符合历史实际的。

结　语

其实，慕容氏在昌黎时期已发生过宗王之乱。

> 初，皝庶兄建威翰骁武有雄才，素为皝所忌，母弟征虏仁、广武昭并有宠于廆，皝亦不平之。及廆卒，并惧不自容。至此，翰出奔段辽，仁劝昭举兵废皝。皝杀昭……③
> 慕容仁则自辽东举兵，兵败被杀。

自319年慕容廆灭平州刺史崔毖获得辽东之地后，即以慕容仁为辽东镇将、出镇平郭，至咸和八年（333）叛乱时，慕容仁出镇辽东已十五年，形成了很强的地方势力。但是很快被平定，没有造成什么损失。在这一点上，与诸燕的宗王之乱有很大不同。这是为什么呢？我们来看叛乱被平定的经过：

> （慕容皝）遣军祭酒封奕抚慰辽东。以高诩为广武将军，将兵五千与庶弟幼、稚、广威将军军、宁远将军汗、司马辽东佟寿共讨仁。④

在平叛诸军中，有汉人统率的军队如高诩及佟寿，其中高诩为主帅，此外还有配合军事行动进行政治瓦解的汉族官员，如封奕。高诩、佟寿皆为辽东郡望，佟寿曾为辽东司马，封奕祖父尝为东夷校尉，在辽东地区皆有一

---

① 李森：《鲜卑慕容氏诸燕汉化考述》，《潍坊教育学院学报》1998年第4期。
② 刘宇：《论晋灭南燕之战》（《镇江高专学报》1994年第1期）认为这是晋王朝丢失中原以后第一次消灭的非汉族的北方政权，亦视其为民族政权。
③ 《晋书》卷109《慕容皝载记》，第2815页。
④ 《资治通鉴》咸和八年（333），第2991页。

定影响，因此慕容皝派他们前往平叛。叛乱被平定后，以"杜群为辽东相，安辑遗命民"①。可见汉族士人在平定辽东叛乱时发挥了重要的作用。这是第一点。第二，再来看辽东地区的政治格局，除慕容仁为镇将据平郭，另有辽东太守、东夷校尉据襄平，皆任以汉官，牵制了慕容仁的行动，成为平定叛乱的基地。

总之，昌黎时期汉士人为一极具实力的政治势力，与慕容氏共同构成统治核心。汉人之分权一方面不会造成宗王过度权重的现象，另一方面即使叛乱发生，汉人往往是维护皇权、制衡叛乱的重要势力。由此造成了昌黎政权长期平稳发展、势力迅速扩张的局面。进入中原后，汉人被排斥、慕容氏成为唯一的权力核心，权力过度集中于少数宗室人物，造成了与前后赵相似的延绵不断的宗王之乱。谷川道雄认为诸燕宗室权重的根源是部落权力机制的发展，虽然我们不能认同这个结论，但是他也注意到诸燕宗王权重的现象，并指出与中原王朝的表现有很大不同，则与我们对这一问题的整体考述是相符的②。

---

① 《资治通鉴》东晋成帝咸和九年（334），第 2999 页。

② ［日］谷川道雄《隋唐帝国形成史论》，第 61—62 页。王希恩《五胡政权中汉族士大夫的作用及历史地位》认为："一些汉化很深而又一度比较强盛的少数民族政权，如慕容燕、姚秦、苻秦等最终没能站得住脚跟，怕也是与从汉族士大夫那里吸收的汉腐气过多有关。"其"汉腐气"指"愚腐的儒礼、陈旧的士族制度"。但从我们对慕容燕及前后二赵的考察来看，他们的灭亡与吸收"过多的汉腐气"的关系并不大，恰恰是排斥"汉化"、力图保持政权的民族性所形成的政治体制而致。

第 四 章

淝水之战后诸少数民族势力的兴起

淝水之战后，西迁鲜卑及山东的慕容垂各自利用不同的少数民族势力复国，统一后的后燕继承了这一成果，本族之外的少数民族力量成为慕容氏最重要的联盟，共同主宰着政坛，同时，在入主中原三十年后，"大单于"的胡族职官系统重新建立。这不仅远远背离了昌黎政局，而且也远非前燕所及。后燕灭亡后，退据龙城的北燕政权沿袭并深化了这一格局①，总之，慕容氏后期出现尤为浓重的鲜卑化潮流，与北魏的历史有某种相似性，因此，是一个很值得注意的问题。但迄今为止，尚未见到相关研究。

应当看到，上述局面的出现，与前燕的统治政策有内在的联系，是其鲜卑化政策在一定条件下的扩大与深化。慕容氏与其他少数族势力的结合，虽然是在复国的背景下实现的，具有一定的偶然性，但自前燕以来以鲜卑为核心、排抑汉人的政治体制已为与其他少数民族势力的结合及大单于制的重新建立奠定了基础。

第一节　复国运动的道路

慕容氏淝水之战后的复国运动，表现出一个很鲜明的特点，即其他少数族成为慕容氏所依靠的最重要力量。

先看西迁鲜卑的复国运动。后主慕容暐欲于长安城中发动政变，《魏书·徒河慕容暐传》曰："时鲜卑在秦者犹有千余人，暐令其帅悉罗腾、屈突铁侯等潜告之曰'官今使吾外镇，听旧人悉随。可于某日会集某

---

① 一般把汉人冯跋建立的政权称为北燕，为行文方便，把慕容氏退据龙城后的延续政权亦称为北燕。

处。'"① 悉罗腾、屈突铁侯分别为乌桓、库莫奚族，前文所辨甚详，兹不赘述。则为慕容暐所倚重的二帅皆为慕容氏之外的胡人。此一例。

《资治晋书》："（慕容）泓谋臣高盖、宿勤崇等以泓德望后冲，且持法苛峻，乃杀泓，立（慕容）冲为皇太弟，承制行事，自相署置。"② 试析高盖、宿勤崇之族属。汉姓、高句丽皆有高氏，并且皆有入于慕容氏者。慕容冲时，高盖为尚书令及重要的军事统帅。太元十年（385），"冲又遣其尚书令高盖率众夜袭长安，攻陷南门，入于南城。左将军窦冲、前禁将军李辩等击败之，斩首千八百级，分其尸而食之"③。"乙亥，高盖引兵攻渭北诸垒，太子宏与战于贰壁，大破之，斩首三万。"④《姚苌载记》："慕容冲遣其车骑大将军高盖率众五万来伐，战于新平南，大破之，盖率麾下数千人来降，拜散骑常侍。"⑤ 同时，高盖擒前秦将仇池氏杨定、养以为子。从这些事迹来看，高盖更接近北族武人的文化面貌，出身高句丽的可能性较大。而宿勤崇为匈奴族⑥。慕容泓为后主慕容暐之兄，淝水之战后在长安地区首先树立反秦大旗，成为关西复国运动的领袖，为西燕政权之缔造者。在诛杀慕容泓这样重大的事件中，关键人物亦为慕容氏之外的胡人。此第二例。

《资治通鉴》太元十一年（386），"西燕主冲乐在长安，且畏燕主垂之强，不敢东归，课农筑室，为久安之计，鲜卑咸怨之，左将军韩延因众心不悦，攻冲，杀之，立冲将段随为燕主"。⑦ 段随必为段部鲜卑无疑，慕容氏之外的胡人被立为燕主。此第三例。

太元十九年（394），对峙已久的西燕与后燕展开激烈的决战。慕容永以慕容友守晋阳，刁云、慕容钟守潞川，镇东将军段平守沙亭，征东将军小逸豆归、镇东将军王次多、右将军勒马驹戍台壁，侍中兰英参议军事。结果，王次多部将勿支、大逸豆归部将伐勤开城门纳后燕军，西燕由

① 《魏书》卷95《徒何慕容廆传附暐弟冲传》，第2063页。
② 《晋》卷114《苻坚载记下》，第2911页。
③ 同上书，第2925页。
④ 《资治通鉴》东晋孝武帝太元十年（385），第3340页。
⑤ 《晋书》卷116《姚苌载记》，第2966页。
⑥ 陈连庆认为：宿勤氏至少有两个来源：一为鲜卑慕容部固有之宿勤氏，另一为匈奴赫连氏所改之宿勤氏，《中国古代少数民族姓氏研究》，第67页。姚薇元认为："宿勤"应当是铁弗匈奴的姓氏"宿六斤"的省译，《北朝胡姓考》，第155页。笔者觉得姚氏的说法更准确。慕容氏的前期历史中没有见到宿勤氏，是在西燕的历史中出现的。宿勤氏活动在秦陇地区，应当是在慕容氏西迁长安后加入的，并非慕容氏固有的姓氏。
⑦ 《资治通鉴》东晋孝武帝太元十一年（386），第3359页。

是败亡。此中出现的人物，段平出身于段氏鲜卑，兰英出自宇文鲜卑，小逸豆归、王次多、勒马驹、勿支、大逸豆归、伐勤诸人族属不详，但就其姓氏而言，必为慕容氏之外的胡族无疑。此第四例。

可见，慕容氏之外的诸少数民族——这支在昌黎和前燕未曾获得重要地位的势力，在淝水之战后的复国运动中奋然崛起，与慕容氏共同主宰政坛之沉浮，段氏鲜卑甚至被立为燕主就是最好的例证。

前燕灭亡后，苻坚"迁鲜卑四余万户于长安"，鲜卑主体被西迁。在淝水之战后的复国运动中，陆续集结于西燕政权之下。太元十一年（386），慕容永"率鲜卑男女四十余万口去长安而东"[①]，鲜卑西迁时有四万余户，每户以五口计之，共二十余万，至东归之时三四十余万口，是则西迁鲜卑及其后蕃育人口皆聚集在一起。故史家感叹曰："鲜卑西迁不过数年，至兹种类繁盛如此。"[②] 鲜卑部众的聚合为他们重建胡族政权提供了条件。不久，西燕刁云等杀西燕主慕容忠，推慕容永为"大都督、大将军、大单于、雍秦梁凉四州牧、河东王"[③]。从永和八年（352）前燕以左贤王慕容友为范阳王之后[④]，至此相隔三十余年，大单于之胡族部酋的称号重新出现于慕容鲜卑的历史，标志着西燕确立了胡族政体。西迁鲜卑的复国运动达到高潮。

以上是西迁鲜卑的反汉化潮流。再看慕容垂的复国运动。

由于前燕时期慕容垂与皇室存在激烈的矛盾，导致二者走上了不同的复国道路。前燕遗存的鲜卑主体大都集结于西燕政权下，慕容垂则依靠本族之外的少数族势力开展复国大业。

淝水之战后，慕容垂初至山东，前秦冀州牧苻丕给"羸兵二千及铠仗之弊者"使诣河南讨伐丁零翟斌，行至安阳，"壬午，夜，垂遣世子宝将兵居前，少子隆勒兵从己，令氐兵五人为伍，阴与宝约，闻鼓声，前后合击氐兵及飞龙，尽杀之"[⑤]，遂举兵叛秦。可见最初慕容垂乃依靠苻氏所给"羸兵"中的一部分杀氐人而起义，除宗亲子弟数人之外，并无自

① 《资治通鉴》东晋孝武帝太元十一年（386），第3363页。《魏书》卷95《徒何慕容廆传附从孙永传》曰："率鲜卑男女三十余万口……去长安而东"，第2064页。因无关宏旨，不作讨论。兹取《资治通鉴》。

② 《资治通鉴》东晋孝武帝太元十一年（386）胡注，第3363页。

③ 《魏书》卷95《徒何慕容廆传附从孙永传》，第2064页。

④ 前燕的左贤王慕容友与上引西燕大将慕容友为两人。

⑤ 《资治通鉴》东晋孝武帝太元八年（383），第3318页。

己的势力。丁零翟斌归降，慕容垂拒之，翟斌长史郭通说曰："将军所以拒通者，岂非以翟斌兄弟山野异类，无奇才远略，必无所成故邪？独不念将军将军今日凭之，可以济大业乎？"① 一语道破慕容垂要想实现大业必须依靠外来势力的孤弱之势。慕容垂遂纳丁零之降。

同时，慕容垂遣子慕容农诣列人募兵，《资治通鉴》中有一段很生动的记载：

> 慕容农之奔列人也，止于乌桓鲁利家，利为之置馔，农笑而不食，利谓其妻曰："恶奴，郎贵人②，家贫无以馔之，奈何？"妻曰："郎有雄才大志，今无故而至，必将有异，非为饮食而来也。君亟出，远望以备非常。"利从之。农谓利曰："吾欲集兵列人以图兴复，卿能从我乎？"利曰："死生唯郎是从。"利乃诣乌桓张骧，说之曰："家主已举大事，翟斌等咸相推奉，远近响应，故来相告耳。"骧再拜曰："得旧主而奉之，敢不尽死！"于是农驱列人居民为士卒，斩桑榆为兵，裂襦裳为旗，使赵秋说屠各毕聪。聪与屠各卜胜、张延、李白、郭超及东夷余和、敕勃、易阳乌桓刘大，各帅部众数千赴之。……于是步骑云集，众至数万。③

文中乌桓鲁利、张骧与慕容农的关系甚为密切，称为"旧主"，疑其为随慕容氏南下的辽东乌桓，与早就内徙中原的乌桓不同。不管怎样，慕容农利用乌桓鲁利的影响召集了一大批人，乌桓是其中最重要的一部分。虽说他们已在列人定居，但可能仍在很大程度上保留着部族组织，鲁利、张骧等人的身份可能是部落帅，所以"各帅部众数千"赴之。这也可以从其后的史料记载中证明这一点。《晋书·苻坚载记下》："垂引丁零、乌丸之众二十余万，为飞梯地道以攻邺。"④ 这正是慕容农帅列人之兵与慕容垂会师于邺地以后的事情，丁零为前述归降的翟斌之属，乌桓则为于列人募得的鲁利、张骧之属。此外，慕容农使参军綦毋縢击前秦将石越的前

---

① 《资治通鉴》东晋孝武帝太元九年（384），第3320页。
② 《资治通鉴》此处的断句有误，当为"恶奴郎，贵人"，"恶奴"是慕容农的小名，"郎"为对贵公子的称呼。
③ 《资治通鉴》东晋孝武帝太元九年（384），第3321页。
④ 《晋书》卷114《苻坚载记下》，第2919页。

锋，破之；夜袭石越营，"牙门刘木请先攻越栅……木乃帅壮士四百腾栅而入，秦兵披靡，农督大众随之，大败秦兵，斩越，送首于垂"①。陈连庆曰綦毋氏、刘氏皆为匈奴姓氏②，綦毋滕、刘木为列人所募得之屠各甚明。

总之，丁零、乌桓成为慕容垂复国运动初期最重要的势力。此外，又陆续募得一些其他的少数民族力量。"农间召库傉官伟于上党，东引乞特归于东阿"③。库傉官氏最初为活动于幽州的乌桓部族④。后内徙中国，居于上党，先隶属于石赵及前燕、前秦，但一直保持着独立的势力。故能于此时"率营部数万"降燕。关于乞特归，《资治通鉴》胡注："东阿县，汉属东郡，晋属济北国，唐属济州"⑤，正是段部鲜卑段龛活动过的青齐之地。段氏在辽西之时有首领乞特真⑥，疑此乞特归即为段部鲜卑。384年，"故夫余王余蔚为荥阳太守，及昌黎鲜卑卫驹各帅众降垂"⑦。余蔚即燕秦交战时"率扶余、高句丽及上党质子五百余人，夜开城门以纳坚军"者⑧。他的统下必包括许多由前秦配给的夫余、高句丽之众。至于卫驹部，为一完整的鲜卑部落甚明。慕容垂攻邺之时，史称"东胡王晏拒馆陶，为邺中声援，鲜卑、乌桓及郡县民据坞壁不从燕者尚众"，鲜卑、乌桓与郡县民分别叙述，表明是部落组织，慕容垂遣慕容楷等攻讨，"于是鲜卑、乌桓及坞民降者数十万口。楷留其老弱，置守宰以抚之，发其丁壮十余万，与（东胡）王晏诣邺。"⑨"置守宰以抚之"的当为郡县民，鲜卑、乌桓之属当多被徙于邺城听用。

综上所述，我们看到，前燕时期大多寂然无声的少数民族势力在复国运动中一下子就崛起了。这是为什么？笔者思考原因有二。从前燕灭亡至复国运动，又已经过了二十多年，段部、宇文与慕容氏同被前秦统治者置于长安畿甸生存共处，彼此的融合有了进一步的发展。这是第一点。第

① 《资治通鉴》东晋孝武帝太元九年（384），第3323页。
② 见《中国古代少数民族姓氏研究》匈奴綦毋氏条、屠各刘氏条，第32、48页。
③ 《资治通鉴》东晋孝武帝太元九年（384），第3322页。
④ 参见辛迪《关于库傉官氏的族属》，《内蒙古师范大学学报》2001年第4期。
⑤ 《资治通鉴》东晋孝武帝太元九年（384），第3322页。
⑥ 《晋书》卷106《石季龙载记上》：石虎灭段国，"辽单马窜险，遣子乞特真送表及名马，季龙纳之。"第2767页。
⑦ 《资治通鉴》东晋孝武帝太元九年（384），第3320页。
⑧ 《晋书》卷111《慕容暐载记》，第2854页。
⑨ 《资治通鉴》东晋孝武帝太元九年（384），第3326页。

二，十六国初期，汉人坞壁曾是宗族自保、抗击胡族侵略的重要军事组织，但是经过多次战乱，早已残破、不能复立[①]。而少数民族的部落组织则是可以利用的极好的军事力量，一是因其力量较为集中，二是胡族一般具有较强的战斗力。当然，在频繁的政权更迭与战乱迁徙中，这些少数民族的部落组织也不可能保存得很完整，甚至有的已经被强制解散，但是，相对于汉人，他们更容易以民族的纽带联系起来。列人乌桓、屠各在首领张骧、李白等的召集下，立刻聚集而为一部落军事实体就是一个明显的例证。我们看到，慕容垂在复国运动中吸收的诸胡多类于此。这种深层的社会民族的背景决定了慕容氏胡族色彩的复国道路。

综上所述，淝水之战后，慕容氏与其他胡族的结合具有一定的偶然性，是在复国运动需要军事力量之条件下实现的。但是，我们也应当看到，这种局面的出现与前燕的统治政策有内在联系。慕容氏进入中原后实行排抑汉人、本族集权的措施，保证了政权的民族性，亦为今后与其他少数民族的合作及胡族政体的重建奠定了基础。

第二节　后燕的建立及政治格局的形成

总之，慕容垂吸收诸胡族力量取得复国运动的胜利、建立了后燕政权，胡族色彩的复国道路决定了后燕的政治格局。

《资治通鉴》太元十三年（388），慕容垂立夫人段氏为皇后，以太子宝为大单于，明确建立了胡族职官系统[②]。《魏书·食货志》："既定中山，分徙吏民及徒河种人工伎巧十余万家以充京都，各给耕牛，计口授田。"[③]如若不是实行胡汉分治，怎么能区别出徒何种人？《魏书·太宗纪》：魏

---

① 《晋书·慕容儁载记》慕容氏进入中原之始，"张平跨有新兴、雁门、西河、太原、上党、上郡之地，垒壁三百余，胡晋十余万户，遂拜置征、镇，为鼎跱之势。儁遣其司徒慕容评讨平，领军慕舆根讨鸢，司空阳骛讨昌，抚军慕容臧攻历。并州垒壁降者百余所，以尚书右仆射悦绾为安西将军、领护匈奴中郎将、并州刺史以抚之。平所署征西诸葛骧、镇北苏象、宁东乔庶、镇南石贤等率垒壁百三十八降于儁，儁大悦，皆复其官爵。既而平率众三千奔于平阳，鸢奔于野王，历走荥阳，昌奔邸陵，悉降其众"。第2839页。

② 《资治通鉴》太元十八年（393）又记慕容垂"加太子宝大单于"，似乎与前条史料相矛盾。考《晋书慕容垂载记》曰："（慕容垂）立夫人段氏为皇后。又以宝领侍中、大单于、骠骑大将军、幽州牧。"是慕容宝于太元十三年（388）领大单于，至太元十八年（393）正式任职。

③ 《魏书》卷110《食货志》，第2849页。

泰常元年（416），"徙河部落库傉官斌先降，后复叛归冯跋"①。乌丸库傉官氏自复国运动时投靠慕容垂，至此仍保留着部落组织，这只有在后燕实行胡汉分治的条件下才可能实现。要之，前燕一度取消的胡汉分治体制在后燕政权中重新建立起来。这是第一点，就政治制度而言，后燕比前燕表现出更强烈的鲜卑化色彩。

下面我们再来看政治势力的构成。太元九年（384），"慕容垂依晋中宗故事，称大将军、大都督、燕王，承制行事……以弟德为车骑大将军，封范阳王；兄子楷为征西大将军，封太原王；翟斌为建义大将军，封河南王；余蔚为统东将军，封扶余王；卫驹为鹰扬将军，慕容策为建策将军"②。此外，乌丸库傉官伟为安定王，张骧辅国将军，刘大安远将军，鲁利建威将军。可见复国运动中的主要领导人物除慕容垂子弟宗亲，皆为诸少数民族首领。而且，"以前岷山公库傉官伟为左长史，前尚书段崇为右长史"③，事务性的文官亦任以胡人，完全取代了汉人的地位。这是复国运动时期的任官。后燕之建立，某种意义上是复国运动胜利的成果，因此把这一格局沿袭下来。

表4-1　　　　　　　　　　后燕职官（部分）

官职	人名
太师	库傉官伟
太傅	余蔚
都督中外诸军事、大司马、录尚书事	慕容农
太尉	库傉官伟
司徒	慕容德
司空	慕容楷　慕容农　张崇　高庆
录尚书事	慕容宝
尚书令	慕容德　可足浑潭　慕容农（领）
左仆射	慕容楷　余蔚　慕容麟　慕容农
右仆射	慕容温　慕容麟　慕容绍　慕容隆

① 《魏书》卷3《太宗明元帝纪》，第56页。
② 《资治通鉴》东晋孝武帝太元九年（384），第3321页。
③ 同上书，第3323页。

我们看到，除高庆、张崇外，上述任职者皆为慕容氏及复国运动时被吸纳的诸胡，他们构成后燕的最高统治阶层。《北史》记渤海高庆曾任后燕司空①，据前人研究，北齐皇室本出自高句丽②，攀附家世为渤海高氏、对其极尽溢美之词，故高庆曾为后燕司空实不可信，《资治通鉴》无载。张崇乃前秦降将③，故以高位尊崇之。要之，昌黎时期的汉大族被排除其外。前燕虽已厉行建立以本族构成的权力核心，但是，形式上仍保持着士族的地位，汉人与鲜卑分任之太尉、司马、司徒、司空的比例一直是2：2，同时，汉人为尚书令、仆射者不乏其人。至此后燕，即使形式上，汉士族亦被排除其外，慕容氏及其他少数民族共同构成最高统治阶层④。这是第二点，就政治格局而言，慕容氏之外的胡人取代了汉士族的地位。

后燕末期政局动荡，各种少数民族势力踊跃而起，为慕容氏所倚重，显示出他们是这个政权的重要政治势力。魏围中山，燕主慕容宝出奔龙城，与龙城镇将慕容会会师于蓟城，"遣西河公库傉官骥帅兵三千助守中山"⑤。时中山城中立慕容详为主，"库傉官骥入中山，与开封公详相攻，详杀骥，尽灭库傉官氏"。"又杀中山尹苻谟，夷其族……以新平公可足浑潭为车骑大将军、尚书令"，寻又杀之。⑥库傉官骥为乌丸，可足浑潭为辽东鲜卑，已如前所述。苻谟为氐族，前秦宗室，淝水之战后降于后燕。可足浑潭官至尚书令、苻谟为中山尹，而库傉官骥则握有来自龙城的军队，他们皆有一定政治势力，故为慕容详所嫉杀。这是第三点，燕魏之际的政治作为显示了他们是这个政权的重要力量。

正因为后燕给予这些少数民族极高的政治地位，二者结成了紧密的政治同盟。所以当后燕面临生死存亡的考验之时，这些胡族势力表现出极大的忠诚。

① 《北史》卷31《高允传》，第1117页。

② 参考姚薇元《北朝胡姓考》"高氏"条，第138页。

③ 《晋书》卷114《苻坚载记下》："刘牢之伐兖州，坚刺史张崇弃鄄城奔于慕容垂。"第2923页。

④ 李椿浩《十六国政权政治体制研究》统计后燕州牧中鲜卑慕容宗室、夷族、汉族的比率约为7：1：2，郡国太守与内史中鲜卑慕容氏宗室、夷族、汉族的比率约为1：1：8（第67页），比起前燕，汉人所占比例有所下降（前燕州牧中鲜卑慕容氏宗室、夷族、汉族的比率约为4：1：5，郡太守中鲜卑慕容氏宗室、夷族、汉族的比率约为1.5：1：18），可见不仅是中央，地方系统上汉人的政治势力也进一步被排斥。

⑤ 《资治通鉴》东晋安帝隆安元年（397），第3446页。

⑥ 同上书，第3454页。

　　397年冬十月，魏克中山，后燕的都城沦陷，结束了在中原的统治。但是，库傉官氏的残余势力继续反魏。398年三月，"渔阳群盗库傉官韬聚众反，诏中坚将军伊谓讨之"①。秋七月，"渔阳乌丸库傉官韬复聚党为寇"②，可见这次反叛的力量很强，魏两次出兵才最后平定。

　　再如乌丸张骧之例。关于张骧，《魏书》出现多次记载。魏克信都，"（慕容）宝辅国将军张骧、护军将军徐超率将吏已下举城降"③。中山被围，"宝将李沈、王次多、张骧、贾归等来降"④。慕容宝奔龙城后，中山城中复立慕容详为主，"普邻（慕容详）遣乌丸张骧率五千余人出城求食，寇常山之灵寺，杀害吏民"⑤。这些记载中出现的张骧是否为一人？史言魏克中山，"其（慕容详）所署公卿、尚书、将吏、士卒降者二万余人。其将张骧、李沈、慕容文等先来降，寻皆亡还，是日复获之，皆赦而不问"⑥。可见多次出现的张骧确实为一人，在形势紧迫之时多次降魏，但结果总是叛逃回来、十分忠于慕容氏，是后燕遗存于中原的抗击北魏的重要将领。《魏书·太祖纪》："乌丸张骧子超，收合亡命，据党三千余家，据渤海之南皮，自号征东大将军、乌丸王，抄掠诸郡，诏将军庾岳讨之。"⑦ 张骧为乌丸之族，人名、族属皆相符合，其为复国运动时归附的列人乌丸张骧甚明，其家族对后燕政权表现出极大的忠诚。

　　再如夫余余崇之例。中山被围，龙城镇将慕容会帅兵赴援，

　　　　使征南将军库傉官伟、建威将军余崇将兵五千为前锋。……时道路不通，伟欲使轻车前行通道，俟魏强弱，且张声势，诸将皆畏避不欲行。余崇奋曰："今巨寇滔天，京都威逼，匹夫犹思致命以救君父，诸君荷国宠任，而更惜生乎！若社稷倾覆，臣节不立，死有余辱，诸君安居于此，崇请当之。"伟喜，简给步骑五百人。崇进至渔阳，遇魏千余骑，崇谓其众曰："彼众我寡，不击则不得免。"乃鼓噪直进，崇手杀十余人。魏骑溃去，崇亦引还。斩首获生，具言敌中

① 《魏书》卷2《太祖纪》，第32页。
② 同上书，第33页。
③ 同上书，第28页。
④ 同上书，第29页。
⑤ 同上书，第30页。
⑥ 同上书，第31页。
⑦ 同上书，第33页。

阔狭，众心稍振。会乃上道徐进，是月，始达蓟城。①

在后燕危亡之际，余崇表现出极大的忠诚。这与燕秦决战之时，"夫余王余蔚帅夫余高句丽及上党质子开鄴北门纳秦兵"的行为形成了鲜明的对比。总之，在后燕政权中，慕容氏与其他少数民族势力已真正地结合为政治同盟，因此才表现出这样截然不同的态度。

因此，后燕在中原的统治结束后，这些胡族的一部分追随慕容氏退据龙城。泰常元年（416），斩"冯跋幽州刺史、渔阳公库傉官昌，征北将军、关内侯库傉官提等首，生擒库傉官女生，缚送京师"②，此为乌丸库傉官氏随慕容氏退至龙城出仕北燕者。北燕慕容盛建平元年（398）：

> 有李旱、卫双、刘志、张豪、张真者，皆盛之旧昵，兰穆引为腹心。旱等屡入见盛，潜结大谋。会穆讨兰难等斩之，大飨将士，汗、穆皆醉。盛夜因如厕，袒而逾墙，入于东宫，与李旱等诛穆，众皆踊呼，进攻汗，斩之。③

此中之卫双必为复国运动时归附慕容垂的昌黎鲜卑卫驹之族；乌桓多有张、刘之姓者，疑此张豪、张真、刘志之属亦即当年的列人乌桓张骧、刘大之族随慕容氏北迁者。《慕容盛载记》：燕慕容盛建平六年（魏天兴元年），慕容奇与丁零严生、乌丸王龙阻兵叛盛④。汤球《十六国春秋辑补》：燕慕容熙光始中（魏天兴四年至天赐三年），丁零民杨道猎于白鹿山，为契丹所获。漂流塞外，至大难北及大黎国，逐水草而射猎为业。至十月，乃收苇为称，水浇令冻，高一丈五尺，东西七八十里，南北二十余里，名凌城，居其中。后降于冯跋⑤。《史记·匈奴列传》索隐引《魏略》曰："丁零在康居北，去匈奴庭接习水七千里。"⑥ 则丁零最早居于塞北。其后有内迁者，居于太行山脉，亦有留于北荒者。但《十六国春秋

---

① 《资治通鉴》东晋安帝隆安元年（397），第3442页。
② 《魏书》卷3《太宗明元帝纪》，第56页。
③ 《晋书》卷124《慕容盛载记》，第3099页。
④ 同上。
⑤ 汤球：《十六国春秋辑补》，商务印书馆1937年版，第684页。
⑥ 《史记》卷110《匈奴列传》，第2893页。

辑补》和《慕容盛载记》中出现的丁零活动于慕容氏立国的昌黎地区，且会筑城，不似留于北荒之丁零，当为随慕容氏北迁者。[①]

第三节　北燕对后燕之承袭及发展

后燕灭亡后，慕容氏退据龙城重建政权，为行文方便，本书称为北燕。许多少数族随慕容氏北上，北燕承袭了后燕的政治格局。同时，又立国于少数民族风习强烈的龙城之地，表现出强烈的鲜卑化色彩。中山沦陷的同时，邺城守降慕容德率领大批河北士族南迁青齐、建立南燕，随慕容德南下之慕容鲜卑数量较少，因此河北大族是南燕所依恃的重要统治力量，被给予极高的政治地位，从而表现出较强的汉化色彩[②]，北燕和南燕走上了不同的发展道路。

首先我们来考证北燕对后燕政治格局的承袭，包括政治势力及政治体制两个方面。

表 4－2　　　　　　　　　　　　　　北燕官吏

官职	人名及出处[③]		
	鲜卑	族属不明者	汉人
司徒	慕容元[2－3486]		
侍中	慕容熙[2－3476]　悦真[2－3472]		孙勍[1－3103]
散骑常侍	余超[2－3491]		
光禄大夫	卫驹[2－3556]		
尚书令	慕容根[2－3476]　慕容元[2－3486]　慕容渊[2－3534]		
尚书左仆射	慕容根[2－3472]　慕容熙[1－3105]	张通[2－3476]	
尚书右仆射	卫伦[2－3476]	王滕[2－3534]	韦瑵[1－3107]

---

① 谭其骧《记五胡元魏时之丁零》也持同样看法："慕容宝自中山还走龙城，其后辽西亦有丁零，盖系随宝而北迁者，此可推度而知者也"，氏著《长水集》，人民出版社1987年版。

② 李森认为南燕之汉化"不是表面的、肤浅的，而是实质性的、彻底性的汉化"，《鲜卑慕容氏诸燕汉化考述》，《潍坊教育学院学报》1998年第4期。

③ 出处"1"代表《晋书》，"2"代表《资治通鉴》，"3"代表《魏书》，横杠后所连接的是页码，如"2—3486"代表《资治通鉴》的第3486页。

续表

官职	人名及出处		汉人
	鲜卑	族属不明者	
尚书	段成[2-3486]　卫伦[2-3472]	刘木[1-3106]　王滕[2-3472] 丁信[1-3104]　鲁恭[2-3472]	阳璆[1-3100]
中书监、令			阳哲[2-3472] 常忠[1-3100]
秘书监		郎敷[1-3100]	
中领军	慕容熙[1-3105]　慕容提[2-3527] 宇文拔[2-3530]　慕容拔[2-3599]	张通[2-3472]	
中卫将军	卫双[2-3486]	冯跋[1-3107]	
左卫将军		张兴[1-3107]	
前将军	卫双[2-3476]　段玑[1-3104]		
后将军		张豪[2-3476]	
左将军	高和[2-3491]　慕容国[1-3104]		
右将军		张真[2-3476]	
司隶校尉	慕容熙[2-3476]	张显[1-3105]	
卫尉	悦真[2-3556]		
步兵校尉		马勒[2-3476]　张佛[2-3527]	
城门校尉	和翰[2-3486]		
殿上将军	段瓒[1-3104]　秦兴[1-3104]		
侍御郎	冯素弗[2-3598]		
杂号将军	慕容崇[2-3476]　慕容拔[2-3527]	孟广平[1-3103]　张顺[2-3476] 李旱[2-3476]	
幽州刺史	慕容懿[1-3106]　慕容豪[2-3476]	留志[2-3486]	
青州刺史	悦真[2-3556]		
并州刺史	卫驹[2-3556]		
平州刺史	慕容归[2-3541]		
营州刺史	仇尼倪[1-3106]		
冀州刺史		刘木[1-3106]	

续表

官职	人名及出处		
	鲜卑	族属不明者	汉人
昌黎尹		张顺[2—3476]　留忠[2—3486]	
燕郡太守			高湖[3—36]
辽西太守		李朗[1—3102]	邵颜[2—3586]
石城令	高和[1—3105]		
襄平令	段登[2—3508]		

为了更好地分析后燕政治势力的构成，我们先对大量的族属不明者进行考察。

慕容盛光复燕室之时，款结李旱、卫双、刘志、张豪、张真之属。其中，卫双为复国运动中归附慕容垂的昌黎鲜卑卫驹之族。其他诸人虽族属不能详辨，但已鲜卑化甚明。慕容盛即位后"并赐姓慕容氏"[①]，"李旱自辽西还，闻盛杀其将卫双，惧，弃军奔走"[②]，则他们的关系甚为密切，疑其亦为复国运动中同时归附慕容垂的少数民族势力，张豪、张真为列人乌桓张让之属，刘忠为易阳乌桓刘大之属，李旱为列人屠各李白之属。

出仕北燕的张氏有多人。慕容盛即位后，以张通为中领军，不久又以"张豪为后将军……张顺为镇西将军、昌黎尹，张真为右将军，皆封公"[③]。疑张豪、张真、张顺、张真同族，家族势力多集中于京畿禁卫系统。不久，"盛幽州刺史慕容豪、尚书左仆射张通、昌黎尹张顺谋叛，盛皆诛之"[④]。慕容豪即张豪，因赐姓慕容氏而称为慕容豪。他们同时谋反伏诛，很可能是同族连坐。

北燕官职表中有尚书刘木。复国运动时，"牙门刘木请先攻越栅……木乃帅壮士四百腾栅而入，秦兵披靡，农督大众随之，大败秦兵，斩越，送首于垂"。这是慕容农募取列人之兵后进攻前秦军队的事情。刘木当为易阳乌桓刘大之属，为随慕容氏北上者。

---

① 《资治通鉴》东晋安帝隆安二年（398），第3476页。
② 《晋书》卷124《慕容盛载记》，第3103页。
③ 《资治通鉴》东晋安帝隆安二年（398），第3476页。
④ 《晋书》卷124《慕容盛载记》，第3100页。

尚书鲁恭。复国运动中有列人乌桓鲁利，疑鲁恭即其族。

可见，复国运动中归附慕容垂的诸胡在后燕结束中原的统治后，有很大一部分随其北上，成为北燕重要的政治势力。

此外的诸人，虽族属、来历不能详，就其事迹来看，也已经鲜卑化①。

龙城地区为慕容氏的发祥地，具有浓厚的鲜卑风习。慕容氏南下后，这里仍为多种少数部族的生息之地。前秦灭燕，以苻洛为安北将军、幽州刺史，镇龙城。太元五年（380），苻洛反，"分遣使者征兵于鲜卑、乌丸、高句丽、百济及新罗、休忍等诸国，并不从"②。此时的鲜卑、乌丸皆未有统一政权，此处的"国"指少数民族的"部"甚明。北燕主冯跋的先祖为西燕慕容永的将领，在西燕灭亡后被谪徙龙城，"既家昌黎，遂同夷俗"③。可见龙城地区的鲜卑化是很厉害的。我们看到，在北燕的职官表中，除司徒、尚书令等高层中枢之官，仍由慕容氏及其他少数民族专任，表现出与后燕政治同样的特点；除此之外，汉人任职者仅寥寥数人，在总数上，大大低于后燕，表现出更为强烈的鲜卑化色彩。这不仅仅源自对后燕政治格局的承袭，同时龙城区域的强烈夷风加深了这一特点④。

---

① 《资治通鉴》东晋安帝隆安五年（401）："中领军慕容提、步兵校尉张佛等谋立故太子定，事觉，伏诛"，第3527页。《资治通鉴》东晋安帝隆安三年（399）："燕昌黎尹留忠谋反，诛。事连慕容根、段成。并收幽州刺史留志同诛"，第3486页。张佛、留忠谋反连及鲜卑贵族慕容氏、段氏诸人。可见他们彼此之间有着较为密切的关系，属于同一政治派别；而且出任武职。就文化内涵而言，已鲜卑化。《资治通鉴》东晋安帝义熙元年（405）："燕辽西太守邵颜有罪，亡命为盗"，第3586页。通检《中国古代少数民族姓氏研究》，并无邵姓。邵颜当属汉族。史言其获罪而"亡命为盗"，亦非传统意义上的文化士族，可能也已经鲜卑化。

② 《晋书》卷113《苻坚载记上》，第2902页。

③ 《魏书》卷5《海夷冯跋传》，第2126页。关于冯跋的族属，史学界一般认为是长乐信都的汉人，三崎良章《北燕の鲜卑化について》（早稻田大学本庄高等学院《研究纪要》第二十一号）认为并非如此，因为相对于《晋书》把这个时期的汉人政权前凉、西凉列成《张轨列传》、《凉武昭王李玄盛列传》，北燕却如其他少数民族政权一样列入载记中，可见北燕与汉人政权前凉、西凉不同。笔者认为三崎良章所说的原因并不能证明冯氏非汉人，把北燕列入载记的最主要的原因是冯氏承慕容燕之统早已经与东晋割断了臣属关系并且政权已鲜卑化。史言冯氏"长乐信都人"，郡望清晰，其原为中原汉人当无疑义。李红艳《从信都冯氏看北方民族的融合》（《北朝研究》1996年第3期）也认为冯氏是长乐信都的汉人，不过鉴于当时河北地区的胡化，有可能沾染了当地的胡俗，这是也有可能的。

④ 李椿浩：《十六国政权政治体制研究》（北京师范大学历史博士学位论文，2001年）认为后燕退据龙城后的政权中"慕容宗室在内的北方民族贵族的作用远远超过汉族士人，这是此期在任命中央官职上所具有的不同于前期的特点"，也反映了北燕政权鲜卑化加深的问题。

这一特点表现在政治上，就是鲜卑化的武人操纵着北燕政局。

隆安二年（398），慕容宝兴兵南下欲光复中原，"长上段速骨、宋赤眉等因众心之惮征役，遂作乱……杀乐浪威王宙、中牟熙公段谊及宗室诸王"，欲立慕容隆子慕容崇，"长上阿交罗，段速骨之谋主也，以高阳王崇幼弱，更欲立农。崇亲信馥让、出力犍等闻之，丁酉，杀罗及农。速骨即为之诛让等。农故吏左卫将军宇文拔亡奔辽西……兰汗袭击速骨，并其党尽杀之"①。其中，段速骨、段谊为段氏鲜卑；兰汗、宇文拔为宇文鲜卑；宋赤眉、阿交罗、出力犍、馥让族属不详，从其姓名来看，必为鲜卑化的胡人无疑。

此后，北燕易主，慕容氏失其皇统，高氏、冯氏迭相为主，但是仍然无法改变这种局面。张金龙《北燕政治史四题》认为冯氏政权"基本上继承了后燕的遗产，是一个鲜卑化的政权。在北燕（特指冯氏政权）最高统治集团中基本上没有河北和辽东地区的汉族士人……"②此前，义熙三年（407）高云为燕主，"云自以无功德而为豪桀所推，常内怀惧，故宠养壮士以为腹心。离班、桃仁等并专典禁卫，委之以爪牙之任，赏赐月至数千万，衣食卧起皆与之同"③，可见，不仅冯氏政权，即使是短暂的高云王朝也是如此。以上是第一点，就整体分析了鲜卑势力在北燕政权中的地位。

在后燕职官系统中，段氏、宇文、卫氏鲜卑、夫余、高句丽及其他各种少数民族势力皆占有一定地位。但其中尤其值得注意的是段氏、宇文鲜卑的崛起。宇文鲜卑宇文拔为中领军；段氏鲜卑段成为尚书，段玑为前将军，段瓒、段泰为殿上将军，几乎控制了禁军系统，有很强的势力。

> 隆安四年（340）辛卯，燕襄平令段登等谋反，诛。……燕前将军段玑，太后段氏之兄子也，为段登辞所连及，五月，壬子，逃奔辽西。……戊寅，燕段玑复还归罪，燕王盛赦之，赐号曰思悔侯，使尚公主，入直殿内。④

隆安五年（401），左将军慕容国与殿中将军秦舆、段赞等谋率

① 《资治通鉴》东晋安帝隆安二年（398），第3466页。
② 张金龙：《北燕政治史四题》，《南都学坛》1997年第4期。
③ 《晋书》卷124《慕容云载记》，第3109页。
④ 《资治通鉴》东晋安帝隆安四年（400），第3508、3510页。

禁兵袭盛，事觉，诛之，死者五百余人。前将军、思悔侯段玑、奥子兴、赞子泰等，因众心动摇，夜于禁中鼓噪大呼。盛闻变，率左右出战，众皆披溃。俄而有一贼从暗中击伤盛……（遂被创而死）。[①]

前燕、后燕本族之外少数部族势力的崛起是以辽东鲜卑可足浑氏、悦氏及乌桓库傉官氏为代表，至此，从昌黎时期就受到排抑的宇文、段氏鲜卑——这两支在慕容氏政权中最强的鲜卑势力终于崛起，在北燕政权中获得了重要的政治地位。这是在龙城全面鲜卑化的背景下实现的。这是第二点，从段氏、宇文这两支地位特殊的鲜卑着眼，考察北燕的鲜卑化趋势。

以上是一个方面，说明在政治势力的构成上，北燕承袭了后燕的政治格局，表现出鲜卑化的趋势。再看政治制度，北燕也承袭了后燕胡汉分治的二元政体。龙城镇将兰汗杀燕主慕容宝，自称大都督、大单于、昌黎王[②]，首先建立了胡族职官系统。慕容盛杀兰汗重建燕统，"立燕台，统诸部杂夷"[③]。胡注曰："二赵以来，皆立单于台以统杂夷，盛仍此立之。"燕台即单于台，则慕容盛继承了兰汗以来的胡族政体，从此成为北燕稳定的政治制度。慕容熙"改北燕台为大单于台，置左右辅，位次尚书"[④]。冯跋代慕容氏而立，虽然皇统已变，但是此项制度未改。"燕王跋以太子永领大单于，置四辅。"[⑤] 则冯氏不仅继承了这项制度，而且较慕容熙又增置二辅[⑥]。北燕四辅多可征于史籍，关于此，三崎良章《北燕の鲜卑化について》已作考述，可做参考。

北燕的胡族系统建置可能是仿袭十六国的匈奴汉政权。《晋书·刘聪载记》："魏武分其（匈奴）众为五部，以豹为左部帅，其余部帅皆以刘氏为之。太康中，改置都尉，左部居太原兹氏，右部居祁，南部居蒲子，北部居新兴，中部居大陵。"[⑦] 匈奴汉政权借此五部立国，五部之众成为

①　《晋书》卷 124《慕容盛载记》，第 3104 页。

②　《魏书》卷 95《徒何慕容廆传附垂子宝传》，第 2069 页。

③　《资治通鉴》东晋安帝隆安四年（400），第 3516 页。

④　《晋书》卷 124《慕容熙载记》，第 3105 页。

⑤　《晋书》卷 125《冯跋载记》，第 3130 页。

⑥　张金龙：《北燕政治史四题》，《南都学坛》1997 年第 4 期。李椿浩《十六国政权政治体制研究》分析冯跋增置大单于台二辅的原因曰："可能有更系统地控制夷族人民的需要，且对治理夷族的问题，比后燕更为敏感或重视"，第 129 页。

⑦　《晋书》卷 101《刘元海载记》，第 2645 页。

"国人"，组成胡族系统之核心，"置左右司隶，各领户二十余万，户置一内史，凡内史四十三。单于左右辅，各主六夷十万落，万落置一都尉"①。北燕不仅仿匈奴刘氏建立单于左右辅等，而且单于四辅之下的部众组织亦同于刘汉，分为左、右、南、北、中等五部。《太平御览》引范亨《燕书》："昭文帝（慕容熙）时左部民得紫璧以献"②，同书："文帝熙平二年，左部民得玉玺玉鼎。"③ 又引高闾《燕志》："（冯跋）太平十五年自春不雨，至于五月。有司奏右部王荀妻产妖，旁人莫觉，俄而失之，及暴荀妻于社，大雨普落。"④《别本十六国春秋》："太平十七年二月，北部人赵寿女既嫁化为男。"⑤ 则左部、右部、北部皆可征于史，其与匈奴五部组织何其相似。《冯跋载记》：冯跋发动政变，"匿于北部司马孙护之室，遂杀熙，立高云为主。"⑥ 冯跋小字乞直伐，孙护之弟叱支乙拔，皆已鲜卑化。很可能北燕设司马管理鲜卑部众，如同魏武设都尉管理匈奴五部。北燕汉人则由司隶治理。《太平御览》引《十六国春秋》："（慕容熙）即皇帝位，大赦，改长乐三年为光始元年。二年正月，熙引进州郡及单于八部耆旧于东宫，问以疾苦。司隶部民刘瓒对问称旨，拜带方太守。"⑦ 刘瓒被拜为带方太守，又属于司隶系统，则司隶管理汉人之州郡系统甚明。

　　1960 年以后北燕冯氏墓葬被陆续发掘，其中含有大量的鲜卑文化的因素，三崎良章认为据此可推断出冯氏的民族性格，业已鲜卑化⑧，这应当是对慕容氏以来鲜卑化趋势的承袭。有的研究者认为："三燕社会内部的主体是汉人，文化的核心是华夏文化"⑨，这与我们的论述截然相反，事实上，三燕也在不断地沿着鲜卑化的轨迹演进。

---

　　①　《晋书》卷 102《刘聪载记》，第 2665 页。

　　②　《太平御览》卷 806 "瑰宝部 5" —"璧"条引范亨《燕书》，第 3584 页。

　　③　《太平御览》卷 804 "瑰宝部 3" —"玉上"条引范亨《燕书》，第 3573 页。

　　④　《太平御览》卷 11 "天部 11" —"祈雨"条引高闾《燕志》，第 55 页。

　　⑤　崔鸿：《别本十六国春秋》（《丛书集成初编》），第 85 页。关于《别本十六国春秋》的史料价值，参考刘琳《明清几种〈十六国春秋〉之研究》，《北朝研究》1995 年第 4 期。

　　⑥　《晋书》卷 125《冯跋载记》，第 3127 页。

　　⑦　《太平御览》卷 125《偏霸部九》"慕容熙"，第 607 页。

　　⑧　[日]三崎良章《北燕の鲜卑化について》："北燕の墳墓には漢的要素と鮮卑的要素が混在していぬようであるが、こうした考古學の調査から得られた知見は馮氏の民族性格を考えるに当たって、新たな視点を提供すゐように思われぬ。"

　　⑨　张博泉：《东北古代民族考古与疆域》，第 153 页。

第四节　南燕与河北士族

邺城本是前燕之都城，后燕虽定都中山，但是邺城仍是控制南面的重心。相对于中山，邺城的鲜卑部众较少。因此，与慕容氏退据龙城的情况不同，当慕容德南下之际，随其南迁的势力大部分是河北士族。

◇清河崔氏

《魏书·崔逞传》：清河东武城人，仕后燕至秘书监、留台吏部尚书，道武帝平中山，崔逞入魏。"逞七子，二子早亡，第三子义，义弟湮，湮弟祎，祎弟严，严弟赜。逞之内徙也，终虑不免，乃使其妻张氏与四子留冀州，令归慕容德，遂奔广固。逞独与小子赜在平城。"①

《魏书·崔光传》："崔光，东清河鄃人也。祖旷，从慕容德南渡河，居青州之时水。"②

◇渤海封氏

《魏书·封懿传》：封懿，"渤海修人也。曾祖释，晋东夷校尉。父放，慕容暐吏部尚书。兄孚，慕容超太尉"③。

同传《附封恺传》："懿从兄子恺，字思悌，奕之孙也。父劝，慕容垂侍中、太常卿。恺，给事黄门侍郎、散骑常侍。"④ 封恺随慕容德南迁（详后），官至御史中丞。

◇平原刘氏

《魏书·刘休宾传》："本平原人。祖昶，从慕容德渡河，家于北海之都昌县。"⑤

◇清河房氏

《魏书·房法寿传附族子景伯传》："清河绎幕人……法寿族子景伯，字长晖。高祖谌，避地渡河，居于齐州之东清河绎幕焉。"⑥

---

① 《魏书》卷32《崔逞传》，第758页。
② 《魏书》卷67《崔光列传》，第1487页。
③ 《魏书》卷32《封懿传》，第760页。
④ 《魏书》卷32《封懿传附封恺传》，第763页。
⑤ 《魏书》卷43《刘休宾传》，第964页。
⑥ 《魏书》卷43《房法寿传附族子景伯传》，第976页。

◇魏郡申氏

《魏书·申纂传》："本魏郡人，申钟曾孙也。皇始初，太祖平中山，纂宗室南奔，家于济阴。"①

◇清河张氏

《魏书·张烈传》："清河东武城人也。……高祖悕，为慕容儁尚书右仆射。曾祖恂，散骑常侍，随慕容德南渡，因居齐郡之临淄。"②

《魏书·张谠传》："清河东武城人也。六世祖名犯显祖讳，晋长秋卿。父华，为慕容超左仆射。"③

《魏书·张彝传》："清河东武城人也。曾祖幸，慕容超东牟太守，后率户归国。"④

◇渤海高氏

《魏书·高聪传》："本渤海蓨人。曾祖轨，随慕容德徙青州，因居北海之剧县。"⑤

◇辽东李氏

《魏书·李元护传》："辽东襄平人也。八世祖胤，晋司徒、广陆侯。胤子顺、璠及孙沉、志，皆有名宦。沉孙根，慕容宝中书监。根子后智等随慕容德南渡河，居青州，数世无名位，三齐豪门多轻之。"⑥

◇清河傅氏

《魏书·傅竖眼传》："本清河人。七世祖仙，仙子遘，石虎太常。祖父融南徙渡河，家于磐阳，为乡闾所重。"⑦ 唐长孺征引其他材料，证明傅氏是随慕容德南迁而来的⑧。

◇上谷成氏

《魏书·成淹传》："上谷居庸人也。自言晋侍中粲之六世孙。祖昇，家于北海。"⑨ 据此，则成氏很可能也是随慕容德南迁的。

① 《魏书》卷61《毕众敬传附申纂传》，第1365页。
② 《魏书》卷76《张烈传》，第1685页。
③ 《魏书》卷61《张谠传》，第1369页。
④ 《魏书》卷64《张彝传》，第1427页。
⑤ 《魏书》卷68《高聪传》，第1520页。
⑥ 《魏书》卷71《李元护传》，第1585页。
⑦ 《魏书》卷70《傅竖眼传》，第1555页。
⑧ 唐长孺：《北魏的青齐土民》，第96页。
⑨ 《魏书》卷79《成淹传》，第1751页。

　　慕容德南下青齐之初，受到了当地势力的激烈反抗。《魏书》："司马德宗幽州刺史辟闾浑闻德将至，徙民八千余户入广固，遣司马崔诞率千余人戍薄荀固，平原太守张豁屯柳泉。诞、豁皆承檄遣子降德。浑惧，携妻子北走，德追骑斩之。"① 其实，辟闾氏和慕容氏的渊源甚深。慕容德谋臣潘聪曰："辟闾浑昔为燕臣……"胡注曰："太元十九年，辟闾浑为慕容农所破，遂臣于燕。"② 太元十九年是后燕慕容垂建兴九年（394）。不仅是后燕，自前燕以来，辟闾氏即为燕臣。当前燕慕容恪攻破青州段龛时，辟闾蔚为其王国官，被创而卒，但其家族随众降燕。辟闾浑即为其子。当淝水之战后慕容垂在河北开展复国运动、收拢各种故旧之时，辟闾浑却降于东晋，被任命为北平原太守，不断地侵扰后燕，"燕青州刺史陈留王绍为平原太守辟闾浑所逼，退屯黄巾固。慕容垂更以绍为徐州刺史"③。直至太元十九年（394）才平定了辟闾浑的势力。不详后燕怎样处置，但从潘聪所言"辟闾浑昔负国恩"来看④，辟闾浑当是被优待、授予职官。但并没有因此而获取他对燕室的拥戴，后燕遭遇拓跋氏、时局艰难之时，辟闾浑再次纠结本土、降于东晋，被委任为侨幽州刺史⑤，对南下的慕容德势力进行了激烈的抵抗，史言"浑参军张瑛常与浑作檄，辞多不逊"⑥，可见其强烈的敌对情绪。《元和姓纂》卷十"辟闾氏"条曰："卫文公支孙以居楚邱营辟闾里，因为辟闾氏。《汉书·儒林传》"太子少傅辟闾曾孙，失名，为昌邑王太傅。"⑦ 西晋并州刺史刘琨的主簿为辟闾训，《文选》李善注曰："臧荣绪《晋书》曰：辟闾训，字祖明，乐安人也，没石勒，为幽州刺史。"⑧ 则辟闾氏在十六国之前早有居青土者。辟闾浑家族多次被青州军阀任为本土官，数度纠结本土降晋抗燕，其为青州土豪甚明。既为燕臣又受到燕室的优待，为什么对燕室表现出如此强烈的

---

①　《魏书》卷95《徒何慕容廆传附元真子德传》，第2072页。

②　《资治通鉴》东晋安帝隆安三年（399），第3490页。

③　《资治通鉴》东晋孝武帝太元十三年（388），第3382页。

④　《晋书》卷127《慕容德载记》，第3166页。

⑤　《晋书》卷15《地理志下·青州条》，第451页。

⑥　《晋书》卷127《慕容德载记》，第3167页。

⑦　《元和姓纂》，第253页。引文中关于《汉书·儒林传》云云，中华书局点校本《汉书·儒林传》无载，《通志氏族略》中也可以见到相同的记载，第100页。疑原《汉书·儒林传》中本有此条。

⑧　（梁）萧统编，（唐）李善注：《文选注》卷37《刘越石劝进表》，上海古籍出版社1986年版，第1709页。

敌对情绪？笔者认为与青州的地理环境有关。晋室南渡以后，南北统治分界大致维持在淮水一线，但是，东晋的北伐势力多次越过淮水进入青齐，作为北伐的据点。在这样的情况下，青州大族与东晋保持着较密切的关系，常接受东晋遥授成为抗击胡族的军事力量。如太和三年（368）东晋桓温伐燕，"前兖州刺史孙元起兵应之"[1]。这种情况不可能不引起南燕统治者的疑虑。唐长孺提到一个问题："南燕在丧败之中，占领青州而建国，才入广固称帝，就颁布了承认旧士族的诏令。"[2] 笔者认为这正是慕容德急欲巩固统治、安抚青齐士人的举措。

青州大族不可恃，本族的统治势力又较为薄弱，在这样的情况下，南迁的河北士族成为慕容氏所依恃的最重要的统治力量之一。

表 4 - 3　　　　　　　　　　　　　南燕中央官吏

太尉	封孚　慕容镇
司徒	慕容钟　慕容惠
司空	慕容麟　慕舆拔　刘轨　鞠仲
侍中	慕容统
散骑常侍	韩𫐐
尚书令	慕容麟　韩范　董诜　封孚
左仆射	慕舆拔　封孚　封嵩　段晖　张华
右仆射	丁通　慕舆护　慕容凝　韩𫐐
尚书	潘聪　韩𫐐　张华　垣遵　悦寿　鲁邃
中书令	张华　韩范
左光禄大夫	潘聪
御史中丞	韩范

---

① 《晋书》卷 111《慕容暐载记》，第 2853 页。
② 唐长孺：《晋代北境各族"变乱"的性质及五胡政权在中国的统治》，第 171 页。

续表

太尉	封孚　慕容镇
黄门侍郎	张华
中书侍郎	韩范
中军将军	慕容法
武卫将军	公孙五楼
右卫将军	慕容云
司隶校尉	慕容达
领军将军	韩谅
西中郎将	封融
中郎将	韩轨①

表 4 - 4　　　　　　　　　　南燕州牧

京兆太守	垣苗*
青州（东莱）	鞠仲　慕容钟
徐州（? 城）	潘聪　段宏　垣遵②
兖州（梁父）	慕容法

注:*垣氏出于略阳氐姓，久已汉化。

　　在表 4 - 4 中，除尚书悦寿、徐州刺史段宏、武卫将军公孙五楼寥寥数人外，皆为河北士族或慕容氏贵族，这标志着士族取代了慕容氏之外的胡族势力，慕容氏和汉士族重新结合、构成政权最重要的两股统治力量，这是对昌黎政局的回归，对后燕、北燕的反动。试作具体分析。

　　第一，在"三司"之最高阶层，渤海大族封孚为太尉，刘轨、鞠仲为司空，汉与慕容氏的比例是 3:5；第二，在尚书台机构中，河北士族任

---

　　①　《太平御览》卷 211《职官部 9》，第 1011 页。此外，不出注的皆引自《晋书》及《资治通鉴》。
　　②　《太平寰宇记》卷 24《河南道 24》密州—莒县，台北文海出版社 1980 年版，第 210 页。

尚书令者有封孚、韩范、董锐，任尚书仆射者有封孚、封嵩、张华、韩
诨，凡7人次，而鲜卑任职者仅有慕容麟、慕舆护、段晖3人次。汉与慕
容氏的比例是7∶3；第三，南燕统治区主要包括青徐兖州，河北士族出任
州牧者有潘聪、垣遵、鞠仲3人次，与鲜卑任职者基本均衡；第四，在禁
军系统中，韩诨为领军将军，封融为西中郎将，韩轨为中郎将，士族不仅
担任禁军将领，而且任禁军最高统帅，这在诸燕历史中绝无仅有，不仅是
对后燕、北燕政局的反动，实在是诸燕历史新局面的开辟。

综上所述，河北士族在南燕政权中占有重要地位，是慕容氏之外的最
重要的政治势力。东晋降将司马休之、刘敬宣等谋反，"乃结青州大姓诸
崔封，并要鲜卑大帅免逵，谋灭德，推休之为主……"此中之诸崔封之
"崔"指清河崔氏，"封"指渤海封氏，他们代表着河北士族的政治势力；
"鲜卑大帅免逵"（即慕容达）代表慕容氏贵族的势力。这条史料充分证
明了河北士族与慕容氏贵族构成南燕政权之两种最重要的政治力量。

南燕的河北士族不仅在政治上占有重要地位，在经济上慕容氏亦给予
不用服役的特权，培植了一大批青齐豪族。南燕灭亡后，这些由河北大族
转化而成的青齐豪族并未因此湮灭，继续保持着强大的势力，成为刘宋、
北魏依恃统治青齐的重要力量。唐长孺《北魏的青齐土民》深入论述了
这一点，兹不赘述①。

在这些家族中，最显赫的是渤海封氏。封孚官至尚书令、太尉，封恺
为御史中丞，封嵩为左仆射，封融为西中郎将。慕容超时，鲜卑贵族慕容
法、慕容钟谋反，

> 征南司马（慕容法为征南大将军）卜珍告左仆射封嵩数与法往
> 来，疑有奸。超收嵩下廷尉。太后惧，泣告超曰："嵩数遣黄门令牟
> 常说吾曰帝非太后所生，恐依永康故事。我妇人识浅，恐帝见疑，即
> 以语法，法为谋见误，知复何言。"超乃车裂嵩，西中郎将封融
> 奔魏。②

---

① 见氏著《魏晋南北朝史论拾遗》。韩树峰《青齐豪族在南北朝的变迁》（《国学研究》第
五卷，北京大学出版社1998年版，后收入氏著《南北朝时期淮汉迤北的边境豪族》，社会科学文
献出版社2003年版）也论及这一问题，基本上承袭了唐长孺的观点。
② 《资治通鉴》卷114东晋安帝义熙二年（406），第3593页。

慕容法、慕容钟值此重大举动时邀结渤海封氏，反映了他们在这个政权中具有重要的政治势力。

南燕政权中另一显赫家族为韩氏，郡望无法判定。罗新《五燕政权下的华北士族》认为当出自昌黎。现存的五燕史料没有见到关于昌黎韩氏的记载，说明昌黎韩氏对慕容燕的影响并不是很大。《晋书·慕容儁载记附韩恒传》：安平人，博通经籍。历任营丘太守、太子太傅，慕容儁即位，擢为中书令①。韩范曾云："自亡祖司空，世荷燕宠……"② 很可能是韩恒的后人，只是由于史籍阙载，不知韩恒何时迁为司空。韩氏仕于南燕有韩范、韩𧬈、韩轨兄弟三人。慕容德为冀州牧，韩𧬈为别驾③，韩轨为邺令④；韩范时任中书侍郎，亦在中山沦陷后奔邺⑤，皆随慕容德南迁广固，并为显宦。《太平御览》引张诠《南燕书》云：

> 慕容德以右仆射封嵩为左仆射，尚书韩𧬈为右仆射，时嵩、𧬈并年三十。又以嵩弟融为西中郎将，𧬈弟轨为中郎将。嵩等俱拜，帝临轩诏令，四人同入，嵩等外殿方谢，帝顾曰："跃二龙于长衢，骋双骥于千里。"朝野荣之。⑥

韩范仕至尚书令。义熙三年（406），鲜卑贵族慕容钟（青州牧）、段宏（徐州刺史）、慕容法（兖州刺史）谋反，韩范在平叛中发挥了重要作用，见前文论述。义熙五年（408），刘裕攻围广固，南燕司徒请乞师于秦曰："……自古乞援，不遣大臣则不致重兵……尚书令韩范德望具瞻，燕秦所重，宜遣乞援，以济时艰。"⑦ 于是遣韩范乞师于秦，可见韩范在南燕中的地位。韩𧬈亦为南燕重臣。慕容德"以𧬈为使持节、散骑常侍、行台尚书，巡郡县隐实，得荫户五万八千。𧬈公廉正直，所在野次，人不为扰"⑧。慕容超时韩𧬈官至尚书右仆射、领军将军，刘裕围广固，韩𧬈督吏

① 《晋书》卷110《慕容儁载记附韩恒传》，第2834页。
② 《晋书》卷128《慕容超载记》，第3183页。
③ 《晋书》卷127《慕容德载记》，第3162页。
④ 《太平御览》卷68《地理三十三》，第323页。
⑤ 《资治通鉴》东晋安帝隆安元年（397），第3445页。
⑥ 《太平御览》卷211《职官部九》，第656页。
⑦ 《晋书》卷128《慕容超载记》，第3183页。
⑧ 《晋书》卷127《慕容德载记》，第3170页。

将士，举城赖之，兄韩范降于刘裕，"左右劝超诛范家，以止后叛。超知败在旦夕，又弟诔尽忠无贰，故不罪焉"①。

结　语

前燕在中原建立政权后，并未沿着昌黎之政治形态的轨迹发展下去，反而呈现出汉化的反动，西燕、后燕、北燕一脉相承，慕容氏之外的少数族从被统治镇压的对象发展成为其政权最重要的统治阶层。太元十一年（386），西迁鲜卑立段随为主；隆安二年（398），后燕顿丘王兰汗杀慕容宝自立为王；义熙三年（407），北燕鲜卑化汉人冯跋等杀燕主慕容熙，推高句丽人高云为主。慕容氏之外的胡人多次在政权交替之际被立为燕主，笔者认为这不是偶然的。慕容氏进入中原后，政权整体上呈现出鲜卑化趋势，慕容氏之外的少数民族被引为重要的统治力量，其上层人物与慕容宗室共同构成统治核心，遂于政治变乱中参与角逐、得立为燕主。直至南燕立国于汉人根基深厚的青齐之地，乃重用河北士族，重现较强的汉化色彩，但就整体视之，终无法改变其后期历史的鲜卑化趋势。

---

① 《晋书》卷128《慕容超载记》，第3183页。

附:几个制度的考证

综上所述，除南燕之特殊情况，慕容氏进入中原后，并未沿着昌黎时期政治形态之轨迹发展下去，反而一直沿着鲜卑化的潮流行进，表现出强烈的"民族性"。这不仅表现在政治史上，同样可以从文化及社会生活方面发现痕迹。下面我们就其中的几个制度做一考证，以揭示这一问题。

制度一:鲜卑内部通婚的婚姻制度

婚姻是实现民族融合、打破民族界限的最终形式。我国历史上，入主中原的少数民族元、清皆有禁令:不得与汉女通婚，这是他们有意识地保持与汉之民族界限的措施。早在昌黎时期，随着永嘉之乱后汉士族的大量拥入，慕容氏就已较深入地接受汉文化，此后又长期统治中原地区，但是，政权中原化的历程并没有改变它的婚姻形态。无论是否有意识地，长久以来，慕容氏仍在很大程度上实施着鲜卑内部及与其他少数民族的通婚。

◇慕容廆

《资治通鉴》:"段国单于以女妻廆，生皝、仁、昭。"[1]

◇慕容皝

《太平御览》引《十六国春秋·前燕录》:慕容皝为燕王，立夫人段氏为王后[2]。《慕容儁载记》:鲜卑段龛据广固，"遣书抗中表之仪，非儁正位"[3]。《资治通鉴》胡注曰:"儁，段氏所出，故龛与之抗中表之仪。"[4]

---

① 《资治通鉴》西晋武帝太康十年（289），第2594页。

② 《太平御览》卷121《偏霸部五》，第583页。

③ 《晋书》卷110《慕容儁载记》，第2837页。

④ 《资治通鉴》东晋穆帝永和十一年（355），第3150页。

则慕容皝后段氏亦出自段部鲜卑。

《晋书·慕容恪载记》："慕容恪字玄恭，皝之第四子也。幼而谨厚，沈深有大度。母高氏无宠，皝未之奇也。"① 则慕容皝妃又有高氏。

慕容垂为慕容皝第五子，称帝后，"追尊母兰氏为文昭皇后，迁皝后段氏，以兰氏配飨"②。《资治通鉴》太和十四年（369），慕容垂舅兰建秘劝其诛慕容评；《资治通鉴》太元九年（384）慕容垂封舅子兰审为王③。《太平御览》引《十六国春秋·前燕录》："慕容垂，字道明，皝第五子，小字阿六敦，母兰淑仪。"④ 则慕容皝妃又有兰氏。

《晋书·慕容德载记》："慕容德字玄明，皝之少子也。母公孙氏梦日入脐中，昼寝而生德。"⑤ 则慕容皝妃又有公孙氏。

◇慕容儁

《十六国春秋·前燕录》："二年正月，立后可足浑氏为皇后。"⑥

◇慕容暐

《十六国春秋·前燕录》："（建熙十年）四月，立贵妃可足浑氏为皇后。"⑦

◇慕容垂

《资治通鉴》升平二年（358）："燕王垂娶段末柸女，生子令、宝"；段氏死，"垂以段氏女弟为继室，（太后）可足浑氏黜之，以其妹长安君妻垂"，慕容垂奔秦，携段氏，留可足浑氏于邺。⑧

后燕建立后，"立其夫人段氏为皇后"⑨。《晋书·列女传》："慕容垂妻段氏，字元妃，伪光禄大夫仪之女也……垂之称燕王，纳元妃为继室，遂有殊宠。伪范阳王德亦聘（其妹）季妃焉。垂既僭位，拜为皇后。"⑩ 此段后在慕容宝即位后被逼杀。

---

① 《晋书》卷 111《慕容暐载记附慕容恪传》，第 2858 页。
② 《晋书》卷 123《慕容垂载记》，第 3087 页。
③ 《资治通鉴》东晋孝武帝太元九年（384），第 3323 页。
④ 《太平御览》卷 125《偏霸部九》，第 605 页。
⑤ 《晋书》卷 127《慕容德载记》，第 3161 页。
⑥ 《太平御览》卷 121《偏霸部五》，第 584 页。
⑦ 同上书，第 585 页。
⑧ 《资治通鉴》东晋穆帝升平二年（358），第 3172 页。
⑨ 《晋书》卷 123《慕容垂载记》，第 3087 页。
⑩ 《晋书》卷 96《列女传》，第 2524 页。

《资治通鉴》东晋安帝元兴二年（403）：慕容熙立，"尊燕主垂之贵嫔段氏为皇太后，段氏，熙之慈母也"①。则慕容垂贵嫔又有段氏者。

◇慕容宝

《资治通鉴》慕容宝立"段氏为皇后，策为皇太子"②。

◇慕容令

慕容垂前段后生子令、宝③。慕容令妃丁氏。慕容盛即帝位，"追尊伯考献庄太子全为献庄皇帝，尊宝后段氏为皇太后，全妃丁氏为献庄皇后"④。隆安四年（400），"燕主盛尊献庄后丁氏为皇太后"⑤。慕容盛被弑，"其太后丁氏以国多难，宜立长君。群望皆在平原公元，而丁氏意在于熙，遂废太子定，迎熙入宫"⑥。

◇慕容盛

慕容盛妃兰氏。《资治通鉴》："初，兰汗之当国也，盛从慕容宝出亡，兰妃奉事丁氏愈谨。及汗诛，盛以妃当从坐，欲杀之；丁后以妃有保全之功，固争之，得免，然终不为后。"⑦ 兰妃为兰汗之女。《资治通鉴》隆安二年（398）："宝留顿石城，会汗遣左将军苏超奉迎，陈汗忠款，宝以汗燕王垂之舅，盛之妃父也，谓此无他，不待旱返，遂行。"⑧

◇慕容熙

《资治通鉴》安帝元兴元年（402），"燕王熙纳故中山尹苻谟二女。长曰娥娥，为贵人；幼曰训英，为贵嫔，贵嫔尤有宠"⑨。元兴二年（403）"立其贵嫔苻氏为皇后"⑩。

◇慕容隆

《晋书·慕容熙载记》：苻后死，"慕容隆妻张氏，熙之嫂也，美姿容，有巧思，熙将以为苻氏之殉，欲以罪杀之，乃毁其襚襜，中有弊毡，遂赐死。"⑪

① 《资治通鉴》东晋安帝元兴二年（403），第3555页。
② 《晋书》卷124《慕容宝载记》，第3094页。
③ 《晋书·载记》"令"作"全"，见校勘记，第3090页。
④ 《晋书》卷124《慕容盛载记》，第3100页。
⑤ 《资治通鉴》东晋安帝隆安四年（400），第3516页。
⑥ 《晋书》卷124《慕容熙载记》，第3105页。
⑦ 《资治通鉴》东晋安帝隆安二年（398），第3481页。
⑧ 同上书，第3469页。
⑨ 《资治通鉴》东晋安帝元兴元年（402），第3545页。
⑩ 《晋书》卷124《慕容熙载记》，第3105页。
⑪ 同上书，第3107页。

◇慕容德

如前文所述，慕容德纳段仪第二女季妃为妃，《太平御览》引《十六国春秋》云："（元妃、季妃）姊妹共为皇后。"① 是则慕容德称帝后，亦立段季妃为皇后。

◇慕容超

《晋书·慕容超载记》慕容超母段氏为超娶呼延氏女为妻。② 慕容超即位后，立"妻呼延氏为皇后"③。

刘裕攻广固，"超幸姬魏夫人从超登城，见王师之盛，握超手而相对泣"④。

◇慕容纳

慕容德同母兄纳，妻段氏，《晋书·慕容超载记》："及（慕容）垂起兵山东，苻昌收纳及德诸子，皆诛之，纳母公孙氏以老获免，纳妻段氏方妊，未决，囚之于郡狱。狱掾呼延平，德之故吏也，尝有死罪，德免之。至是，将公孙氏及段氏逃于羌中，而生超焉。"⑤

表 4 - 5 **诸燕君主皇子公主通婚**

时期	人名	妃后
前燕	慕容廆	段氏（后）
	慕容皝	段氏（后）　高氏　兰氏　公孙氏
	慕容儁	可足浑氏（后）
	慕容暐	可足浑氏（后）
后燕及北燕	慕容垂	段氏　段氏　可足浑氏　段氏（后）
	慕容宝	段氏（后）
	慕容盛	兰氏
	慕容熙	苻氏（后）　苻氏
南燕	慕容德	段氏（后）
	慕容超	呼延氏（后）　魏氏

---

① 《太平御览》卷142《皇亲部八》，第694页。
② 《晋书》卷128《慕容超载记》，第3175页。
③ 同上书，第3180页。
④ 同上书，第3184页。
⑤ 同上书，第3175页。

综上所述,第一,诸燕君主多娶鲜卑女为后,最多的是段氏、可足浑氏。慕容盛妃兰氏以父兰汗篡逆,"终不得为后",可见她原本也有被立为后的资格。第二,燕主以外的鲜卑内部通婚亦为常见。慕容德同母兄慕容纳妻段氏;兰汗妻乙氏;慕容垂封甥宇文输为王,则慕容皝诸女必有嫁于宇文氏者①;慕容德女平原公主,适段丰②。第三,慕容鲜卑和其他少数民族的通婚情况亦较多。慕容皝嫔高氏,当为高句丽;慕容超后呼延氏为匈奴贵姓;慕容超后苻氏为氐族;慕容德女平原公主再嫁寿光公余炽③,为扶余族。第四,慕容鲜卑与汉人通婚者较少,慕容皝嫔公孙氏,为自汉以来的辽东大姓④,可能出于慕容氏立国于昌黎时期的政治需要;南燕主慕容超宠姬魏氏,与南燕立国青齐的形势有关。第五,慕容令妃丁氏、慕容隆妃张氏族属不详。陈连庆认为丁氏是鲜卑族属⑤;张氏为乌桓最常见姓氏,慕容垂复国运动时吸纳了大量乌桓种人,慕容隆是当时最杰出的宗室人物之一,其妻张氏很可能是乌桓族,属于慕容与乌桓的政治联姻。

马长寿认为:"以我所知,唐代以前,无论鲜卑、西羌大都保持着族内婚制,不与外族通婚,只有上层人物:如贵族、达官不在此限。"⑥ 也许马先生的"族内婚"概念有欠妥当,但是,我们看到,慕容鲜卑之上层确实在很大程度上保持着本族内的通婚。这不再是氏族社会之遗风⑦,而是慕容氏有意识地保持其政权民族性的一种做法。

制度二:嫡长子继承制实施中的问题

谷川道雄在探讨慕容氏进入中原后的政治体制时认为,慕容氏的君权

---

① 《资治通鉴》东晋孝武帝太元九年(384),第3323页。
② 《晋书》卷96《列女传》,第2525页。
③ 同上书,第2525页。
④ 冯家昇:《汉魏时代东北之文化》,《禹贡》第3期。
⑤ 陈连庆:《中国古代少数民族姓氏研究》,第66页。
⑥ 马长寿:《碑铭所见前秦至隋初的关中部族》,第78页。
⑦ 见罗惠仙《鲜卑族群婚制考述》,《青岛大学师范学院学报》2000年第2期。

继承并不贯彻中原王朝的模式①，否定其实施嫡长子继承制。这是关系到其政权建制的重要问题。试作考述。

据史籍记载，慕容廆先世已确立嫡子继承制。《晋书·吐谷浑传》："吐谷浑，慕容廆之庶长兄也。其父涉归分部落一千七百家以隶之"，后两部因马斗而起纷争，吐谷浑率部西迁，慕容廆遣使追之，吐谷浑曰："先公称卜筮之言，当有二子克昌，祚流后裔。我卑庶也，理无并大，今因马而别，殆天所启乎！"②《魏书·吐谷浑传》："涉归一名弈洛韩，有二子，庶长曰吐谷浑，少曰若洛廆……"③ 此或为后世史家粉饰之词，尚不足信，但自慕容廆后，确实已立嫡长子继承制。

《资治通鉴》段国单于以女妻（慕容）廆，生皝、仁、昭。段氏为慕容廆正妃。慕容仁、慕容昭发动政变，曰"吾辈皆体正嫡，于国有分"④。后慕容皝称燕王，"追尊武宣公（慕容廆）为武宣王，夫人段氏曰武宣后"。皆可证慕容廆时已有嫡后、嫡子。《慕容皝载记附慕容翰传》曰："慕容翰……廆之庶长子也。"慕容翰母不详，但为慕容廆侧室无疑。《慕容皝载记》："慕容皝……慕容廆第三子也。"⑤ 则慕容皝以嫡长子而立甚明。

《晋书·慕容儁载记》："慕容儁字宣英，皝之第二子也"⑥，为慕容皝段后所生。慕容儁称帝，鲜卑段龛"遣书抗中表之仪，非儁正位"⑦，《资治通鉴》胡注曰："儁，段氏所出，故龛与之抗中表之仪。"⑧ 慕容廆长子在史籍中不见记载，或早卒，或庶出，如是，慕容儁亦以嫡长子得立。

慕容儁先后两次立太子。《慕容儁载记》：慕容儁"立其妻可足浑氏为皇后，世子晔为皇太子"⑨。慕容晔卒于永和十二年（356），翌年即"升平元年（357），复立次子暐为皇太子"⑩。《慕容暐载记》：慕容暐

---

① ［日］谷川道雄《隋唐帝国形成史论》："慕容部的君权继承方式并非完全贯彻中国式的原则"，"因此，可以设想燕的皇权在其中国式外表之内还隐含着部族长的性质"，第59页和第62页。
② 《晋书》卷97《吐谷浑传》，第2537页。
③ 《魏书》卷101《吐谷浑传》，第2233页。
④ 《资治通鉴》东晋成帝咸和八年（333），第2990页。
⑤ 《晋书》卷109《慕容皝载记》，第2815页。
⑥ 《晋书》卷110《慕容儁载记》，第2831也。
⑦ 同上书，第2837页。
⑧ 《资治通鉴》东晋穆帝永和十一年（355），第3150页。
⑨ 《晋书》卷110《慕容儁载记》，第2834页。
⑩ 同上书，第2837页。

"儁之第三子也"①，为慕容儁后可足浑后所生，又，慕容暐嗣位，"立其母可足浑氏为皇太后"②。慕容晔也必为可足浑后所生，与慕容暐为同母兄弟，否则，晔死，复立之"次子"当为慕容暐兄慕容臧而非慕容暐。综上所述，慕容晔、慕容暐皆以嫡子依次而立。

慕容垂称帝前，娶鲜卑段末杯女，生子令（或写作"全"）、宝。慕容令以嫡长子立为世子，后在前燕皇室的迫害下，"垂惧祸及己，与世子全奔于符坚"③。后慕容令死于龙城，慕容宝复被立为世子；慕容垂称帝，"立世子宝为太子"④。慕容农、慕容隆皆长于慕容宝，并有才略，以庶子不得立。后慕容垂又纳段仪女为后，生子朗、鉴，虽为嫡子，然位次在后，亦不得立。

慕容宝"立策母段氏为皇后，策为皇太子"⑤。慕容垂遗令慕容宝立庶子慕容会为太子，慕容宝爱少子策，乃同时册立其母子为皇后、皇太子，慕容策以嫡子而立，名正言顺，可视为慕容宝对违背慕容垂遗令的一种补救，但由此反映了嫡长子继承制实为燕长久以来实行的制度。

综上所述，昌黎政权已确立嫡长子继承制，此后成为诸燕因袭不改的政治制度，不论它在此后的实施过程中出现多少问题，但作为制度本身是确凿无疑的。这应当是慕容氏仿建中原王朝模式的产物。但是同时，也正像谷川氏所言具有许多不稳定因素⑥，慕容氏虽较早建立了嫡长子继承制，但并不稳定，尤其在时政艰难之时，很容易改变，表现出少数民族兄终弟及或诸子继承的部落传统。

咸和八年（333），慕容廆死，慕容皝嗣立，"用法严峻，国人多不自安"，其母弟慕容仁、慕容昭遂叛。慕容昭谓慕容仁曰："吾辈皆体正嫡，于国有份。兄素得士心，我在内未为所疑，伺其间隙，除之不难。兄趣举兵以来，我为内应，事成之后，与我辽东。"⑦慕容昭所谓的"吾辈皆体正嫡，于国有份"及"事成之后，于我辽东"（时慕容仁镇辽东襄平）所表现的正是部落传统下诸子继承制的思想。

① 《晋书》卷 111《慕容暐载记》，第 2847 页。

② 同上。

③ 《晋书》卷 123《慕容垂载记》，第 3078 页。

④ 《资治通鉴》东晋孝武帝太元九年（384），第 3324 页。

⑤ 《晋书》卷 124《慕容宝载记》，第 3094 页。

⑥ ［日］谷川道雄：《隋唐帝国形成史论》，第 62 页。

⑦ 《资治通鉴》东晋成帝咸和八年（333），第 2990 页。

嫡庶观念在鲜卑贵族中亦不稳定。《资治通鉴》："初，燕王皝奇霸之才，故名之曰霸，将以为世子，群臣谏而止，然宠遇犹逾于世子。"① 此前慕容儁早已被立为世子，因此造成了慕容垂和慕容儁之间的矛盾，导致慕容垂出奔前秦，对慕容燕的历史产生了深远的影响。后燕时，皇后段氏言于慕容垂曰："太子（慕容宝）姿质雍容，柔而不断，承平则为仁明之主，处难则非济世之雄，陛下托之以大业，妾未见克昌之美。辽西、高阳二王，陛下儿之贤者，宜择一以树之。"② 辽西、高阳王分别指慕容农、慕容盛，皆庶出。参合陂之战后，后燕国势顿消，慕容垂遗令慕容宝以庶长子慕容会为太子。

中原封建王朝在特殊形势下，亦有立庶子、兄弟等情况，但通常是在太子被废、被杀等缺乏合法继承人的情况下。而燕政权出现这种情况是如此频繁，几乎代代有之，而且，视"吾辈皆体正嫡，于国有分"或者"兄亡弟及，古今成法"等情况为当然。从中可以窥见兄终弟及、诸子继承的部落传统对慕容鲜卑的影响。姚宏杰博士《君位传承与前燕、后燕政治》深刻论述了这种混乱的继承制度对前燕、后燕政治造成的重大影响，为我们的结论提供了确凿的证据。

制度三：龙城归葬制度

我国历史上在中原建立政权的少数民族，通常保留着这样一项制度：即归葬制度。当君主后妃死去后，常要不远万里、归葬其民族的发祥地，元朝就是一个很典型的例子。北魏孝文帝迁都洛阳后，大力实行拓跋鲜卑的汉化工程，其中的一项就是"不听还葬代北"。代北虽非拓跋鲜卑的发祥地，但它是拓跋氏从大兴安岭进入中原后的根据地，并且在这里最终完成了民族融合③，所以某种意义上可视为拓跋氏的发祥地。孝文帝"不听归葬代北"的命令，即欲割断这根联系民族情感的纽带。可见，归葬制度也是民族意识的反映。在诸燕政权中也保留着这项制度。

慕容氏最初立国于昌黎，故早期君主死后葬于徒河、青山。《太平御

---

① 《资治通鉴》东晋穆帝永和十年（354），第3140页。
② 《晋书》卷96《列女传》，第2524页。
③ 参考王万盈《论拓跋鲜卑民族的形成》，《北朝研究》1997年第1期。

览》引《十六国春秋》:慕容廆咸和八年(333)"夏,五月,薨于文德殿,年六十五,葬于青山"①。同书慕容皝"十五年(东晋永和四年)薨于承干殿,年五十二。冬十月,葬龙山"②。金成淑《慕容鲜卑文化研究》:"慕容廆埋葬在青山,这与慕容廆当时定都在棘城是一致的。慕容皝葬于龙山,这与慕容皝当时定都在龙城也是密切关联的"③,是为确论。金氏还认为昌黎时期慕容氏的墓制极为简单,入主中原后,才仿照汉族封建王朝建立了一套较完整的陵寝制度,所论甚详。但在中原建立政权后的慕容氏诸主死后仍归葬于龙城。

升平四年(360)慕容儁死,《慕容儁载记》曰:"伪谥景昭皇帝,庙号烈祖,墓号龙陵"④,未言所葬之地。《资治通鉴》胡注曰:"陵在龙城,因以为名。"⑤前秦灭燕,慕容暐逃奔龙城被获,"(苻)坚诘其奔状,暐曰'狐死首丘,欲归死于先人坟墓耳。'"⑥慕容盛灭兰汗,告于(龙城)太庙,曰:"赖五祖之休,宗庙社稷幽而复显。"⑦《胡注》曰:"五祖谓慕容涉归、廆(高祖)、皝(太祖)、儁(烈祖)、垂(世祖)。"则慕容儁死后归葬龙城甚明。

慕容垂于太元二十一年(396)三月于征伐北魏途中卒于上谷之沮阳,"秘不发丧,丙申,至中山,戊戌,发丧,谥曰武城皇帝,庙号世祖"⑧。九月,"章武王宙奉燕主垂及成哀段后之丧葬于龙城宣平陵"⑨。则慕容垂死后亦从中山归葬龙城。

前燕末主慕容暐死于长安,慕容垂建立后燕,"时慕容暐及诸宗室为苻坚所害者,并招魂葬之"⑩。具体地点不详,文系于"又以宝领侍中、大单于、骠骑大将军、幽州牧。建留台于龙城,以高阳王隆录留台事"之后,当于龙城招魂葬之。

① 《太平御览》卷121《偏霸部五》,第583页。
② 同上书,第584页。
③ 金成淑:《慕容鲜卑文化研究》,第54页。
④ 《晋书》卷110《慕容儁载记》,第2842页。
⑤ 《资治通鉴》东晋穆帝升平四年(360),第3181页。
⑥ 《晋书》卷111《慕容暐载记》,第2858页。
⑦ 《资治通鉴》东晋安帝隆安二年(398),第3472页。
⑧ 《资治通鉴》东晋孝武帝太元二十年(395),第3420页。
⑨ 《资治通鉴》东晋孝武帝太元二十一年(396),第3430页。
⑩ 《晋书》卷123《慕容垂载记》,第3087页。

此后，慕容氏从中原退据龙城，慕容宝、慕容盛、慕容熙诸主皆葬于龙城。慕容宝为兰汗所弑，"兰引宝入龙城外邸，弑之"①，谥曰灵帝，为之立庙，"龙城自夏不雨至于秋七月，汗诣燕诸庙及宝神庙顿首祷请，委罪于兰加难"②，则慕容宝葬于龙城。慕容盛被弑，葬于"兴平陵，庙号中宗"③。慕容熙先为苻后营徽平陵，其后高云弑慕容熙，"葬之于苻氏墓，伪谥昭文皇帝"④。

《考古》载《辽宁朝阳后燕崔遹墓的发现》：崔遹墓表刻曰"燕建兴十年昌黎太守清河东武城崔遹"⑤，建兴为后燕慕容垂年号。考《北史·崔逞传附崔遹传》：崔遹为崔逞之兄，清河东武城人，"遹字宁祖，亦有名于时。为慕容垂尚书左丞、范阳昌黎二郡太守"⑥。则崔遹死于昌黎任上，葬于当地。其棺椁顶上铺有一层厚约二厘米的木炭。金成淑《慕容鲜卑文化研究》认为这是鲜卑烧葬习俗的表现⑦。《文物》载《辽宁北票县西官营子北燕冯素弗墓》曰：墓内设壁龛，供置牛腿骨⑧。金成淑《慕容鲜卑文化研究》："慕容鲜卑墓葬中设置祭龛是相当普遍的，这是鲜卑民族灵魂不灭观念的表现。"⑨再从棺椁的形制来看，朝阳地区出土的前燕奉车都尉墓、后燕崔遹墓及冯素弗墓形制相同，"即前大后小，两侧有铁棺环。这种形制的木棺在辽西出现于3世纪初，它与中原地区两汉及其以前的方形或长方形的棺椁当有不同的渊源。根据目前发现的材料看，这种形制的木棺滥觞于内蒙古扎赉诺尔鲜卑墓"⑩。可见昌黎地区的墓葬普遍保持着较为浓厚的鲜卑文化色彩，可以推知慕容燕诸主的墓葬必含有许多本民族的文化因子。

慕容氏在入主中原后，仍要归葬于龙城，立其太庙于龙城，实有深意，保存了民族的发祥地。

---

① 《晋书》卷124《慕容宝载记》，第3097页。
② 《资治通鉴》东晋安帝隆安二年（398），第3472页。
③ 《晋书》卷124《慕容盛载记》，第3104页。
④ 同上书，第3107页。
⑤ 陈大为：《辽宁朝阳后燕崔遹墓的发现》，《考古》1982年第3期。
⑥ 《北史》卷24《崔逞传附兄遹传》，第880页。
⑦ 金成淑：《慕容鲜卑文化研究》，第68页。
⑧ 黎瑶渤：《辽宁北票县西官营子北燕冯素弗墓》，《文物》1973年第3期。
⑨ 金成淑：《慕容鲜卑文化研究》，第71页。
⑩ 田立坤：《朝阳前燕奉车都尉墓》，《文物》1994年第11期。

龙城作为慕容氏的根据地,被异常重视,历朝皆以宗室诸王镇戍之,在行政建置上设尚书台,曰"留台"。永和八年(352)慕容儁于蓟称帝,"建留台于龙城,以玄菟太守乙逸为尚书,专委留务"①。这是慕容氏设龙城留台之始,尚以汉人为留台尚书,此后皆任以宗室诸王。永和十年(354),以慕容垂为"侍中、录留台事,徙镇龙城"。前燕后期,"以镇东将军渤海王亮镇龙城"②。后燕建立后,始以辽西王慕容农为"使持节、都督幽平二州、北狄诸军事,幽州牧,镇龙城"。继之以高阳王慕容隆为"都督幽平二州诸军事、征北大将军、幽州牧;建留台于龙城,以隆录留台尚书事"。参合陂之战后,慕容隆率师赴援中山,"以清河公会录留台事,领幽州刺史,代高阳王隆镇龙城"。

慕容氏立国于中原的同时,苦心经营着龙城地区,龙城军队是中原政权重要的储备力量。参合陂之战,后燕大败,军队损失惨重,慕容垂命慕容隆"悉引其(龙城)精兵还中山,期以明年大举击魏"③,"春,正月,燕高阳王隆引龙城之甲入中山,军容精整,燕人之气稍振"④。北魏攻围中山,龙城镇将慕容会赴援中山,适值慕容麟叛出中山,"宝恐其逆夺会军"⑤,乃弃中山而出奔会军。可见龙城兵力之重要。

龙城地区保持着浓厚的鲜卑风习,储藏着强大的军队,故慕容氏以之为根据地,历代君主死后皆归葬于龙城,在中原政权发生变故时亦退保龙城。前秦灭燕,燕主慕容暐奔龙城。燕宜都王慕容桓"以众万余屯于沙亭,为评等后继。闻评败……桓率鲜卑五千退保和龙"⑥。北魏围中山,后燕主慕容宝"与其太子策及农、隆等万余骑"奔龙城⑦,后燕政权又在龙城地区延续了近四十年。

① 《资治通鉴》东晋穆帝永和八年(352),第3131页。
② 《资治通鉴》东晋海西公太和五年(370),第3230页。
③ 《资治通鉴》东晋孝武帝太元二十年(395),第3425页。
④ 同上书,第3425页。
⑤ 《晋书》卷124《慕容宝载记》,第3095页。
⑥ 《晋书》卷111《慕容暐载记》,第2858页。
⑦ 《晋书》卷124《慕容宝载记》,第3095页。

第 五 章

北魏隋唐慕容鲜卑之遗裔

东晋隆安元年（397），北魏攻破后燕都城中山，两次立国、对中原的统治延绵近半个世纪的慕容氏王朝结束了。其后虽有慕容德在青齐建立南燕，但是其疆域、历时、影响皆无法与前后燕相比。这标志着五胡之慕容氏时代的结束。

后燕灭亡后，慕容鲜卑的主体进入北魏，受到严酷的镇压，作为一个民族整体在历史上消失了。但是，其中的一部分以鲜卑武人的身份被贬成北镇，得以在六镇起义后的胡化潮流中崛起，由此进入隋唐，成为一流高门，最终融入中原社会。

关于豆卢氏避难改姓的问题，史界多有争议，迄今未有定论，本书在前人的研究基础上，通过细致的考证，证实确有其事，并把《魏书》与后世史籍有关豆卢氏的记载联系起来，为《新唐书·宰相世系表》确立了较为清晰的世系传承，解决了这一疑案。同时，利用大量的碑刻材料对豆卢氏在唐代的发展情况做了全面的研究，作为个案研究，进一步充实了本书的结论。

第一节　北魏豆卢氏避难改姓考

黄烈《五胡汉化与五胡政权的关系》提出了这样一个重要规律：民族整体常随着政权的灭亡而分化瓦解①。慕容氏统治在中原建立政权的过程更为曲折复杂，不可避免地，有一部分散佚出去，如后秦姚兴时有河南

---

① 黄烈：《五胡汉化与五胡政权的关系》，《历史研究》1963 年第 3 期。

太守慕容筑①。慕容筑在苻坚伐燕时，以洛州降②，随众迁于长安。这是前燕灭亡后西迁鲜卑留于关中者。北魏灭后燕，其残余势力分裂为二，一部分退据龙城重建北燕，另一部分南迁广固建立南燕。《宋书·文帝纪》："（元嘉）十年春正月甲寅，（以）淮南太守段宏为青州刺史。"③ 段宏为南燕大臣，《宋书·武帝纪》："伪徐州刺史段宏先奔索虏，十月，自河北归顺。"④ 这是鲜卑入于南人者。刘裕灭广固，"华戎"尽降，可知进入南朝之慕容鲜卑绝非段宏一人。宋文帝元嘉十三年（436），北燕主烧城帅众奔高句丽。这是鲜卑融入高句丽者⑤。

虽然慕容鲜卑在政权瓦解后有多种去向⑥，但绝大部分通过后燕进入北魏。天兴元年，魏克中山后，"徙山东六州民吏及徒河、高丽杂夷三十六万，百工伎巧十余万口，以充京师"⑦。《魏书·食货志》亦记此事："既定中山，分徙吏民及徒河种人、伎巧十余万家以充京都，各给耕牛，计口授田。"⑧ 慕容鲜卑被北魏徙于"京都"甚明⑨。这应当是后燕鲜卑之主体。从苻坚灭燕鲜卑西迁，至淝水之战后慕容垂兼并西燕，进入中原的慕容鲜卑重新集结在后燕政权下，至此，为拓跋氏所并。

慕容与拓跋氏在历史上发生过复杂的关系。慕容氏曾为拓跋氏之宗主国。《魏书·官氏志》曰："东方宇文、慕容氏，即宣帝时东部……凡此四方诸部，岁时朝贡，登国初，太祖解散部落，始同为编民"⑩，视慕容氏为藩臣。这完全是拓跋氏的自夸之语，试析于下。

---

① 《晋书》卷119《姚泓载记》，第3008页。
② 《晋书》卷113《苻坚载记上》，第2891页。
③ 《宋书》卷5《文帝纪》，第82页。
④ 《宋书》卷1《武帝纪上》，第17页。
⑤ 姜维公《北魏灭燕对海东局势的影响》（中国魏晋南北朝史国际研讨会论文集《北朝史研究》，殷宪主编，商务印书馆2004年版）亦探及北魏灭亡后入高句丽的情况，认为这是高句丽强大的一个重要因素，由此影响到海东局势。但是未对其民族成分进行分析。慕容鲜卑主体由后燕进入北魏，但龙城为慕容氏的主要根据地，由北燕进入高句丽者应当是一个重要去向。
⑥ 王金铻：《慕容鲜卑去向探考》（《辽宁师范大学学报》1998年第4期）认为诸燕灭亡后，慕容氏主要定居在华北地区，但对其西迁及南人者皆未论及。
⑦ 《魏书》卷2《太祖道武帝纪》，第32页。
⑧ 《魏书》卷110《食货志》，第2849页。
⑨ 关于"京都"的位置，研究者有不同看法。传统上认为是平城或盛乐，而李凭《北魏离散诸部问题考实》（《历史研究》1990年第2期）认为，既非盛乐城，也非平城，而是广义的平城地区，即今大同盆地。因无关宏旨，不作讨论。
⑩ 《魏书》卷113《官氏志》，第3012页。

据《魏书·序纪》，昭成帝七年娶于燕①，《后妃传》："（慕容）后至，有宠，生献明帝及秦明王。后性聪敏多知，沉厚善决断，专理内事，每事多从。"② 同时参与国政，"初，昭成遣卫辰兄悉勿祁还部落也，后戒之曰'汝还，必深防卫辰，终当灭汝'。悉勿祁死，其子果为卫辰所杀，卒如后言"③。田余庆《罢轮台诏》论及西汉武帝戾太子事件时说：后宫之宠爱得失，皆与政治势力密切相关，实为确论。这一特点在早期的拓跋部中表现得尤为显著，由此导致了残酷的"子贵母死"制④，前人所论甚明，兹不赘述。其时慕容氏已渐次吞并段部、宇文，成为东北一强大少数民族，故慕容妃得在拓跋部中享有崇高的政治地位。昌黎时期慕容氏非拓跋之附属甚明。《资治通鉴》晋康帝建元元年（343）："代王什翼犍复求婚于燕，燕王皝使纳马千匹为礼；什翼犍不与，又倨傲无子婿礼，八月，皝遣世子儁帅前军师评等击代，什翼犍帅众避去，燕人无所见而还。"⑤ 可见当时慕容部的地位、力量很可能高于拓跋。

而淝水之战后，拓跋氏在慕容氏的卵翼下复国更是不争的史实⑥。由此造成了慕容氏的宗主国地位。太元十六年（390），燕赵王麟言于慕容垂曰："臣观拓跋珪举动，终为国患，不若摄之还朝，使其弟监国事。"⑦ 虽然最后慕容垂没有听从这个建议，但是可见拓跋珪处于后燕较强的控制中。"魏王珪遣其弟觚献见于燕，燕主垂衰老，子弟用事，留觚以求名马，魏王珪弗与，遂与燕绝。"⑧ 此段史料亦可证拓跋部作为藩臣向燕贡奉。

---

① 《魏书》卷1《序纪》，第12页。

② 《魏书》卷13《昭成皇后慕容氏传》，第323页。

③ 同上书，第324页。

④ 田余庆：《北魏后宫子贵母死之制的形成和演变》，见氏著《拓跋史探》。

⑤ 《资治通鉴》东晋康帝建元元年（343），第3056页。

⑥ 《魏书》卷15《窟咄传》：拓跋珪即位初期，拓跋窟咄在铁弗刘显的拥护下向他发难，"太祖左右于桓等谋应之，同谋人单乌干以告。太祖虑骇人心，沉吟未发。后三日，桓以谋告其舅穆崇，崇又告之。太祖乃诛桓等五人，余莫题等七姓，悉原不问。太祖虑内乱，乃北逾阴山，幸贺兰部，遣安同及长孙贺征兵于慕容垂。"第385页。可见当时的情势十分危急，虽然文曰"征兵"，此不过是《魏书》的隐讳之法，其为"乞师求援"的性质甚明。姚宏杰《参合陂之役前燕魏关系略论》（《淮阴师范学院学报》2000年第1期）引《南齐书·魏虏传》："坚败，子珪，字涉圭，随舅慕容垂居中山，还领其部，后稍强盛"，认为"这是敌国传闻之辞……但关于拓跋珪曾随慕容垂居中山后还领其部的记载殊值注意，这至少可以说明两国君主之间的特殊关系，进而言之，拓跋建国……还得到了后燕的支持"，也揭示了这一问题。

⑦ 《资治通鉴》东晋孝武帝太元十六年（391），第3399页。

⑧ 同上书，第3400页。

可见在两者的历史关系中，慕容氏曾长期处于宗主国地位，这对于北魏统治者是一种沉重的精神压力。鲜卑为中古史上继匈奴之后最强大的北族势力，慕容氏又为其中之最早在中原建立统治者，拓跋氏改其称为"徒河"，独居这一光荣称号，反映了拓跋氏力图抹杀慕容氏的历史地位及双方关系的自卑心理。这是第一点。

虽然燕为魏灭，但是拓跋氏的胜利有很大的偶然性。参合陂之战常被史家认为是燕魏较量的决定性战役，其实并非如此。参合陂之战中慕容氏的败亡主要出于内乱而非实力之弱，即使在参合陂之战后，后燕仍保持着较强的实力。燕王垂令"高阳王隆引龙城之甲入中山，军容精整，燕人之气稍振"。慕容垂亲自率军伐魏，"魏陈留公虔帅部落三万余家镇平城……燕军至平城，虔乃发觉，率麾下出战，战死，燕军尽收其部落，魏王珪震怖欲走，诸部闻虔死，皆有贰心，珪不知所适"①。拓跋珪的形势十分危急，只是由于慕容垂的突然死亡，才改变了战争的趋势②。嗣主慕容宝庸弱无能，诸王争权，内乱频发，后燕由此瓦解。

虽然慕容氏在中原的统治结束了，但是其势力并没有完全消失，首先是南燕和北燕政权的存在。初期慕容宝还图光复，"燕人有自中山至龙城者，言拓跋珪衰弱，司徒德完守邺城。会德表至，劝燕主宝南还，宝于是大简士马，将复取中原……十二月，调兵悉集，戎严在顿，遣将军启仑南视形势"③。在南下途中，长上侯赤眉、段速骨发动政变，使这次南进夭折。从当时的情况来看，光复虽不可能，但是二燕的存在始终是一种潜在的威胁④。这是第二点。

慕容鲜卑之主体进入北魏，保留了较强的部族势力，反叛时有发生。太祖道武帝皇始二年（397），"并州刺史封真率其种族与徒河为逆，将攻刺史元延，延讨平之"⑤。天赐六年（408）夏，"（太武）帝不豫……秋

①　《资治通鉴》东晋孝武帝太元二十一年（396），第3426页。
②　曹文柱《论北魏初年都址的选择》（《北京师范大学学报》1987年第1期）认为："拓跋珪本人最初进击中原，也主要是为了打垮慕容宝，而不是为了在中原建都立国。后燕的许多战略设想都依据拓跋人的这一特征而安排的"，可见战争的结局都出于双方的预料，有很大的偶然性。
③　《资治通鉴》东晋安帝隆安元年（397），第3460页。
④　曹文柱《论北魏初年都址的选择》认为魏初后燕两个残余政权（北燕和南燕）及中原鲜卑部民的叛乱是促使拓跋氏放弃邺城、选择平城的一个重要原因，也说明了这一点。
⑤　《魏书》卷2《太祖道武帝纪》，第29页。

七月，慕容氏支属百余家谋欲外奔，发觉，伏诛，死者三百余人"①。太宗永兴三年（411）夏五月，"昌黎王慕容伯儿谋反，伏诛"②。《魏书·奚斤传》详载此事："太宗幸云中，斤留守京师。昌黎王慕容伯儿收合轻侠失志之徒李沈等三百余人谋反，斤闻而召伯儿入天文殿东庑下，穷问款引，悉收其党诛之。"③《魏书·太祖纪》：魏克中山，"贺麟所署公卿尚书将吏士卒降者二万余人。其将张骧、李沈、慕容文等先来降，寻皆亡还，是日复获之，皆赦而不问……"李沈为后燕降臣甚明。太武帝始光二年（425）二月，慕容渴悉邻反于北平，攻破郡治，太守与守将击败之。④ 我们看到，进入北魏的徒河鲜卑的反抗持续了近三十年。归降的慕容鲜卑的潜在势力不可能不引起北魏统治者的警戒⑤。这是第三点。

因此，北魏统治者对慕容氏采取了严酷的镇压。唐写本《贞观氏族志》残卷载高士廉上表云："其三百九十八姓之外，又二千一百杂姓，非史籍所载；虽豫三百九十八姓之限，而或媵官混杂；或从贱入良，营门杂户慕容、高、贾之类，虽有谱亦不通，如有犯者剔除籍。"⑥ 可见慕容氏在北魏确实遭受大屠杀，迄至唐初与北齐王室高氏犹为从贱入良营门杂户者甚多。《魏书·慕容白曜传》："初，慕容破后，种族仍繁，天赐末，颇忌而诛之。时有遗免，不敢复姓，皆以'舆'为氏。延昌末，诏复旧姓，而其子女先入掖庭者，犹号慕容，特多于他族。"⑦ 亦曰其族人多有没官者。

此外，慕容鲜卑避难改姓的事件在史籍中多有记载。

---

① 《魏书》卷2《太祖道武帝纪》，第44页。
② 《魏书》卷3《太宗明元帝纪》，第51页。
③ 《魏书》卷29《奚斤传》，第698页。
④ 《魏书》卷4《世祖太武帝纪》，第70页。
⑤ 《魏书慕容白曜传》曰："初，慕容破后，种族仍繁，天赐末，颇忌而诛之"，表明了这一点。李凭《北魏离散诸部问题考实》认为，慕容鲜卑入魏后也被作为"新民"之一被大规模徙往大同盆地屯田，则其族人集居的状态应当不会在短期内改变，这与同时被离散从事屯田的其他部落的情况是相同的。所以古贺昭岑《论北魏的部族解散》（原载于日本《东方学》杂志，李凭译文载于《山西大学学报》1983年第4期增刊）认为当时监督屯田是拓跋本部人的主要职责之一。
⑥ 唐耕耦、陆宏基编：《敦煌社会经济文献真迹释录》第1辑，书目文献出版社1986年版，第87页。原作《天下姓望氏族谱残卷》，敦煌遗书北图位字79号。关于残卷是否为《贞观氏族志》及撰成年代存有争议，但最晚撰成于天宝元年至乾元元年，参考毛汉光《中国中古社会史论·敦煌唐代氏族谱残卷之商榷》，台北联经出版社1988年版。
⑦ 《魏书》卷50《慕容白曜传》，第1123页。

　　《北史·豆卢宁传》："昌黎徒河人。其先本姓慕容氏，燕北地王精之后。高祖胜，以燕（此处有误，见校勘记），皇始初归魏，授长乐郡守，赐姓豆卢氏，或云北人谓归义为豆卢，因氏焉，又云避难改焉，未详孰是。"①

　　《周书·豆卢宁传》："豆卢宁字永安，昌黎徒何人。其先本姓慕容氏，前燕之支庶也。高祖胜，以燕。皇始初，归魏，授长乐郡守，赐姓豆卢氏，或云避难改焉……"②

　　庾信《慕容宁神道碑》："因魏室之难，改姓豆卢。"③

　　《元和姓纂》"豆卢氏"条曰："本姓慕容，燕王庶弟西平王慕容运孙精之后。"④

　　《隋书·豆卢勣传》："豆卢勣字定东，昌黎徒河人也。本姓慕容，燕北地王精之后也。中山败，归魏，北人谓归义为'豆卢'，因氏焉。"⑤

　　《新唐书·宰相世系四下》曰："豆卢氏本姓慕容氏。燕主庶弟西平王运生尚书令临泽敬侯制，制生右卫将军北地愍王精，降后魏，北人谓归义为'豆卢'，因赐以为氏，居昌黎棘城。二子：丑、胜。"⑥

　　《元和姓纂》《隋书》及《新唐书》虽未言是"避难而改姓"⑦，但都承认豆卢氏是慕容氏所改。豆卢氏真的是由慕容氏出于政治避难而改的吗？关于这一问题，历来存有争议。沈炳震《新唐书宰相世系表订伪》曰："《后燕录·慕容宝传》精为慕容麟所杀，未尝降魏。"《南燕录·慕容钟传》："钟封北地王，降后秦，封归义侯。是北地王之封归义侯者，乃南燕之北地王钟，非后燕之北地王精。降后秦，非后魏。"⑧ 以此指摘此说之误。《元和姓纂》及《新唐书·宰相世系表》皆言慕容精为慕容庶弟运之孙⑨，而庾信《豆卢宁神道碑》及《豆卢永恩神道碑》言其为燕

　　① 《北史》卷68《豆卢宁传》，第2365页。
　　② 《周书》卷19《豆卢宁传》，第308页。
　　③ （北周）庾信撰，（清）倪璠注：《庾子山集注》，《摛离堂四库全书荟要》第357册，台北世界局1988年版，第578页。
　　④ 《元和姓纂》卷9"五十侯"下"豆卢氏"条，第220页。
　　⑤ 《隋书》卷39《豆卢勣传》，第1155页。
　　⑥ 《新唐书》卷74《宰相世系表四下》，第3181页。
　　⑦ 《元和姓纂》，第220页。
　　⑧ 《二十五史补编》，开明书店1935年版，第7589页。
　　⑨ 《元和姓纂》，第220页。

文帝觊之后①，二者抵牾，劳格《读书杂识》据此提出否定意见②。近世学者姚薇元《北朝胡姓考》及陈连庆《中国古代少数民族姓氏研究》则认为诸史关于慕容改姓为豆卢的说法是可信的③。岑仲勉《元和姓纂四校记》及赵超《新唐书·宰相世系表集校》鉴于诸种记载之相互矛盾，认为："遥遥华胄，莫可考矣"④，认为这一问题依靠现有史料无法解决。近年姜波《豆卢氏世系及其汉化》对十六国至唐的豆卢氏家族世系做了较详细的考述，并列出世系表⑤，有一些突破，但是在论证上仍存有明显的漏洞，曰：

> 在前燕迁都的过程中，我们不能确知作为以后豆卢氏先世的慕容精、慕容胜一脉，是否也跟随前燕王室从龙城经蓟迁到了邺城。但考虑到豆卢氏先世为"觊之苗裔"，与王室关系密切，我们似可推测他们也经过了这样的迁徙路线。否则，豆卢氏先世不可能在后燕时期突然出现在中原腹地的中山。

可见他也没有澄清豆卢氏的本源，也没能从根本上解决这一问题。

那么，究竟孰是孰非？难道豆卢氏的族属问题真的是一个无法解决的历史悬案？本书将在前人的研究基础上进行细致的考证，对此疑案做出明确的回答。

《晋书·慕容宝载记》：

> 魏军进攻中山，屯于芳林园。其夜尚书慕容晧谋杀宝，立慕容麟。晧妻兄苏泥告之，宝使慕容隆收晧，晧与同谋数十人斩关奔魏。麟惧不自安，以兵劫左卫将军、北地王精，谋率禁旅弑宝。精以义距

---

① 《豆卢永恩神道碑》见《庾子山集注》，《摛离堂四库全书荟要》第 357 册，第 589 页。

② 劳格：《读书杂识》，（清）丁宝书编《月河精舍丛钞》，转引自岑仲勉《元和姓纂四校记》，第 885 页。

③ 姚薇元《北朝胡姓考》"内入诸姓"之"卢氏"条，第 95 页；陈连庆《中国古代少数民族姓氏研究》"慕容鲜卑"之"豆卢氏"条，第 62 页。

④ 引文见岑仲勉《元和姓纂四校记》，第 887 页。赵超《新唐书宰相世系表集校》曰："诸说互有差池，其先世将为如何？不可遽断"，第 753 页，也持相同看法。

⑤ 姜波：《豆卢氏世系及其汉化》，《考古学报》2002 年第 3 期。

之，麟怒，杀精，出奔丁零。①

《资治通鉴》系于东晋隆安元年。可见慕容精在后燕确实被封为"北地王"，此后慕容德自建王朝封其大臣慕容钟为"北地王"，爵号在不同王朝中使用是常见现象，两者并不抵牾。沈炳震以此指摘此说之误是不能成立的。同时，据《慕容宝载记》，慕容精确实被杀于后燕，诚如沈氏所言不可能降魏，但是降魏的并非慕容精本人，而是其子。据《新唐书·宰相世系表》，慕容精二子：丑、胜；《北史·豆卢宁传》言"高祖胜，以燕（此处当为衍文，见校勘记），皇始初归魏"。综此，慕容精被杀后不久，中山被攻破，其子慕容胜降魏，完全符合逻辑。《周书·豆卢宁传》言其为"前燕之支庶也"，《魏书·慕容白曜传》称"慕容氏支属百余家谋欲外奔，发觉，伏诛死者三百余人"，豆卢宁家族为燕开国君主慕容廆弟慕容运之后，非慕容廆直系子孙，称其为"支庶"（或"支属"）也甚相符合。一般来说，墓志对于先世的记载较为可信，但是难免差误，一方面慕容钟在南燕亦封为北地王，而且官爵远比慕容精显赫；另一方面为了避难有意掩盖身世，而庾信时距燕末魏初之世已久远，故此志文误把慕容钟作为其祖先。岑仲勉谓"余之意，以为恩、宁武人，或数典忘祖，庾氏操笔，徒见《燕录》载北地王，不知先后有二人，遂至妄引"②，释之甚明，不再赘言。

《新唐书·宰相世系表》记慕容精子胜生鲁元，后魏太保、襄城公。考《魏书》，有《卢鲁元传》及《儒林卢丑传》。《魏书·官氏志》内入诸姓"吐伏卢氏，后改为卢氏"③。"吐伏卢"即"豆卢"，见姚薇元《北朝胡姓考》④。《旧唐书·豆卢钦望传附豆卢宽传》："高祖（李渊）以宽曾祖苌魏太和中例称单姓，至是改宽为卢氏。"⑤则豆卢氏太和中改姓为卢氏甚明。同时《魏书·卢鲁元传》曰："昌黎徒河人也。曾祖副鸠，仕慕容氏，为尚书令、临泽公。祖、父并至大官"，亦言其为由燕入魏之慕容（徒河）鲜卑。《魏书·卢丑传》："昌黎徒河人，襄城王鲁元之族

①　《晋书》卷124《慕容宝载记》，第3095页。
②　岑仲勉：《元和姓纂四校记》，第886页。
③　《魏书》卷113《官氏志》，第3008页。
④　姚薇元：《北朝胡姓考》内入诸姓——卢氏条，第96页。
⑤　《旧唐书》卷90《豆卢钦望传》，第2921页。

也"，不仅言其为慕容鲜卑，而且还表明与卢鲁元同族。那么，《宰相世系表》中之慕容精子"丑"是否即《魏书·儒林传》之卢丑？《宰相世系表》言胜生鲁元、后魏太保、襄城公，到底确为《魏书》之卢鲁元、还是唐代豆卢氏之攀附？对《新唐书·宰相世系表》及《元和姓纂》进行研究的诸家皆未能对此做出回答。姜波《豆卢氏世系及其汉化》认为《魏书》卷三十四的北魏太保、襄城公"卢鲁元"、卷八十四的济阴公"卢丑"，均应为豆卢氏家族成员。应该说，这一判断是正确的，但是，在论证上仍存有问题。对于前者，他根据《新唐书·宰相世系表》的记载做此判断，但对于豆卢氏的族属存在种种争端，《表》难免攀附家世之嫌，在没有旁证之前，是不能完全凭以为据的；对于后者，除了人名相合及史籍关于卢丑族属的记载，并没有提出更有力的论证，因此仍没有从根本上解决这一问题。本书试图解答这一问题，一方面为慕容避难改姓为豆卢氏的疑案提供更确凿的证据；另一方面考辨《新唐书·宰相世系表》，对豆卢氏建立起一个较为清晰的世系传承，解决此前研究者的诸种疑惑。

慕容精二子：丑、胜。《北史·豆卢宁传》："高祖胜，皇始初归魏。父苌，魏柔玄镇将"，则豆卢宁出自胜。而《新唐书·宰相世系表》记"丑孙苌、苌生永恩"，豆卢永恩为豆卢宁之兄，则豆卢宁出自丑。那么，豆卢宁之支究竟出自胜还是丑？《元和姓纂》关于豆卢氏族属渊源记曰："精生犹丑，犹丑曾孙苌，（生）永思宁……"① 沈涛云："'丑'上衍一'犹'字"②，则沈氏虽未明确表态，但此校勘表明他认为豆卢宁之支出于丑。庾信《慕容宁神道碑》及《豆卢永恩神道碑》曰："曾祖尚书府君因魏室之难，改为豆卢氏"，岑仲勉认为此"尚书府君"皆指"《北史》之高祖胜而言"③，则岑氏认为豆卢宁支出自胜。此外诸家皆莫能辨，此亦成为历史之一悬案。可是他们都没有注意到，二碑志皆言"曾祖尚书府君"，考《魏书·儒林传·卢丑传》，卢丑在北魏太武帝世被"除镇军将军，拜尚书，加散骑常侍，出为河内太守"，则卢丑曾任尚书职甚明。而"卢丑为昌黎徒河人，襄城王鲁元之族"，族属、人名、官职、世系皆相符合，《新唐书·宰相世系表》中的豆卢丑正是《魏书·儒林传》中之卢丑，于兹可证。

① 《元和姓纂》，第220页。
② 沈涛：《书〈元和姓纂〉后》，转引自岑仲勉《元和姓纂四校记》，第887页。
③ 岑仲勉：《元和姓纂四校记》，第887页。

这是第一点。第二，据《新唐书·宰相世系表》，豆卢宁当为"丑"之曾孙，《豆卢宁碑》亦曰"曾祖尚书府君"，世系相符，而《北史·豆卢宁》言豆卢宁支出自胜，却说"高祖胜"，在世系上不符，因此，从世系来看，豆卢宁支出自卢丑亦可得证。综此，《新唐书·宰相世系表》中的豆卢丑正是《魏书·儒林传》中之卢丑，豆卢宁支出自卢丑，殆可为定论。

《新唐书·宰相世系表》之慕容精子"丑"即《魏书·儒林传》中卢丑，此段疑案，于此大明。然则，《儒林传·卢丑传》所言其为"昌黎徒河人，襄城王鲁元之族"可为信史，看来《新唐书·宰相世系表》记慕容精子"胜生鲁元"并非攀附。《魏书·卢鲁元传》言其"曾祖副鸠，仕慕容垂为尚书令、临泽公"，而据《新唐书·宰相世系表》胜生鲁元上推，曾祖至制，为"尚书令、临泽敬侯"，世系、官职、爵号皆相符合。副鸠即制，当分别为汉名与鲜卑名。又《魏书·阉官仇洛齐传》："仇洛齐，中山人，本姓侯氏。外祖父仇款……生二子，长曰嵩，小曰腾。嵩仕慕容垂，迁居中山……初嵩长女有姿色，充冉闵宫闱，闵破，入慕容儁，又转赐卢豚。生子鲁元有宠于世祖"①，则卢鲁元父卢豚。豚、胜字形相近，可能在传抄中致讹。

综上所述，《魏书》所立传之卢鲁元、卢丑即《新唐书·宰相世系表》中之"鲁元"及"丑"，在世系上存在清晰的传承，这一发现为我们考证豆卢确为慕容改姓之事提供了确凿的证据②。同时，我们看到，《魏书·卢鲁元传》及《卢丑传》对其父祖入魏及家族改姓之事毫无涉及，很可能是出于避难改姓、掩盖身世的原因。也正因为如此，他们的家族世系鲜为人知，导致史书记载多有抵牾。

至此，北魏隋唐史上慕容改姓为豆卢的一段疑案可以了结了。但是，还有些问题亦需说明。《魏书·官氏志》内入诸姓"吐伏卢氏"后改为"卢氏"，吐伏卢氏即豆卢氏，为同音异写。则吐伏卢氏（豆卢氏）为神元帝力微时的内入诸姓。这和我们前文的考证相矛盾。这是第一点。第

---

① 《魏书》卷94《阉官传·仇洛齐传》，第2013页。
② 姜波《豆卢氏世系及其汉化》对此存有疑问，即"豆卢氏改姓卢氏，应该是北魏孝文帝太和二十年（496）的事，而卢鲁元和卢丑早在此前已经去世（442年、443年），他们何得以称卢氏"，据《通鉴考异》卷6《齐纪》："魏初功臣姓皆重复奇僻，孝文太和中变胡俗，始改之。魏收作《魏书》已尽用新姓，不用旧姓"，则卢丑、卢鲁元是魏收根据太和以后的习惯采用的叫法。

二，《北史·豆卢宁传》言"或云北人谓归义为豆卢"，"豆卢"确实为"归义"之意。《新唐书·地理志四》：沙洲敦煌郡，"下都督府，有豆卢军，神龙元年置"①。"豆卢军"即"归义军"，则"豆卢"为胡语，意为"归义"甚明。《周书·文闵武宣诸子传》："赵僭王召，字豆卢突"②，"突"为尾音，无实际意义，则赵僭王字"豆卢"。六镇鲜卑的一部分进入北周，使其政权在一定程度上渲染了鲜卑文化色彩，因此"豆卢"当为鲜卑语。从汉语语词的意义来讲，"归义"为主动归附之意，与我们前文考证的豆卢氏为北魏武力所征服之慕容氏避难改姓者的结论也不相符。那么，这一切该做何解释呢？这里，应该注意的是，人种学的研究表明，东部鲜卑与拓跋鲜卑"存在着相当大的遗传距离"③，慕容精支在众多的代北之姓中独选择了"豆卢"姓改之，而且能够顺利地实施不被发现，应该是出于特殊的考虑。所以，豆卢氏很可能与慕容氏有渊源关系。我国北方民族的发展历程告诉我们，部族之间的融合并不仅仅是通过大规模的兼并战争在瞬间完成，而是在不停地渗透融合④。慕容氏与拓跋氏都曾参加过檀石槐的东部大联盟，都曾在蒙古草原的东部生活过，那么，出于某种契机，慕容氏的一支归附力微集团、赐姓为吐伏卢氏（"归义"之意）完全可能。因此，当入魏之慕容氏罹难，慕容精家族作为旁支不被注意，有机会冒充为早就归附拓跋的吐伏卢氏也就可以理解了。

入魏之慕容鲜卑罹难改姓的情况还可以找到其他的例证。《周书·怡峯传》："怡峯字景阜，辽西人也。本姓默台，因避难改焉。高祖宽，燕辽西郡守。魏道武时，率户归朝，拜羽真，赐爵长蛇公。曾祖文，冀州刺史。"不仅慕容氏，与慕容氏关系较深的其他少数民族也受到牵连。《周书·库狄峙传》："库狄峙，其先辽东人，本姓段氏，匹䃅之后也，因避难改焉。后徙居代，世为豪右。"⑤《元和姓纂》与《周书》的说法相同，也认为系避难改姓："鲜卑段匹䃅之后，避难改姓库狄，居代北，后迁中夏河南。"⑥ 段氏乃段部首领召集辽西鲜卑融合而成的部族，言语

---

① 《新唐书》卷40《地理志四》，第1045页。
② 《周书》卷13《文闵明武宣诸子传》，第202页。
③ 朱泓：《人种学上的匈奴、鲜卑与契丹》，《北方文物》1994年第2期。
④ 关于这一论断，见马长寿《乌桓与鲜卑》、曹永年《早期拓跋鲜卑的社会状况和国家的建立》（《历史研究》1987年第5期）对于拓跋鲜卑南迁过程的论述。
⑤ 《周书》卷33《库狄峙传》，第569页。
⑥ 《元和姓纂》卷8"十一暮"——库狄氏条，第196页。

习俗与慕容相近；入燕之前，即与慕容世为婚姻之国；在慕容氏进入中原的鲜卑化潮流中，其上层逐渐成为燕核心统治层，与慕容关系尤为密切，其地位远非其他胡族所能比，故亦为北魏统治者疑忌，罹及此难。

《北齐书·可朱浑元传》："可朱浑元，字通元。自云辽东人，世为渠帅，魏时拥众内附……"①《周书·段永传》："段永字永宾，其先辽西石城人，晋幽州刺史匹䃅之后也"②；《魏书·宇文忠之传》："宇文忠之，河南洛阳人也。其先南单于之远属，世据东部，后居代都。"③ 这些与慕容氏政权共存了半个多世纪、早已融合成为其一部分的诸少数民族，在他们对先世的追述中，皆掩饰了与慕容氏的关系。这是北魏统治者对慕容鲜卑实行严酷镇压的结果。

反映在政治上，就是慕容氏在北魏前期的政坛上消湮无声。其中偶有被擢用者，亦难免嫌疑。慕容白曜以东宫故旧而起，在献文帝皇兴元年（467），加使持节、都督诸军事、征南大将军，赴青齐应援刘宋降将薛安都、毕众敬。至皇兴三年，平三齐，以功拜使持节、都督青齐东徐州诸军事、青州刺史、济南王。其地位可谓显要。但是不久，就被北魏统治者杀害。《慕容白曜传》曰："初乙浑专权，白曜颇所侠附，缘此追以为责。及将诛也，云谋反叛，时论冤之。"④ 那么，慕容白曜被诛的真正原因到底是什么？太和中，著作佐郎成淹上表理白曜曰：

> ……况潜逆阻兵，营岱厌乱，加以王师仍举，州郡屠裂，齐民劳止，神胆俱丧，亡烬之众不可与图存，离败之民不可与语勇哉。白曜果毅习戎，体闲兵势，宁不知士民之不可藉，将士之不同己，据强兵之势，因涂炭之民，而欲立非常之事，此愚夫之所弗为也。料此推之，事可知矣。⑤

慕容氏在青齐地区有着深厚的统治基础，后燕亡后，慕容德所建之南燕政

① 《北齐书》卷 27《可朱浑元传》，第 3765 页。
② 《周书》卷 36《段永传》，第 636 页。
③ 《北史》卷 50《宇文忠之传》，第 1836 页。
④ 《魏书》卷 50《慕容白曜传》，第 1119 页。
⑤ 同上书，第 1122 页。

权培养了一大批由河北士族转化成的青齐豪族，刘裕灭南燕，继续任用这批承自慕容燕的青齐豪族统治当地，所以，慕容燕对青齐地区的影响是很大的。从成淹的上表中可以看到，北魏统治者对此深怀疑忌，所以慕容白曜被委任为青州刺史的第二年就被诛杀。"初乙浑专权，白曜颇所侠附，缘此追以为责"，不过是寻找一个口实而已，最深层的原因是拓跋统治者对慕容氏势力的疑忌与压制。慕容白曜的经历是入魏慕容氏政治生活的缩影。

直至北魏中后期，慕容氏才陆续出现在史籍记载中。

《魏书·李崇传》：孝文帝时，李崇行梁州刺史，氐杨灵珍叛，"崇乃命统军慕容拒率众五千，从他路夜袭龙门，破之"①。

《魏书·高祖纪》太和二十三年（499），齐萧宝卷遣将寇顺阳，"诏振武将军慕容平城率骑五千赴之"②。

《北史·高车传》：宣武帝时，诏使者慕容坦使蠕蠕，赐蠕蠕主弥俄突杂彩六十匹。③

《周书·常善传》："常善，高阳人也。世为豪族。父安成，魏正光末，茹茹寇边，以统军从镇将慕容胜与战，大破之。"④ 正光为孝明帝年号。

《北齐书·杨愔传》："俄而孝庄幽崩，愔时适欲还都，行达邯郸，过杨宽家，为宽所执。至相州，见刺史刘诞，以愔名家盛德，甚相哀念，付长史慕容白泽禁止焉。"⑤

我们看到，以上的慕容氏人物皆出现在孝文、宣武帝以后。《慕容白曜传》曰"延昌末，诏复旧姓"，延昌是宣武帝年号。从魏初至此，已历时一个半世纪，当年强大的慕容鲜卑早已消融在北魏政权中。加之孝文帝以来实行开明的统治政策，为宣武帝明令解除对慕容氏的高压政治奠定了基础。所以，慕容氏人物大量出现在孝文、宣武帝以后，这并非历史的偶然。

---

① 《魏书》卷66《李崇列传》，第1466页。
② 《魏书》卷7《高祖孝文帝纪》，第185页。
③ 《北史》卷98《高车传》，第3274页。
④ 《周书》卷27《常善传》，第446页。
⑤ 《北齐书》卷34《杨愔传》，第454页。

第二节　六镇起义与慕容氏的崛起

余静《唐代慕容氏家族研究》以慕容三藏家族为例，从婚姻、仕宦、文化角度论证了其家族入唐后全面汉化并进入一流高门的情况①。其"一流高门"的说法或有值得商榷之处，但是其家族从北魏一直传承至唐代，成为望族却是不容置疑的史实。前文已论，慕容氏进入北魏受到了大规模的屠杀镇压，多有沦为仆役贱户者，那么，慕容三藏家族又是如何逃脱这一命运、延绵至隋唐成为望族的？下面试做探析。

表 5 - 1　　　　　　　　　　北魏慕容氏仕宦

人名	官职
慕容契	沃野镇将、平城镇将、朔州刺史
慕容昇	建兴太守、沃野镇将
慕容胜	镇将②
慕容拒	梁州统军
慕容僧济	五校
慕容平城	振武将军
慕容如意	从慕容白曜平三齐
慕容白曜	尚书右仆射、都督青齐东徐诸军事、青州刺史
慕容叱头	南顿太守
慕容晖	泾州刺史
慕容都	岐州刺史
慕容远	恒州刺史
慕容白泽	相州长史
慕容琚	冠军将军、尚书左丞
慕容坦	出使蠕蠕使者

我们看到，上述人物之任职可分为三种情况：明显为武职者，如唯任

---

① 余静：《唐代慕容氏家族研究》，《国学研究》第 15 卷，北京大学出版社 2005 年版。
② 此与改姓为豆卢氏之慕容精子胜为二人。此镇将慕容胜出现于魏正光末，见《周书常善传》。而豆卢宁之高祖胜皇始初降魏。因此可判断为二人。

镇将、统军、五校者；文武职者，地方刺史太守；此外，还有少数任职中央者。下面分类讨论。

武职者 5 例，为镇将、统军、五校。此外，《魏书·高祖纪》太和二十三年（499），齐萧宝卷遣将寇顺阳，"诏振武将军慕容平城率骑五千赴之"；慕容白曜弟如意从平三齐①，皆列入武职。

任刺史太守者。刺史太守在西汉为文职，自汉末魏晋以来加将军号者兼武职。我们来看慕容鲜卑任太守刺史者之文武倾向。慕容白曜曾任职刺史，但是，其为北魏名将、以武干显达甚明。慕容绍宗祖父慕容都为岐州刺史，父慕容远为恒州刺史，文武不明，但是慕容绍宗在六镇起义后投奔尔朱荣，为魏齐名将，可以想见其家族的代北武人的文化面貌。慕容契、慕容昇任过刺史太守，也任过镇将②，其无疑拥有突出的武干。慕容俨父叱头魏南郡太守，从名字来看，当为鲜卑化的武人。上表中担任刺史太守者多任职边州郡，应当以武干而宦。

仕宦中央之慕容坦为出使蠕蠕的使者。《魏书·节义传》："朱长生及于提，并代人也。高祖时，以长生为员外散骑常侍，与提俱使高车"，可见北魏有派遣代人为北族使节的做法，可能认为相似的北族文化背景有利于交流。如是，则慕容坦也应有着鲜卑文化背景。

综上所述，北魏的慕容鲜卑多以武干仕宦，表现出胡族尚武的文化特质。

第二，婚姻情况。《慕容白曜传》曰其为"尔朱荣从舅子"；《汉魏南北朝墓志汇编》收录《故元伏生妻舆龙姬铭》，"舆"氏即"慕舆"氏，慕容氏的旁支，见姚薇元《北朝胡姓考》及陈连庆《中国古代少数民族姓氏研究》"慕舆氏"条③。《北魏恒州刺史韩震墓志》曰"祖亲东燕慕容氏，玄氏令慕容干女"④，则此为昌黎韩氏与慕容氏联姻例。由于史料缺乏，搜集到的慕容鲜卑的通婚状况只有上述几例。但从整体来看，仍呈现出鲜卑化倾向，如慕容绍宗、舆龙姬之例。与昌黎韩氏的通婚虽不能纳

---

① 《魏书》卷 50《慕容白曜传》，第 1120 页。

② 表中任镇将之慕容胜与任长乐郡守的慕容胜不知是否为一人。

③ 《故元伏生妻舆龙姬铭》，赵超《汉魏南北朝墓志汇编》，第 203 页。"舆"氏即"慕舆"氏，慕容氏的旁支，见姚薇元《北朝胡姓考》"舆氏"条，第 130 页，及陈连庆《中国古代少数民族姓氏研究》"慕舆氏"条，第 60 页。

④ 《魏故使持节都督恒州诸军事前将军恒州刺史韩（震）史君墓志铭》，赵超《汉魏南北朝墓志汇编》，第 285 页。

入胡例①，但是，亦不能简单地视为汉例。首先二者有历史的渊源。《魏书·韩麒麟传》："昌黎棘城人，自云汉大司马增之后也。父瑚，秀容平原二郡太守。"② 不言其所由来。《韩显宗墓志铭》曰："君讳显宗，字茂亲，昌黎棘城人。故燕左光禄大夫仪同三司云南庄公之玄孙，大魏使持节、散骑常侍、安东将军、齐冀二州刺史燕郡康公之仲子。"③ 考《魏书·韩麒麟传》，韩麒麟历官齐冀二州刺史，卒，赠散骑常侍、安东将军、燕郡公，谥曰康④。韩麒麟长子兴宗，兴宗弟显宗，与墓志所记职官、世系完全相符。据墓志铭，则韩麒麟先世仕于燕，为其显族。则二者历史上存在渊源关系。此外，昌黎韩氏在某种程度上可能鲜卑化。昌黎本是东北少数民族聚居地区，夷风浓烈，此地的汉人多已鲜卑化，如北燕主冯跋例。《韩震墓志》："君妻南阳娥氏，羽真南平公鱼曹尚书使持节秦雍二州刺史仇池都督娥清女"，关于娥氏，《官氏志》不载，据姚薇元氏考证，乃"本姓拓跋，因事被黜，以名为氏，鲜卑族也"⑤，《魏书·娥清传》："娥清，代人也"⑥，则其为代人无疑，《墓志》"南阳娥氏"云云，为后人杜撰。可见昌黎韩氏是有与鲜卑通婚的惯例的。总之，从婚姻来看，北魏的慕容氏在整体上仍呈现出鲜卑化倾向。《慕容白曜传》：慕容白曜以缘附乙浑而进又以此被诛。《魏书·官氏志》："乙弗氏，后改为乙氏"⑦；"乙浑"在《北史》中皆作"乙弗浑"⑧，其为代人甚明。慕容白曜缘附乙浑的情况说明，入魏之慕容鲜卑属于代北鲜卑的社会生活圈，而婚姻往往是这个社会关系的基础。《魏书·安同传附屈子原传》："（同）为子求襄城公卢鲁元女，鲁元不许。"不许的原因很可能是出于其家族"恃宠骄恣"、为朝人所恶的考虑。但安同家族为很早就进入拓跋氏的辽东胡人，无疑亦为代人集团，这一例也说明了入魏之慕容鲜卑属于代人社会文化圈。

第三，文化素养。《北齐书·慕容俨传》："不好读书，颇学兵法，工

① 与汉人通婚称为汉例，与鲜卑通婚例称为胡例。
② 《魏书》卷60《韩麒麟列传》，第1331页。
③ 《魏故著作郎韩（显宗）君墓志铭》，赵超《汉魏南北朝墓志汇编》，第39页。
④ 《魏书》卷60《韩麒麟列传》，第1333页。
⑤ 姚薇元《北朝胡姓考》外篇"未见魏书官氏志诸胡姓"之"娥氏"条，第237页。
⑥ 《魏书》卷30《娥清传》，第720页。
⑦ 《魏书》卷113《官氏志》，第3011页。
⑧ 姚薇元《北朝胡姓考》"内入诸姓"——"乙弗氏"条，第162页。

骑射。"①《北史·慕容绍宗传》：慕容绍宗子慕容三藏"多武略，颇有父风"②。从中亦可想见慕容绍宗的为人。《周书·怡峯传》："峯少从征役，以骁勇闻。"《周书·豆卢宁传》："少骁果，有志气，身长八尺，美容仪，善骑射。"③ 虽然其中已有改姓者，但是我们看到，入魏之慕容鲜卑大多仍保持着北族尚武的文化面貌。

　　综上所述，我们看到入魏之慕容氏在很大程度上仍保持鲜卑文化面貌，事实上，他们确实也被纳入北魏的代人集团。《北史·朱长生传》："朱长生、于提者，并代人也。孝文时，长生为员外散骑常侍，与提俱使高车。"④《魏书·山伟传》："山伟字仲才，河南洛阳人也，其先居代……与宇文忠之之徒代人为党，时贤畏恶之。"⑤ 在这里，宇文忠之、朱长生皆被视为代人。宇文忠之为宇文鲜卑，昌黎时期为慕容氏所并，前文所述已详，兹不赘述。据姚薇元《北朝胡姓考》，朱长生即可足浑长生⑥，是与宇文鲜卑同在昌黎时期归附慕容氏的辽东鲜卑。在漫长的共存中，早就融入慕容鲜卑之中。《魏书·食货志》："既克中山，分徙吏民及徙河种人、伎巧十余万家以充京都，各给耕牛，计口授田。"可见，除慕容氏本身，那些与慕容氏长期共存的其他少数民族（包括可足浑氏、宇文氏）也被视为"徙河"，入魏后又进入"代人"集团。虽然没有直接说明慕容氏为"代人"的材料，但是通过可足浑氏、宇文氏入魏后为"代人"的情况，我们可以断言，保持着胡族文化面貌的慕容氏必然也成为"代人"的一部分。

　　可见，慕容鲜卑虽然受到了严酷的镇压，但其中的一部分仍进入"代人"集团。这是为什么呢？前文已论，在中原建立统治的慕容氏诸朝皆力图保持民族特质，淝水之战后建立的后燕政权更是呈现出浓重的鲜卑化潮流，得使其族保持鲜卑文化面貌、由此进入北魏，这是他们被纳入"代人"文化圈的基础。我们在北魏慕容氏仕宦表中看到，除卢鲁元外，他们中的大部分任职北镇或是地方，任职中央者很少而且并无显达者，为

---

① 《北齐书》卷20《慕容俨传》，第279页。
② 《北史》卷53《慕容绍宗传附子三藏传》，第1916页。
③ 《周书》卷19《豆卢宁传》，第309页。
④ 《北史》卷85《节义传·朱长生传》，第2845页。
⑤ 《北史》卷50《山伟传》，第1836页。
⑥ 姚薇元：《北朝胡姓考》"四方诸姓"——"朱氏"条，第226页。

"代人"的中下层。可以想见，作为被征服的对象、受到严酷镇压，因其鲜卑武人的文化面貌，他们中的很大一部分被贬戍北镇，无预孝文帝的汉化潮流，即使留在中央者，也无法与元氏及其他代北诸姓相比，不得与汉族高门通婚，故得以把这种鲜卑文化特质保留下来。这为他们在北魏末年六镇起义后的胡化潮流中的崛起奠定了基础。我们看到，魏齐周诸《书》所立传的慕容氏人物，皆集中出现在魏末的大乱中①。这是因为历经长久的镇压与消沉，他们终于以代北武人的文化面貌在六镇起义后的胡化潮流中崛起，显达于二魏周齐，由此步入隋唐成为高门大族。

慕容三藏家族的崛起即源于此。据《魏书·慕容绍宗传》，魏末大乱，慕容绍宗投奔尔朱荣，"荣深待之……后以军功封索卢县子，寻进爵为侯"②。尔朱荣败，归高欢。高欢临死前谓世子高澄曰："少堪敌侯景者唯有慕容绍宗，我故不贵之，留以与汝，宜深加殊礼，委以经略。"③侯景叛，以慕容绍宗为尚书左仆射、东南道行台以讨之。此后，慕容绍宗成为东魏最重要的军事统帅，在与西魏的对峙中高氏倚之为柱石。殁于武定八年（550）的颍州之役。北齐受禅后，孝昭帝时，以"故太尉慕容绍宗十一人配飨世宗庙庭"④。慕容绍宗在北魏末年的政治动乱中，以武干跻身于东魏的最高统治阶层，为其家族的发展开拓了道路，从魏齐至隋唐，其家族仕宦不绝。慕容绍宗长子士肃仕齐为散骑常侍，皇建初，配飨世宗庙庭；士肃弟建中，袭绍宗爵，北齐末，为仪同三司，隋开皇中，大将军、叠州总管。⑤诸子中最为显达的是慕容三藏。"多武略，颇有父风"，仕齐即屡有战功，授武卫大将军，转右卫将军。及齐平，"（周）武帝引见，恩礼甚厚"⑥，授开府仪同大将军。入隋，历任州刺史、叠州总管，位金紫光禄大夫。延绵至唐，簪缨不绝，终成望族。

余静根据大量的墓志材料对慕容三藏家族的世系及任官分别做了细致

---

① 慕容白曜除外，其事迹分析见于前。

② 《北齐书》卷20《慕容绍宗传》，第272页。

③ 《北史》卷6《高祖神武帝纪》，第231页。

④ 《北史》卷7《孝昭帝纪》，第270页。

⑤ 《北齐书》卷20《慕容绍宗传》，第275页。

⑥ 《北史》卷53《慕容绍宗传附子三藏传》，第1916页。

的考证，兹参考列其家族世系官职表如下①，以现其发达史。

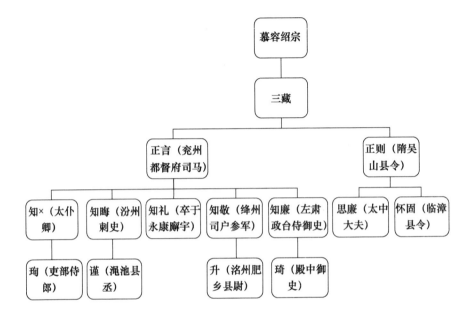

注：凡不注明朝代者，皆为仕唐之官职。

再如慕容俨之例。《北齐书·慕容俨传》："俨容貌出群，衣冠甚伟，不好读书，颇学兵法，工骑射。"② 魏末为左厢军主，为下级军官。后先后仕尔朱氏、高欢，以军功显达。"沙苑之败，西魏荆州刺史郭鸾率众攻俨，拒守二百余日，昼夜力战，大破鸾军，追斩三百余级，又擒西魏刺史郭他。时诸州多有翻陷，唯俨获全。进号镇南将军。"③ 齐授魏禅，文宣

① 此外，作者在唐代的文献记载中，亦发现了可与墓志相互印证的材料。《旧唐书·刑法志》开元六年（718），"玄宗又敕……吏部侍郎裴漼、慕容珣……等九人，删定律令格式，至七年三月奏上，律令式仍旧名，格曰《开元后格》。"《新唐书·宗室传太平公主传》："监察御史慕容珣复劾慧范事，帝疑珣离间骨肉，贬密州司马。"则慕容珣于开元六年后，曾迁为监察御史。《新唐书宇文融传》："融乃奏慕容琦……等二十九人为劝农判官，假御史，分按州县，括正丘亩，招徕户口而分业之。又兼租地安辑户口使。"两《唐书》中的人名、官职与《墓志》皆相符，慕容珣、慕容琦为慕容三藏的子孙当无疑义。
② 《北齐书》卷20《慕容俨传》，第279页。
③ 同上书，第280页。

帝天保初，除开府仪同三司，进入高层统治层。子子颙，给事黄门侍郎；另一子子会，为北齐郓州刺史。

慕容精支在天赐之难后改姓豆卢，与慕容氏家族仍长期遭受疑忌镇压的情况有所不同，如卢丑"以笃学博闻入授世祖经"，后以师傅旧恩赐官至尚书；卢鲁元更是北魏煊赫一时的贵臣。但是，其家族毕竟缺乏深厚的根基，无法与那些渊源久远的代北大族相比，由此决定了其政治命运。

《魏书·卢鲁元传》：

> 卢鲁元，昌黎徒河人也。曾祖副鸠，仕慕容垂为尚书令、临泽公。祖父并至大官。鲁元敏而好学，宽和有雅度。太宗时，选为直郎。以忠谨给侍东宫，恭勤尽节，世祖亲爱之。及即位，以为中书侍郎，拾遗左右，宠待弥深。而鲁元益加谨肃，世祖逾亲信之……

我们看到，《魏书·卢鲁元传》中关于其父祖的记载毫无涉及，这正反映了其家族罹难而隐姓埋名的遭遇。换言之，卢鲁元并无任何政治资本，而是以近侍的身份从下层崛起。"从征赫连昌。世祖亲追击之，入其城门，鲁元随世祖出入。是日，微鲁元，几至危殆"，这一意外事件进一步加深了卢鲁元与太武帝的关系。

> 世祖贵异之，常从征伐，出入卧内。每有平殄，辄以功赏赐僮隶，前后数百人，布帛以万计。世祖临幸其第，不出旬日。欲其居近，易于往来，乃赐甲第于宫门南。衣食车马，皆乘舆之副。①

从这段描述中，我们可以清晰地看到，卢鲁元与太武帝的关系，已完全超越了正常的君臣之交，无疑带有恩倖的性质。又"少子内，给侍东宫，恭宗深昵之，常与卧起同衣。父子有宠两宫，势倾天下"②。我国历史上，草原民族皆有挑选贵酋子弟组成可汗侍卫队、负责禁卫及生活起居的制度，而且伴随着南进、常常把这项制度也带入中原，在其早期王朝中

---

① 《魏书》卷34《卢鲁元传》，第801页。
② 《魏书》卷34《卢鲁元传附子内传》，第802页。

表现得尤为明显。前人研究证明，北魏早期也存在这项制度①。卢内之给侍东宫无疑属于这种性质。综此，卢鲁元家族以内臣恩倖的身份一度显达于北魏政坛。

这种以倖臣而起的方式决定了其家族骤盛而衰的命运。卢鲁元卒于太平真君三年（442），不久，卢内在正平元年（452）罹及恭宗之难，从此，其家族衰落下去，再也没有出过有影响的人物。《元和姓纂》曰："鲁元……五代孙达"②，其间的世系皆不载，当是仕宦不达的原因，不仅如此，卢鲁元支入唐后的发展也甚为凋零，《新唐书·宰相世系表》虽记载着清晰的世系传承，但任官者甚少，唯豆卢达、豆卢子巌二人而已。

与卢鲁元支相比，卢丑支走了一条不同的发展道路，由此入唐成为一流高门。

《魏书·儒林传·卢丑传》：

> 卢丑，昌黎徒河人，襄城王鲁元之族也。世祖之为监国，丑以笃学博闻入授世祖经。后以师傅旧恩赐爵济阴公。除镇军将军，拜尚书，加散骑常侍，出为河内太守。延和二年冬卒。

我们看到，《魏书·儒林传·卢丑传》中关于其父祖身世亦毫无涉及，这与卢鲁元的情况是相同的。言其为卢鲁元的族人，其入授世祖经不知是否得到卢鲁元的推荐。但不管怎样，卢丑的仕途与卢鲁元完全不同。其任官仅至尚书、河内太守，并不显达。据校勘记，《传》"延和二年冬卒"以后阙如，其后人情况不可得详。庾信《豆卢永恩神道碑》："祖代，魏文皇帝直寝，父苌，少以雄略知名，不幸早世"；据《北史·豆卢宁传》："父苌，柔玄镇将，有威重，见称于时"，则卢丑子代为魏文帝直寝，代子苌为柔玄镇将，皆为中下级武官，绝不能列入高门大族。卢丑支的真正崛起也是在六镇起义后的胡化潮流中。其家族并不通达的仕宦经历，得以保持代北鲜卑的武人面貌，为豆卢宁在六镇起义后的崛起奠定了基础。

---

① 严耀中《北魏前期政治制度》："北魏前期的内朝官渊源于拓跋游牧行国时代的君主自率之部。随着国家发展与君主权势的增强，一方面，君主将本部的组织机构升格为整个部落集团的行政机器；另一方面，增设大量内侍左右的亲随"，吉林教育出版社 1990 年版，第 63 页。

② 《元和姓纂》，第 220 页。

《北史·豆卢宁传》："宁少骁果，有志气，身长八尺，美姿容，善骑射。魏永安中，以别将随尔朱天光入关，以破万俟丑奴功，赐爵灵寿县男。"[①]尔朱天光败，从侯莫陈悦；悦败，归宇文泰。在历次重大战役中，皆有大功，西魏大统十六年，以军功累迁大将军、左仆射。周孝闵帝受禅，授柱国大将军，跻身于西魏——北周的最高统治阶层。豆卢宁的显达为其家族的发展创造了条件。此后，历西魏周隋，豆卢氏家族簪缨不绝，至唐时进入宰相98族，成为第一流高门。

我们看到，无论是长期遭受镇压与消沉的慕容氏，还是罹难改姓的豆卢氏，其家族的真正崛起都是在六镇起义后的胡化潮流中。固然，慕容氏作为被镇压的对象、代人之中下层，保持了鲜卑武人的文化面貌，同样，豆卢氏虽然通过改姓避免了镇压与屠戮，但是因缺乏深厚的政治根基，亦无法发展起来，最终还是依靠中下层代北武人的身份在六镇起义中崛起。这可称得上是慕容鲜卑的一种发展道路。

唐代还有许多言其郡望为"河南洛阳"的卢氏[②]，疑其亦为北魏豆卢氏之后裔。孝文帝改革，以迁洛代人之籍贯为"河南洛阳人"，同时，改"豆卢氏为卢氏"。《旧唐书·豆卢钦望传》：豆卢钦望祖宽，"（唐）高祖以宽曾祖苌魏太和中例称单姓，至是改宽为卢氏……"[③] 可见，豆卢宁家族也曾依太和之例改姓为卢氏，但是，入唐之初却是用的"豆卢"之姓氏？那么，太和之"卢氏"是在什么时候复改豆卢氏、一直沿用至隋唐呢？应当是在六镇起义后的胡化潮流中恢复旧姓，这在当时较普遍。《元和姓纂》屈突氏条："本居元朔，徙昌黎，孝文改为屈氏，至西魏复本姓。"[④] 笔者想唐代的其他豆卢氏沿用此姓的原因与豆卢宁家族相同。《魏书·侯莫陈悦传》："悦部众离散……遂缢死野中，弟、息、部下悉见擒杀，唯先谋杀岳者悦中兵参军豆卢光走至灵州，后奔晋阳。"[⑤] 《周书·李

---

① 《北史》卷168《豆卢宁传》，第2365页。
② 《旧唐书·卢坦传》："卢坦字保衡，河南洛阳人，其先自范阳徙焉。"《新唐书·卢坦传》："卢坦字保衡，河南洛阳人。"《旧唐书·隐逸传卢鸿一传》："卢鸿一字浩然，本范阳人，徙家洛阳。"卢坦、卢鸿一之先人当即豆卢氏之迁洛者，魏太和中依例改为卢氏，延至隋唐，因其族姓不显，乃冒姓范阳卢氏。故《旧唐书·卢坦传》言其"自范阳徙焉"，《新唐书·卢坦传》直言其为"河南洛阳人"。
③ 《旧唐书》卷90《豆卢钦望传》，第2921页。
④ 《元和姓纂》卷10"八物"——"屈突氏"条，第237页。
⑤ 《魏书》卷80《侯莫陈悦传》，第1785页。

贤传》："大统二年，州民豆卢狼害都督大野树儿等，据州城反。"① 可见六镇起义后的政治变乱中，除豆卢宁家族之外，还有许多豆卢氏活动于关陇地区的政治舞台上。他们亦保持着代北武人的文化传统，在胡化的反动潮流中，复姓豆卢氏。他们的政治地位不如豆卢宁家族那样显赫，因而没有保存下来清晰的世系传承，但后人却承袭了他们的姓氏——豆卢氏。这应当就是隋唐豆卢氏的来源。据《豆卢钦望传》，虽然高祖豆卢宽在唐初受命改为卢氏，但是"（钦望）永徽元年卒……又诏复其姓为豆卢氏"，可见自六镇起义后长期因袭豆卢姓氏成为传统、已难以卒改。

综此，豆卢氏在北魏末年的政治变乱中，分流为豆卢氏和卢氏。这种姓氏之别实际隐喻了他们早期的不同道路：或以鲜卑武人的面貌在六镇起义后的胡化潮流中崛起，或在孝文迁洛后改姓卢氏逐渐融入中原社会，这种分流决定了他们家族今后的发展。豆卢氏由六镇边民进入关陇集团，由此成为隋唐的一流家族（详下文）；卢氏则没有这种发迹的机会，普遍湮没无声。

第三节　唐代慕容氏的个案研究：豆卢氏

中国古代少数民族政权的发展历程告诉我们，其统治上层是最易汉化的部群。北魏之慕容氏长期沉沦于代人之中下层、保持着鲜卑武人的文化面貌，直至魏末的六镇起义后崛起，进入两魏周齐，成为统治上层。这仍是一个充斥着战争与六镇鲜卑文化的时代，因此，我们看到，这个时期的慕容氏仍呈现出较强的武人色彩。但是，这种身份的上升毕竟为其文化面貌的改变提供了一个平台。慕容绍宗子士肃入齐为散骑侍郎；慕容俨子子颙为给事黄门侍郎，已任文职，相比其父祖尚武少文的北族面貌已有所改变。余静《唐代慕容氏家族研究》以慕容三藏家族为例，从婚姻、仕宦、文化各角度全面描述了慕容鲜卑在唐代的汉化发展。下面我们来看慕容氏的另一支——豆卢氏的情况。

姜波《豆卢氏世系及其汉化》曰：

　　太和年间，北魏孝文帝自代北迁都洛阳，实行汉化改革。随迁

---

① 《周书》卷25《李贤传》，第415页。

至洛阳的豆卢氏家族也受到了一次较为彻底的汉化，并被赐汉姓"卢氏"。

通过前文的论述，我们知道，北魏之豆卢氏在政治高压下隐姓埋名，虽然有卢丑之博学笃闻，但其后人多有镇戍北边者，普遍保存了鲜卑武人的文化面貌，并未"彻底汉化"。其后历经北齐周隋，走过了与慕容氏相同的汉化道路，入唐而全面融入汉族社会。下面，我们把唐代的豆卢氏作为个案研究，与余文相比照，全面考察慕容鲜卑由魏至隋唐的发展历程，以展现十六国的少数民族与汉民族融合的一种途径。

首先，根据史籍及墓志材料考证豆卢丑支世系如下。

1. 《新唐书·宰相世系四下》："北地愍王精，降后魏……二子：丑、胜。丑孙苌。苌子永恩（及宁，其说详下）。"《北史·豆卢宁传》："其先本姓慕容氏，燕北地王精之后也。高祖胜，以燕。皇始初归魏……父苌，魏柔玄镇将……"两书记载抵牾。豆卢宁支出自丑，卢鲁元支出自胜，具如前文。

2. 《新唐书·宰相世系表》：苌子永恩。《周书·豆卢宁传》：父苌。《隋书·豆卢勣传》：祖苌，父宁。《北史·豆卢宁传》："初宁未有子，养弟永恩子勣。"[1] 则苌有二子：宁、永恩。岑仲勉《元和姓纂四校记》谓"永思者，讹文也。"[2] 不然，"永思"当为"永恩"，形近致误写。沈涛《书〈元和姓纂〉后》云："苌下脱一'生'字"[3]，甚确。此外，据《北史·豆卢宁传》，宁子勣、瓒，勣子贤、毓、懿[4]，毓子愿师，可补足豆卢宁这一支的世系。

3. 《旧唐书·豆卢钦望传》：祖宽，父仁业。《新唐书·宰相世系表》作宽子承业，承业生钦望、钦爽、钦肃。《元和姓纂》作宽生承业、怀让，承业生钦望、钦奭、钦肃[5]。其记载有抵牾之处。此外，《唐故特进

---

① 《北史·豆卢宁传》，第2366页。沈炳震《唐书·宰相世系表订伪》曰："《北史》作苌弟永恩……永恩乃苌之弟，非子。"考《北史·豆卢宁传》："（宁）父苌……初，宁未有子，养弟永恩子勣"。豆卢永恩为豆卢宁之弟、豆卢苌之子甚明，不知沈炳震所据为何本。

② 岑仲勉：《元和姓纂四校记》，第886页。

③ 沈涛：《书〈元和姓纂〉后》，转引自《元和姓纂四校记》，第887页。

④ 《北史·豆卢宁传附孙毓传》：汉王杨谅谋反，"毓苦谏不从，因谓其弟懿曰……"第2368页，可知毓弟懿。

⑤ 《元和姓纂》，第220页。

芮国公之碑》云："长子×××上柱国、芮国公仁业。次子，右卫将军、上柱国、吾县开国公承基。"① 综此，关于豆卢宽以后的世系十分混乱。劳格《读书杂识》认为：仁业、承基、承业实为一人②。冉万里《唐故贵妃豆卢氏志铭》以丰富的墓志材料驳斥其说之误，证明承基即承业，为避唐玄宗讳而改，仁业、承业、怀让为豆卢宽三子，仁业生钦望、钦奭、钦肃三人③。

4. 豆卢胜至豆卢苌之间的世系，诸书皆不载。按庾信《豆卢永恩神道碑》云："祖代，左将军，魏文成帝直寝，父苌……"则豆卢苌父豆卢代，此可补史之阙。

关于豆卢怀让子豆卢逊，诸书皆不载。《大唐故驸马都尉卫尉少卿息豆卢君墓志铭》曰："君讳逊，河南洛阳人。太祖武皇帝之外孙，太宗文皇帝之甥也……祖宽……父怀让……"④ 据《新唐书·高祖十九女传》：长沙公主，始封万春，下嫁豆卢宽子怀让。人名、婚姻关系皆相符合，豆卢逊为豆卢怀让子殆可为定论。此亦可补史阙。

5. 《元和姓纂》曰："志静生鲁元，侯（后）魏太保襄城公"⑤，豆卢志静为豆卢永恩之六世孙，为唐中后期人，无论如何也不可能生卢鲁元。据前文考证，《新唐书·宰相世系表》"胜生鲁元"为是。则此处有衍文或脱文。岑仲勉《元和姓纂四校记》认为："（志静）此二字当是后人误复"⑥，甚确。

6. 《元和姓纂》曰："通孙方则生楷，楷生元俨，元俨生志静"⑦，《新唐书·宰相世系表》作"方则生玄俨，玄俨生志静"，缺楷一代。《元和姓纂四校记》曰："以志静时代比之，似《表》较可信"⑧，今从之。

7. 《新唐书·宰相世系表》及《元和姓纂》中豆卢籍以下的世系不载，《旧唐书·豆卢琢传》："豆卢琢者，河东人。祖愿，父籍……弟瓒、璨，皆

① 《陕西省地方志》卷66《文物志》，三秦出版社1995年版。
② 劳格：《读书杂识》，转引自岑仲勉《元和姓纂四校记》，第888页。
③ 冉万里：《唐故贵妃豆卢氏志铭》，《文博》2003年第2期。
④ 周绍良：《唐代墓志汇编》，第298页。
⑤ 《元和姓纂》，第220页。
⑥ 岑仲勉：《元和姓纂四校记》，第890页。
⑦ 《元和姓纂》，第220页。
⑧ 岑仲勉：《元和姓纂四校记》，第890页。

进士登第，累历清要。瓒子革，中兴位亦至宰辅。"① 豆卢琢大中十三年登进士，而据《令狐楚传附绚子滈传》，豆卢籍在大中十年为谏议大夫②。人名、时间皆相符，《新唐书·宰相世系表》中之豆卢籍即豆卢琢之"父籍"。然则，籍子琢、瓒、璨，瓒子革，据此补足豆卢籍以后的世系。

综上所述，列其世系表如下③。

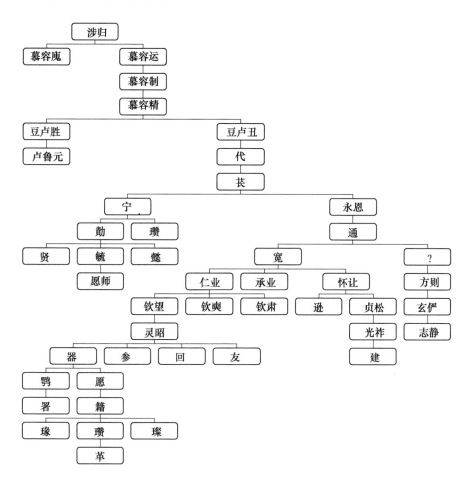

①　《旧唐书》卷 177《豆卢琢传》，第 4619 页。
②　《旧唐书》卷 172《令狐楚传附绚子滈传》，第 4469 页。
③　姜波《豆卢氏世系及其汉化》亦列豆卢氏世系表。但因史籍及墓志的记载互有抵牾处，取舍不同，表亦有互异处。可做参考。

下面，我们也从婚宦文化的角度来考察豆卢丑家族（包括豆卢宁及豆卢永恩两支）入唐后的发展情况。

表 5 - 2　　　　　　　　　　唐代豆卢氏仕宦

人名	官职	出处
豆卢宽	礼部尚书、左卫大将军、光禄大夫、行岐州刺史、×国公	《豆卢逊墓志》①
豆卢仁业	左卫将军	《旧唐书·豆卢钦望传》
豆卢承业	右卫将军	《豆卢承基碑》《唐故特进芮国公之碑》②
豆卢怀让	金紫光禄大夫、行太府卿、驸马都尉、上柱国、芮国公	《豆卢建墓志》③
豆卢钦望	尚书左仆射	《旧唐书·豆卢钦望传》
豆卢钦奭	光禄少卿	《新唐书·宰相世系表》
豆卢钦肃	晋阳令、汾州王	《唐睿宗贵妃豆卢氏墓志铭》④
豆卢逊	驸马都尉、卫尉少卿	《豆卢逊墓志铭》
豆卢贞松	金紫光禄大夫、宗正卿、上柱国、邠国公	《豆卢建墓志》
豆卢灵昭	宣州刺史	《新唐书·宰相世系表》
豆卢光祚	豆卢光祚　正议大夫、丹延访三州刺史、上柱国、开国公	《豆卢建墓志》
豆卢志静	太中大夫、坊州刺史、上轻车都尉、郚城郡开国公	《文苑英华》卷410《授坊州刺史豆卢志静等官制》⑤
豆卢器	桑泉令	《新唐书·宰相世系表》
豆卢参	右卫将军	《新唐书·宰相世系表》

---

① 周绍良等：《唐代墓志汇编》，第 298 页。
② （宋）赵明诚撰，金文明校正：《唐右卫将军豆卢承基墓志》，《金石录校正》卷 4，上海书画出版社 1985 年版，第 62 页。
③ 周绍良等：《唐代墓志汇编》，第 1565 页。
④ 洛阳市文物工队：《唐睿宗贵妃豆卢氏墓发掘简报》，《文物》1995 年第 8 期。
⑤ 《文苑英华》卷 410，中华书局 1960 年版，第 2077 页。

续表

人名	官职	出处
豆卢回	河南少尹	《旧唐书·礼仪四》《册府元龟》三三"天宝十载"①
豆卢建	银青光禄大夫、太仆卿、驸马都尉、中山郡开国公	《豆卢建墓志》
豆卢署	河南少尹	《宰相世系表》
豆卢籍	谏议大夫	《旧唐书·令狐楚传附绹子滈传》
豆卢瑑	户部侍郎、学士承旨、平章事	《旧唐书·豆卢瑑传》
豆卢革	宰辅	《旧唐书·豆卢瑑传》

此外，豆卢宁的族人慕容胜之五世孙豆卢达为殿中监，七世孙子骞为监察御史。

我们看到，除豆卢宽、豆卢仁业、豆卢承业等早期人物一度任卫将军之武职外，多数人已任文职，整体上呈现出由武入文的倾向。《旧唐书·令狐楚传附绹子滈传》：张云言"大中十年，绹以谏议大夫豆卢籍、刑部郎中李郗为夔王已下侍读，欲立夔王为东宫，欲乱先朝子弟之序……"②《旧唐书·礼仪四》：玄宗天宝十载正月，四海并封为王，"遣河南少尹豆卢回祭济渎清源公。"③ 豆卢宁以文学侍读宫廷；豆卢回被派遣祭祀济渎，应当是精通礼仪、熟悉儒家文化，《全唐诗》收录豆卢回诗一首④；1995年洛阳出土唐睿宗贵妃豆卢氏墓，墓主是卢丑家族豆卢仁业之女，志曰"扈从进贺雪诗，兼对御谈论，言备规诤，词该风雅，天文宸翰，累有褒宠，昭其才也"⑤，此段叙述与一般的墓志的溢美之词不同，带有写实性质，冉万里认为这"说明豆卢氏是一个很有才气的女子"⑥，应该是符合实际的。《旧唐书·豆卢瑑传》：

---

① 《册府元龟》卷33，中华书局1960年版，第365页。
② 《旧唐书》卷172《令狐楚传附绹子滈传》，第4469页。
③ 《旧唐书》卷24《礼仪四》，第934页。
④ 豆卢回《登乐游原怀古》，《全唐诗》卷777，中华书局1960年版，第8798页。
⑤ 《唐睿宗贵妃豆卢氏墓发掘简报》，《文物》1995年第8期。
⑥ 冉万里：《〈唐故贵妃豆卢氏志铭〉考释》，《文博》2003年第3期。

> 豆卢琢者，河东人。祖愿，父籍，皆以进士擢第。琢，大中十三年亦登进士科。咸通末，累迁兵部员外郎，转户部郎中、知制诰，召充翰林学士，正拜中书舍人。乾符中，累迁户部侍郎、学士承旨。六年，与吏部侍郎崔沆同日拜平章事。……弟瓒、璨，皆进士登第，累历清要。瓒子革，中兴位亦至宰辅。

则豆卢愿支皆以科举及第，并曾任翰林学士、学士承旨这样需要极高文学修养的职位。综此，唐代豆卢氏具有较高的文学修养，已实现由武入文的转换。

自隋以来，卢丑家族即与皇室联姻。《隋书·豆卢勣传附兄通传》：（通）尚高祖妹昌乐长公主①。入唐以后，卢丑家族仍然保持着与皇室联姻的关系。《新唐书·高祖十九女传》："长沙公主，始封万春。下嫁豆卢宽子怀让。"②《新唐书·睿宗十一女传》："卫国公主，始封建平。下嫁豆卢建。"③《唐故贵妃豆卢氏墓志铭》：豆卢仁业女为唐睿宗贵妃④。则卢丑家族二子尚公主⑤，一女为贵妃。《豆卢建墓志》：祖母皇邠国夫人窦氏（贞松妻），母皇万泉县主薛氏（光祚妻）。《魏书·官氏志》："次南有纥豆陵氏，后改为窦氏。"⑥窦氏亦是自北魏以来的代北高门。唐高祖太穆皇后、睿宗昭成皇后皆为窦氏，《旧唐书·窦威传》："窦氏自武德至今，再为外戚，一品三人，三品已上三十余人，尚主者八人，女为王妃六人，唐世贵盛，莫与为比。"⑦则窦氏为唐之高门大族。豆卢光祚妻薛氏，其"外祖皇金紫光禄大夫、卫尉卿、驸马都尉上柱国子绍，外祖母皇镇国太平公主"⑧，则薛氏亦出自唐之高门——河东薛氏。

综上所述，唐代卢丑支的各家族在文化、仕宦、婚姻方面已完全融入

---

① 《隋书》卷 39《豆卢勣传附兄通传》，第 1158 页。《新唐书·豆卢钦望传》：祖宽，隋文帝外孙。《旧唐书·豆卢钦望传》：祖宽，隋文帝之甥也。宽为通子，则为隋文帝外甥。

② 《新唐书》卷 83《高祖十九女传》，第 3643 页。

③ 《新唐书》卷 83《睿宗十一女传》，第 3659 页。

④ 《唐睿宗贵妃豆卢氏墓发掘简报》，《文物》1995 年第 8 期。

⑤ 《新唐书·肃宗七女传》：肃国公主，始封长乐。下嫁豆卢湛。豆卢湛所出不详，疑亦为豆卢宁家族。

⑥ 《魏书》卷 113《官氏志》，第 3012 页。

⑦ 《旧唐书》卷 61《窦威传附孝慈子希玠、诞少子孝谌传》，第 2371 页。

⑧ 周绍良等：《唐代墓志汇编》，第 1565 页。

汉族社会并发展成为一流高门。通检史籍，我们发现，《魏书·卢鲁元传》及《卢丑传》《周书·豆卢宁传》《隋书·豆卢勣传》皆曰"昌黎徒河人"，至《唐书》豆卢氏诸传而改。《旧唐书·豆卢钦望传》：京兆万年人，《新唐书·豆卢钦望传》则曰"雍州万年人"，文异而意同。《豆卢逊墓志》：卒于雍州万年县之长乐里第，葬于万年县少陵原。《豆卢建墓志》：葬于咸阳洪渎原。则唐之卢丑家族已把雍州万年县作为自己的郡望。《旧唐书·豆卢瑑传》曰"河东人"，则其后人的一支又徙至河东。唐以前豆卢氏诸传言"昌黎徒河人"，慕容鲜卑被称为"徒河"，故"昌黎徒河人"实际是言其族属。从"昌黎徒河"至"雍州万年"[①]，这是一个重大的变化，因为郡望是汉民族的特质，表明豆卢氏完全成为中原土著、融入汉民族的社会。《豆卢寔墓志》曰："君讳寔，字天裕……今属京兆郡郑县威菩乡之赤水里，斯即帝乡，高祖文皇之所赐。"[②] 则以关中为郡望是在隋代实现的，然而《隋书·豆卢勣传》仍自称是"昌黎徒河人"，《旧唐书·豆卢钦望传》："及高祖定关中，（钦望祖）宽与郡守萧瑀率豪右赴京师，由是累授殿中监，仍诏其子怀让尚万春公主。"[③] 可见经过长久的定居，豆卢氏已成为关中豪右，至唐终于把京兆作为自己的郡望，两《唐书》豆卢氏诸传对其郡望的记载反映了这一点。

　　以上是卢丑支各家族的情况。此外，见之于史的豆卢氏的记载还有很多。《新唐书·元稹传》有刺史豆卢靖[④]；《旧唐书·怀懿太子传》有神策虞侯豆卢著[⑤]；《唐代墓志汇编》载有《唐故秦州上邽县令豆卢府君夫人墓志》，此豆卢君之名讳宗族无考，但是志曰"夫人巨鹿魏氏，曾祖讳行宽，赠瀛州刺史；祖讳知古，银青光禄大夫、守侍中工户部二尚书、上柱国、梁国忠公；先府君讳喆，正议大夫，巴、延、邛、歙、宁五州刺史，巨鹿县开国男"[⑥]，可见其亦与巨鹿望族耿氏通婚。其夫人"终于东

---

　　① 姜波《豆卢氏世系及其汉化》搜集到几例言为"河南洛阳人的"墓志材料，即豆卢宽、豆卢建、豆卢逊墓志。北魏孝文帝改革已以迁洛代人为"河南洛阳人"，但我们在北齐、北周、隋诸书中所见到的对于豆卢氏郡望的记载仍为"昌黎徒河人"。这说明当时豆卢氏仍对族属保持着较深的记忆，至唐始改为"京兆人"，真正地实现了对郡望的归属。

　　② 转引自陈连庆《中国古代少数民族姓氏研究》，第63页。

　　③ 《旧唐书》卷114《豆卢钦望传》，第4203页。

　　④ 《新唐书》卷174《元稹传》，第5227页。

　　⑤ 《旧唐书》卷175《怀懿太子传》，第4537页。

　　⑥ 周绍良等：《唐代墓志汇编》贞元106，第1914页。

京康俗里第……权葬龙门山西原",则此豆卢氏虽家于洛阳,但从"权葬"二字来看,其郡望似亦非洛阳。或亦为关中豆卢氏之在洛者?又《宝刻丛编》卷十《唐释迦像记》条曰:"唐滑州节度判官豆卢适撰。"①

以上诸豆卢氏的宗族世系皆不可考,但是我们看到,他们和卢丑支各家族的情况相同,在文化、婚姻、仕宦诸方面亦完全融入汉族社会,并具有较高的社会地位。这个结论与余文对慕容氏的研究是一致的。慕容鲜卑从晋末崛起于昌黎,历经三百余年最终融入中原社会,六镇起义后涌起的胡化潮流是一个重要契机,其中的一部分实现了统治身份的上升、成为唐代的一流高门。这可以视作慕容氏的一种汉化发展的途径。

结　语

经过与其他少数族的融合,"慕容鲜卑"逐渐发展成为一个较广的概念,不仅包括慕容氏本身,也包括在昌黎时期就已归附慕容氏并且在长期的共存中早就融合成为其一部分的诸少数族,如可足浑氏、宇文氏等。入魏后,他们走的是与慕容氏同样的发展道路。

《北齐书·可朱浑元传》:"可朱浑元,字通元。自云辽东人,世为渠帅,魏时拥众内附,曾祖护野肱终于怀朔镇将,遂家焉。"②"可朱浑"即"可足浑"③,为早就归附慕容氏的辽东鲜卑,具见前文所论。可见在入魏后,亦被纳入"代人"集团,镇戍北边。《魏书·朱瑞传》:"朱瑞,字符龙,代郡桑干人。"④ 朱瑞即可朱浑瑞,姚薇元《北朝胡姓考》辨之甚明⑤。从称其为"代郡桑干人"来看,可朱浑瑞家族为未迁洛之代人,长久居住在桑干,朱瑞在魏末大乱后投奔尔朱氏,当出于乡姻关系。从其居住地区及社会交往来看,朱瑞无疑也属于保持鲜卑文化面貌的代北武人。《周书·段永传》:"段永字永宾,其先辽西石城人,晋幽州刺史匹磾之后也。曾祖悢,仕魏,黄龙镇将。"⑥ 这是入魏之段氏鲜卑为代人镇戍北边

---

①　《宝刻丛编》卷10,《丛书集成初编》第1603册,第296页。
②　《北齐书》卷27《可朱浑元传》,第376页。
③　姚薇元:《北朝胡姓考》四方诸姓之"朱氏"条,第226页。
④　《魏书》卷80《朱瑞传》,第1769页。
⑤　姚薇元:《北朝胡姓考》四方诸姓之"朱氏"条,第226页。
⑥　《周书》卷36《段永传》,第636页。

者。《魏书·节义传·段进传》："段进，不知何许人也。世祖初，为白道守将。蠕蠕大檀入塞，围之，力屈被执。进抗声大骂，遂为贼杀。世祖愍之，追赠安北将军，赐爵显美侯，谥曰庄。"[1] 据《北齐书·神武纪》，高欢为镇兵，"镇将辽西段长常奇神武貌，谓曰'君有康济才，终不徒然。'便以子孙为托"[2]。疑此二段氏亦为入魏后镇戍北边之段氏鲜卑。《周书·文帝纪》："天兴初，徙豪杰于代都，（宇文）陵随例迁武川焉。"[3] 这是宇文鲜卑被徙于北镇者。

　　综上所述，慕容鲜卑入魏后，作为被征服对象，被大量徙镇北边，即使留在中央者，也未能进入高层统治阶层，作为代人的中下层，保留了代北武人的鲜卑文化面貌，得以在六镇起义的胡化潮流中崛起。我们注意到，北魏末期六镇起义后，代魏而立者宇文氏、高氏，皆是由燕入魏的慕容鲜卑，这难道仅仅是历史的偶然吗？北魏元氏及其他代北诸姓在孝文帝的汉化运动中早已与汉族高门融合为一体，远离了北镇代人集团。除后燕外，北魏所灭的五胡政权还有大夏、北凉，本为小国，而且远在秦陇、政权灭亡后东迁者甚少，因此，后燕政权遗存下来的慕容鲜卑实体是北魏兼并的十六国政权中最强大的部分。他们以鲜卑的文化面貌走入北魏、被视为"代人"，其中相当一部分镇戍北边，由此成为六镇起义后胡化运动中的主体之一。这就是高氏、宇文氏代魏而立的最深层的政治背景。显示了五胡由十六国进入北魏的一种发展之路。

---

① 《魏书》卷87《节义传段进传》，第1890页。
② 《北齐书》卷1《神武纪》，第1页。
③ 《周书》卷1《文帝纪》，第1页。

余 论

　　至迟在春秋以后，"华夏""中国"的概念已经形成，此后历经秦汉三百余年的大一统，"华夷"观得到进一步深化①。因此，可以说，五胡十六国是中国历史上少数民族第一次入主中原，对当时的社会造成了剧烈的冲击②。

　　冯友兰认为："先秦时代的'中国'，其文化的意义最强，民族的意思较少，而全无国家的意思"③。王柯《民族与国家》曰：

> 　　中国最初的民族意识不过是一种"文明论的华夷观"，即通过文明的形式来区分"华夏"与"蛮、夷、戎、狄"，而且不排斥"蛮、夷、戎、狄"通过接受文化的方式成为"华夏"。也就是说，"中国"与"四夷"之间的界限，并不是像近代社会中的民族那样一种依据血缘进行判断，并从法律上禁止逾越的界限。④

可见，不论当时"华夷"的含义究竟是什么，有一点是无须置疑的，那就是中原民族在这一秩序中处于主体位置、是统治民族，在文化道德上高

---

① 这一论点基本为学界所认同，见何芳川《"华夷秩序"论》（《北京大学学报》1998年第6期）、田继周《夏族的形成及更名汉族》（《国际汉民族研究》，广西人民出版社1991年版）、李志敏《"汉族"名号起源考》（《中国史研究》1986年第3期）、黄烈《中国古代民族史研究》（367页）、江应樑主编《中国民族史》（民族出版社1990年版，第106—107页）。

② 张博泉《试论我国北方民族政权类型的划分》（《学习与探索》1987年第1期）持同样看法，也认为五胡十六国是"秦统一后，第一次开创少数民族在'中国'境内建立封建割据政权的时期"。

③ 忻剑飞：《世界的中国认识》，学林出版社1991年版，第2页。

④ 王柯：《民族与国家》，中国社会科学出版社2001年版，第24页。

于四夷①。正是在这样的社会文化背景下，匈奴开启了五胡入主中原的历史，引发了中原人民大规模的迁徙。流向幽平的汉人大多投靠"拥晋"的慕容氏，双方结成联盟共同对付其他敌对的少数民族势力，形成了五胡十六国历史上十分独特的政治现象。

当慕容氏进入中原建立统治，这种形势发生改变。此前在慕容氏走向称帝的过程中，与中原流民的矛盾已不断激化，在其南下之际，又遭遇冉闵之乱、目睹了汉人对胡族深刻的民族仇杀，这一切导致原有的统治政策发生改变。汉人之政治势力被排斥，慕容氏建立了"国人"政治体制，由此造成了诸燕延绵不绝的宗室内乱及淝水之战后的鲜卑化历史。这是两个相互关联的方面，都是慕容氏进入中原后统治政策的必然结局。

在这样的背景下，虽然历经建国、亡国、复国的曲折道路，对中原的统治延绵近半个世纪，但是，慕容氏顽强地保持着民族性，这是它入魏后进入"代人"集团的基础。入魏之慕容鲜卑受到了严酷的镇压，其中的一部分被贬戍北镇，即使留在中央者，多为"代人"的中下层，无预孝文帝的汉化潮流，由此保持了鲜卑武人的文化面貌，在六镇起义后的胡化潮流中崛起，步入周齐隋唐，发展成为高门大族，最终融入中原民族。这就是慕容鲜卑的汉化之路，构成魏晋南北朝民族融合的一种重要途径。

我们看到，慕容氏的汉化经历了一个艰难回环的过程，北魏的历史也表现出相似的特点②。民族融合是一个极其复杂的问题，涉及种族、文化、社会政治背景等诸多方面，不是简单数语所能说得清的。但是，慕容氏的发展之路应当对我们认识历史上少数民族的融合有重要启示。

慕容鲜卑及诸燕应该是魏晋南北朝民族融合中极其重要的一环，以往的研究尚未给予充分的重视。

在慕容氏统一平州的过程中，东部鲜卑诸部基本皆被纳入统治下，在此后的历史中，又随其南下建立政权，在长期的共存中，早就融合为一个共同体，走过了和慕容氏相同的发展道路。在入魏后，亦被纳入"代人"集团，被大量徙镇北边，在六镇起义后的胡化潮流中崛起。我们注意到，

---

① 步近智：《华夷观的变革对中韩两国的重大影响》，北京大学韩国学研究中心《韩国学论文集》第 10 辑，辽宁民族出版社 2002 年版。

② 参考何德章《拓跋鲜卑汉化进程研究》，北京大学历史学博士学位论文，1992 年。

北魏末年六镇起义后，代魏而立者宇文氏、高氏，皆是由燕入魏的东部鲜卑，这并非历史的偶然。后燕政权遗存下来的东部鲜卑实体是北魏兼并的十六国政权中最强大的部分。他们以鲜卑的文化面貌走入北魏、被视为"代人"，其中相当一部分镇戍北边，由此成为六镇起义后胡化运动中的主体之一。这就是高氏、宇文氏代魏而立的深层的政治背景。同时，还有许多东部鲜卑的家族在六镇起义后的变乱中崛起，步入周齐隋唐，构成关陇集团的一部分①。

此外，来自后燕的华北大族，成为北魏国家典章制度的创建者②，并且此后在政治文化领域长久地发挥着作用，始终是北魏国家起主导作用的士族集团，其地位最终在太和改制中以法律的形式固定化，影响及于隋唐③，唐代论及门第，"山东士族"为高。所谓"山东士族"，即指原东魏、北齐统治区的士族集团，北魏以前主要属于燕的统治区域，虽说他们中的很多是汉晋以来的高门，但是仕宦于燕的经历保证了家族势力的持续发展④，甚至使其中的一些家族势力得到壮大，为其入魏的发展奠定了基础，最终形成了对中国历史影响深远的"山东士族"。这一点虽非我们论述的重点，但亦可见慕容鲜卑曾在中国历史上发生过重大影响。

正如史界常论的，隋唐是历经魏晋南北朝长达三百余年的分裂融合形成的国家、民族大一统的新时期，在中国历史上具有里程碑式的意义。相对于南朝而言，北朝的历史对于隋唐的形成具有更重要的意义，然而沿着这条脉络向前探寻，我们就会发现五燕政权对于隋唐历史的形成有重要作用，从民族融合的角度来看，实为中世纪历史的渊源之一。

---

①　罗新《十六国北朝时期的乐浪王氏》认为出自箕氏、卫氏朝鲜的乐浪王氏由于加入慕容集团，参加了十六国时期的华北的历史运动，历北齐、北周而成为隋唐关陇集团的成员。可视作一个具体例证。见《韩国学论文集》，新华出版社1997年版。

②　陈寅恪《隋唐制度渊源略论稿》（河北教育出版社2002年版）论证北魏各个阶段的文物制度的改革时，所举诸人很多皆为由燕入魏的华北士族。李凭《北魏平城时代》（社会科学文献出版社2000年版，第4—5页）及杜士铎《北魏史》（山西高校联合出版社1992年版，第103—104页）、张金龙《北魏政治史研究》（甘肃教育出版社1996年版）在论述北魏国家的建立时皆论及此点，但限于篇幅，未作深入论述。

③　参考陈爽《世家大族与北朝政治》，中国社会科学出版社1998年版，第71—72页。

④　与出仕五燕政权的华北士族相比，其他的一些北方高门大族的发展中断了，参考庄钊《十六国时期的北方士族》（四川大学历史学博士学位论文，1994年），第12页。

参考文献

古籍及基本史料

《史记》《后汉书》《三国志》《晋书》《魏书》《北齐书》《周书》《隋书》
《北史》《宋书》《新唐书》《旧唐书》《资治通鉴》，以上均为中华书局
点校本。

（清）阮元校刻：《十三经注疏》，中华书局 1980 年版影印本。

（北周）庾信撰，（清）倪璠注：《庾子山集注》，《摛离堂四库全书荟要》
本，台北世界书局 1988 年版。

（梁）萧统编，（唐）李善注：《文选》，上海古籍出版社 1986 年版。

（唐）林宝撰：《元和姓纂》，京都：株式会社中文出版社 1976 年版。

岑仲勉撰：《元和姓纂四校记》，中央研究院历史语言研究所专刊之 29，
商务印书馆 1948 年版。

（唐）杜佑撰：《通典》，中华书局 1988 年版。

（宋）郑樵撰：《通志》，中华书局 1995 年版。

（宋）赵明诚撰，金文明校正：《金石录校正》，上海书画出版社 1985
年版。

（隋）虞世南编，（清）孔广陶校注：《北堂书钞》，《唐代四大类书》，董
治安主编，清华大学出版社 2003 年版。

（宋）李昉等编：《太平御览》，中华书局影印宋本 1960 年版。

（宋）王钦若等编：《册府元龟》，中华书局 1960 年版。

（宋）李昉等编：《文苑英华》，中华书局 1960 年版。

（宋）乐史撰：《太平寰宇记》，台北文海出版社 1980 年版。

（宋）邓名世撰，（清）钱熙祚校：《古今姓氏书辨正》，《丛书集成初
编》，王云五编，商务印书馆 1935 年版。

（宋）陈思撰：《宝刻丛编》，《丛书集成初编》。

（北魏）崔鸿撰：《别本十六国春秋》，《丛书集成初编》。

（清）汤球辑：《十六国春秋辑补》，《丛书集成初编》。

（清）汤球辑：《三十国春秋辑本》，《丛书集成初编》。

（清）王仁俊辑：《玉函山房辑佚书续编三种》，上海古籍出版社 1989 年版。

《二十五史补编》，上海开明书店 1935 年版。

陈垣撰：《二十史朔闰表》，中华书局 1962 年版。

唐耕耦、陆宏基编：《敦煌社会经济文献真迹释录》，书目文献出版社 1986 年版。

《全唐诗》，中华书局 1960 年版。

赵超编：《汉魏南北朝墓志汇编》，天津古籍出版社 1992 年版。

周绍良、赵超编：《唐代墓志汇编》，上海古籍出版社 1992 年版。

赵超撰：《新唐书·宰相世系表集校》，中华书局 1998 年版。

《陕西省地方志》，三秦出版社 1995 年版。

专著

白翠琴：《魏晋南北朝民族史》，四川民族出版社 1996 年版。

陈寅恪：《唐代政治史述论稿》，生活·读书·新知三联书店 1956 年版。

《隋唐制度渊源略论稿》，河北教育出版社 2002 年版。

万绳楠整理：《魏晋南北朝史讲演录》，安徽黄山书社 1987 年版。

陈连庆：《中国古代少数民族姓氏研究》，吉林文史出版社 1993 年版。

陈爽：《世家大族与北朝政治》，中国社会科学出版社 1998 年版。

岑仲勉：《金石论丛》，上海古籍出版社 1981 年版。

杜士铎：《北魏史》，山西高校联合出版社 1992 年版。

冯家昇：《冯家昇论著辑粹》，中华书局 1987 年版。

费孝通：《中华民族研究新探索》，中国社会科学出版社 1991 年版。

傅朗云等：《东北民族史略》，吉林人民出版社 1983 年版。

高敏：《魏晋南北朝兵制研究》，大象出版社 1999 年版。

《魏晋南北朝经济史》，上海人民出版社 1996 年版。

高路加：《中国北方民族史》，内蒙古文化出版社 1994 年版。

韩国磐：《北朝经济试探》，上海人民出版社 1958 年版。

《魏晋南北朝经济史纲》，人民出版社 1983 年版。

韩树峰：《南北朝时期淮汉迤北的边境豪族》，社会科学文献出版社 2003 年版。

黄惠贤：《中国政治制度通史·魏晋南北朝卷》，人民出版社 1991 年版。

黄烈：《中国古代民族史研究》，人民出版社 1987 年版。

何德章：《拓跋鲜卑汉化进程研究》，北京大学历史学博士学位论文，1992 年。

何兹全：《读史集》，上海人民出版社 1982 年版。

江应樑：《中国民族史》，民族出版社 1990 年版。

金毓黻：《东北通史》，五十年代出版社 1981 年版。

李凭：《北魏平城时代》，社会科学文献出版社 2000 年版。

吕思勉：《中国民族史》，东方出版社 1996 年版。

吕思勉：《中国制度史》，上海教育出版社 2002 年版。

林幹：《中国古代北方民族通论》，内蒙古人民出版社 1998 年版。

林幹：《东胡史》，内蒙古人民出版社 1990 年版。

林幹：《匈奴历史年表》，中华书局 1997 年版。

连振国：《国际汉民族研究》，广西人民出版社 1991 年版。

马长寿：《乌桓与鲜卑》，上海人民出版社 1962 年版。

马长寿：《碑铭所见前秦至隋初的关中部族》，中华书局 1985 年版。

毛汉光：《中国中古社会史论》，台北聊经出版社 1988 年版。

缪钺：《读史存稿》，三联书店 1963 年版。

孙进已：《东北民族史研究》，中州古籍出版社 1994 年版。

孙进已：《东北各民族文化交流史》，春风文艺出版社 1992 年版。

申友良：《中国北方民族及其政权研究》，中央民族大学出版社 1998 年版。

谭其骧：《长水集》，人民出版社 1987 年版。

唐长孺：《魏晋南北朝史论丛》，河北教育出版社 2002 年版。

《魏晋南北朝史论拾遗》，中华书局 1983 年版。

《汤用彤先生纪念论文集》编辑委员会：《燕园论学集》，北京大学出版社 1984 年版。

田余庆：《拓跋史探》，生活·读书·新知三联书店 2003 年版。

田余庆：《东晋门阀政治》，北京大学出版社 1989 年版。

万绳楠：《魏晋南北朝史论稿》，安徽教育出版社 1983 年版。

王仲荦：《魏晋南北朝史》，上海人民出版社 1979 年版。

王钟翰《中国民族史概要》，山西教育出版社 2004 年版。

王小甫：《盛唐时代与东北亚政局》，上海辞书出版社 2003 年版。

王柯：《民族与国家》，中国社会科学出版社 2001 年版。

卫广来：《汉魏晋皇权嬗代》，书海出版社 2002 年版。

姚薇元：《北朝胡姓考》，科学出版社 1958 年版。

严耕望：《中国地方行政制度史》，台北"中研院"历史语言研究所专刊
　　之 45，1963 年。

严耀中：《北魏前期政治制度》，吉林教育出版社 1990 年版。

忻剑飞：《世界的中国认识》，学林出版社 1991 年版。

周伟洲：《汉赵国史》，山西人民出版社 1986 年版。

张博泉：《东北古代民族·考古与疆域》，吉林大学出版社 1998 年版。

张金龙：《北魏政治史研究》，甘肃教育出版社 1996 年

周一良：《魏晋南北朝史论集》，北京大学出版社 1997 年版。

郑欣：《魏晋南北朝史探索》，山东大学出版社 1989 年版。

祝总斌：《两汉魏晋南北朝宰相制度研究》，中国社会科学出版社 1990
　　年版。

朱学渊：《中国北方诸族的渊源》，中华书局 2002 年版。

中国魏晋南北朝史国际研讨会论文集：《北朝史研究》，殷宪主编，商务
　　印书馆 2004 年版。

中国魏晋南北朝史学会：《魏晋南北朝史研究》，湖北人民出版社 1996
　　年版。

论文

步近智：《华夷观的变革对中韩两国的重大影响》，北京大学韩国学研究
　　中心《韩国学论文集》第 10 辑，辽宁民族出版社 2002 年版。

曹永年：《柔然源于杂胡考》，《历史研究》1981 年第 2 期。

《拓跋鲜卑南迁匈奴故地时间契机考》，《内蒙古社会科学》1987 年第
　　4 期。

《拓跋力微卒后"诸部叛离、国内纷扰"考》，《内蒙古师大学报》1988
　　年第 2 期。

《早期拓跋鲜卑的社会状况和国家的建立》，《历史研究》1987 年第 5 期。

曹文柱：《论北魏初年都址的选择》，《北京师范大学学报》1987 年第 1 期。

《两晋之际流民问题的综合考察》，《历史研究》1991 年第 2 期。

陈连开：《鲜卑史研究的一座丰碑》，中央民族学院民族史研究会《民族史学术论文集》，1982 年。

陈可畏：《论魏晋时期中国北部的民族矛盾及其演变》，《北朝研究》1991 年上半年刊总第 4 期。

陈大为：《辽宁朝阳后燕崔遹墓的发现》，《考古》1982 年第 3 期。

方壮猷：《鲜卑语言考》，《燕京学报》1930 年第 8 期。

冯继钦：《试论鲜卑族的共同语言》，《北朝研究》1992 年第 4 期。

冯季昌：《古代东北民族建置述论》，《辽宁大学学报》1990 年第 2 期。

冯家昇：《汉魏时代东北之文化》，《禹贡》第 3 卷第 3 期。

冯君实：《十六国官制初探》，《东北师大学报》1984 年第 4 期。

冯君实：《评慕容垂》，《松辽学刊》1986 年第 2 期。

韩狄：《十六国时期的"单于"制度》，《内蒙古大学学报》2001 年第 5 期。

韩杰：《北魏时期"十六国史"的撰述》，《史学史研究》1989 年第 3 期。

贺次君：《西晋以下地方北方宦族地望表》，《禹贡》第 3 卷第 5 期。

何芳川：《"华夷秩序"论》，《北京大学学报》1998 年第 6 期。

何宁生：《论后燕的法制》，《西北大学学报》2003 年第 3 期。

黄烈：《五胡汉化与五胡政权的关系》，《历史研究》1963 年第 3 期。

蒋福亚：《刘渊的"汉"旗号和慕容廆的"晋"旗号》，《北京师院学报》1979 年第 4 期。

姜波：《豆卢氏世系及其汉化》，《考古学报》2002 年第 3 期。

姜维公：《北魏灭燕对海东局势的影响》，中国魏晋南北朝史国际研讨会论文集《北朝史研究》，殷宪主编，商务印书馆 2004 年版。

景有泉、李春祥：《西晋"八王之乱"爆发原因研究述要》，《中国史研究动态》1997 年第 5 期。

金成淑：《慕容鲜卑文化研究》，北京师范大学历史学博士学位论文，1999 年。

《试论慕容鲜卑的形成》，《辽宁大学学报》1998 年第 3 期。

柯友根：《试论十六国时期社会经济的缓慢发展》，《中国社会经济史研究》1984 年第 3 期。

旷天伟：《十六国时期士家兵户说考辨》，《青海社会科学》1991 年第 1 期。

旷天伟：《论十六国时期少数部族政权的兵役》，《历史研究》1991 年第 6 期。

李红艳：《从信都冯氏看北方民族的融合》，《北朝研究》1996 年第 3 期。

李森等：《南燕史考论》，《潍坊教育学院学报》2002 年第 2 期。

李森：《鲜卑慕容氏诸燕汉化考述》，《潍坊教育学院学报》1998 年第 4 期。

李志敏：《"汉族"名号起源考》，《中国史研究》1986 年第 3 期。

李智文：《十六国时期鲜卑名将——慕容垂》，《北朝研究》1996 年第 2 期。

李之亮：《〈晋书〉、〈十六国春秋〉对勘札记》，《郑州大学学报》1998 年第 3 期。

李凭：《北魏离散诸部问题考实》，《历史研究》1990 年第 2 期。

黎瑶渤：《辽宁北票县西官营子北燕冯素弗墓》，《文物》1973 年第 3 期。

刘宇：《论晋灭南燕之战》，《镇江高专学报》1994 年第 1 期。

刘国石：《鲜卑慕容氏与赵魏士族》，《吉林大学学报》1997 年第 5 期。

刘汉东：《十六国及北朝兵户的考察》，《北朝研究》1991 年上半年刊总第 4 期。

刘琳：《明清几种〈十六国春秋〉之研究》，《北朝研究》1995 年第 4 期。

吕一飞：《匈奴汉国的政治与氏羌》，《历史研究》2001 年第 2 期。

罗新：《五燕政权下的华北士族》，《国学研究》第 4 卷，北京大学出版社 1997 年版。

罗新：《北朝墓志丛札·染华墓志与冉闵史料》，北京大学历史系编《北大史学》第 9 辑，北京大学出版社 2003 年版。

罗新：《十六国北朝时期的乐浪王氏》，北京大学韩国学研究中心编《韩国学论文集》第 6 辑，新华出版社 1997 年版。

罗新：《跋北齐〈可朱浑孝裕墓志〉》，《北大史学》第 8 辑，2000 年。

罗惠仙：《鲜卑族群婚制考述》，《青岛大学师范学院学报》2000 年第 2 期。

洛阳市文物工队：《唐睿宗贵妃豆卢氏墓发掘简报》，《文物》1995 年第
　8 期。

莫任南：《匈奴、乌桓的"落"究竟指什么》，《民族研究》1994 年第
　1 期。

聂鸿音：《鲜卑语言解读述论》，《民族研究》2001 年第 1 期。

邱久荣：《段部鲜卑世系考》，《社会科学战线》1985 年第 4 期。

邱久荣：《论十六国时期的胡汉分治》，《中央民族学院学报》1987 年第
　3 期。

冉万里：《唐故贵妃豆卢氏志铭》，《文博》2003 年第 2 期。

宋丹凝：《鲜卑族杰出的军事家和政治家——慕容恪》，《社会科学辑刊》
　1987 年第 2 期。

宿白：《东北、内蒙古地区的鲜卑遗迹》，《文物》1977 年第 5 期。

宿白：《朝鲜安岳所发现的佟寿墓》，《文物参考资料》1952 年第 1 期。

田立坤：《朝阳前燕奉车都尉墓》，《文物》1994 年第 11 期。

辛发、鲁宝林、吴鹏：《锦州前燕李廆墓清理简报》，《文物》1995 年第
　6 期。

辛迪：《关于库傉官氏的族属》，《内蒙古师范大学学报》2001 年第 4 期。

辛迪：《段氏鲜卑研究》（未刊稿）。

王万盈：《论拓跋鲜卑民族的形成》，《北朝研究》1997 年第 1 期。

王希恩：《宇文部东迁时间及隶属檀石槐鲜卑问题略辨》，《中国史研究》
　1986 年第 4 期。

王希恩：《五胡政权中汉族士大夫的作用及历史地位》，《兰州学刊》1986
　年第 3 期。

王延武：《后赵政权胡汉分治政策再认识》，《中国史研究》1988 年第
　2 期。

王金铲：《慕容鲜卑去向探考》，《辽宁师范大学学报》1998 年第 4 期。

杨翠微：《北周宇文氏族属世系考释》，《中国史研究》1999 年第 1 期。

姚宏杰：《君位传承与前燕、后燕政治》，《史学月刊》2004 年第 3 期。

姚宏杰：《参合陂之役前燕魏关系略论》，《淮阴师范学院学报》2000 年
　第 1 期。

要瑞芬：《试论后赵、前燕、前秦统治政策汉化成分之差异及其原因》
　《中央民族学院学报》1992 年第 2 期。

余静：《唐代慕容氏家族研究》，《国学研究》第 15 卷，北京大学出版社2005 年版。

袁刚：《参合陂之役》，《北朝研究》1996 年第 3 期。

张金龙：《北燕政治史四题》，《南都学坛》1997 年第 4 期。

张国庆：《慕容皝迁都龙城的前因及目的》，《辽宁大学学报》1988 年第1 期。

张树芬、李维唐：《十六国都邑考》，《禹贡》第 3 卷第 2 期。

郑小容：《慕容鲜卑汉化问题初探》，四川大学历史学博士学位论文，1989 年。

郑小容：《慕容鲜卑名称详解》，《北朝研究》1992 年第 2 期。

邹洪礼：《论中原士大夫对前燕慕容氏封建化的影响》，《新疆师大学学报》1985 年第 1 期。

朱泓：《人种学上的匈奴、鲜卑与契丹》，《北方文物》1994 年第 2 期。

张博泉：《试论我国北方民族政权类型的划分》，《学习与探索》1987 年第 1 期。

张敏：《自然环境变迁与十六国政权割据局面的出现》，《史学月刊》2003年第 5 期。

祝总斌：《"八王之乱"爆发原因试探》，《北京大学学报》1980 年第6 期。

庄钊：《十六国时期的北方士族》，四川大学历史学博士学位论文，1994 年。

国外论著

韩国

池培善：《南燕与慕容德》，《文史哲》1993 年第 3 期。

金成淑：《慕容鲜卑文化研究》，北京师范大学历史学博士学位论文，1999 年。

李椿浩：《十六国时期的"勤王"及其政治功能》，《晋阳学刊》2001 年第 1 期。

李椿浩：《十六国政权政治体制研究》，北京师范大学历史学博士学位论文，2001 年。

朴汉济《"侨旧体制"的展开与东晋南朝史》，《北朝研究》1995 年第

4 期。

日本

白鸟库吉：《东胡民族考》，方壮猷译，上海商务印书馆 1934 年版。

川本芳昭：《魏晋南北朝时代的民族问题》，东京汲古书院 1998 年版。

谷川道雄：《隋唐帝国形成史论》，上海古籍出版社 2004 年版。

古贺昭岑：《论北魏的部族解散》，原载于日本《东方学》杂志，李凭译
　　文载于《山西大学学报》1983 年第 4 期增刊。

关尾史郎：《“五胡”时代的“霸史”及其佚文搜集工作》，中国魏晋南
　　北朝史学会《魏晋南北朝史研究》，湖北人民出版社 1996 年版。

三崎良章：《五胡十六国》，东方书店 2002 年版。

三崎良章：《北燕の鲜卑化について》，早稻田大学本庄高等学院《研究
　　纪要》第二十一号。

田村实造：《ぼよう王国の成立と性格》，《东洋史研究》11 卷 2 号，
　　1951 年。

小林聪：《慕容政权の支配构造の特质》，《九州岛大学东洋史论集》1988
　　年第 16 号。

澳大利亚

J. 霍尔姆格林：《论南燕政权的建立与兴亡》，《国外社会科学》1993 年
　　第 1 期。